개정판

FTA시대의 대외무역법 이해와 활용

박성호 저

도서출판 두남

개정판 머리말

세계 경제의 글로벌화 확대에 따라 국제상거래는 더욱 활발하게 이루어진다. WTO의 역할이 설립 당시에 비해 다소 약화됨으로 인해 세계 각국은 양국간 FTA를 통한 경제적 이해관계를 확대시키고 있는 실정이다.

국가의 경제 성장에서 무역이 차지하는 비중이 상당히 큰 한국의 경우 국제경제환경의 변화에 민감할 수밖에 없기 때문에 적극적인 대응을 통해 대외무역을 관리하여 국민 경제의 발전을 도모하고 있다. 대외무역을 관리하기 위하여 법규, 제도 등을 두고 있는데, 한국의 대외무역 관리 법규 중 가장 기본이 되는 법은 대외무역법이다.

2014년 초판을 출간하여 무역거래를 행하는 주체, 무역거래의 대상이 되는 객체, 그리고 무역거래의 형태인 행위 등에 대한 대외무역법의 규정을 중심으로 무역실무에 적용할 수 있도록 정리하여 소개하였다. 그 동안 초판을 공유하였던 모든 분들에게 감사드린다.

초판이 출간된 이후 국제무역환경은 지속적으로 변화되고 있다. 그 중에 본 서에서 다루고 있는 내용과 관련된 변화에 대해 살펴보면, 첫째, 무역자유화 확대, 둘째, FTA 영역 확대, 셋째, 전자무역시스템 확충 등을 들 수 있다. 이러한 국내외적 무역환경 변화에 따른 대외무역법의 개정도 지속적으로 이루어지고 있기 때문에 개정된 규정을 반영하여 실무 적합성을 더욱 높이기 위한 점에 중점을 두고 개정하였다.

개정판은 초판의 체계와 동일한 3편 14개의 장으로 구성되어 있다. 제1편에서는 법에 대한 기초개념과 법규를 통한 무역관리제도, 그리고 통상의 진흥제도에 대하여 다룬다. 제2편에서는 수출입거래의 이행에 대한 관리로서 제한수출입 품목에 대한 수출입승인제도, 특정거래형태의 수출입, 수출입 실적, 외화회득용 원료・기재의 수출입, 전략물자의 수출입, 플랜트 수출, 정부간 수출계약, 원산지 제도에 대하여 상세히 다루고 있다. 제3편에서는 수입수량제한제도와 수출입의 질서유지, 그리고 행정벌에 대한 규정을 다루고 있다.

대외무역법의 규정에 충실하여 대외무역법규의 체계를 보다 쉽게 파악하고 접근할 수 있도록 노력하였다. 무역실무자나 무역을 전공하는 학생들에게 대외무역법을 이해하고 활용하기 쉬운 지침서를 제공하고자 하였으나 부족한 점이 많을 것이다. 이에 대외무역법과 무역실무분야에 대한 지속적인 연구를 통하여 본서의 부족한 부분들을 차후 수정 보완하는데 있어 노력을 게을리 하지 않을 것이다.

끝으로 본서를 발간하는데 많은 도움을 주신 도서출판 두남을 비롯한 많은 분들께 깊이 감사드린다.

2020. 8.
저자 씀

차 례

Part 1 대외무역법의 기초

제1장 법과 무역 __ 11

제2장 무역관리제도 __ 20

제3장 무역진흥 조치 및 통상의 진흥 __ 51

Part 2 수출입 이행관리

제4장 수출입거래에 관한 총칙 __ 69

제5장 수출입승인제도 __ 95

제6장 특정거래형태의 수출입 __ 108

제7장 수출입실적 __ 123

제8장 외화획득용 원료·기재의 거래 __ 139

제9장 전략물자의 수출입 __ 177

제10장 플랜트수출 __ 215

제11장 정부간 수출계약 __ 223

제12장 원산지제도 __ 229

Part 3 수입수량 제한과 수출입 질서

Part 1

대외무역법의 기초

▶ 무역법규는 무역과 관련된 법규를 말한다. 무역법규를 학습하기 위해서는 법에 대한 기초적인 이해가 우선되어야 한다. 이 책을 통해 법적인 기초를 모두 언급할 수는 없지만 무역에 관한 실무적인 관점에서 관련 법규를 학습하기 위한 최소한의 소양을 중심으로 언급하고자 한다.

대 외 무 역 법

CHAPTER 1

법과 무역

제 1 절 법의 개념과 목적

1 사회규범과 법

상거래활동은 개인 또는 기업의 이윤 추구를 위한 자유로운 행위이다. 이러한 자유로운 상거래행위에도 전통적으로 일정한 관습이나 자율적인 규율이 존재했으며, 이러한 관습과 자율적인 규율이 오늘날 입법과정을 거쳐 규범으로 제정되어 있다. 이러한 법규에 대한 이해를 바탕으로 상거래활동을 영위하여야 한다. 따라서 상거래활동을 규율하는 법규에 관한 기초적인 이해를 돕기 위해 우선 법의 개념에 대해 살펴보면, 법이란 "인간의 공동사회생활에 있어서의 질서를 유지하고 정의를 실현하기 위한 국가의 강제력을 수반하는 사회 규범"을 말한다. 인간은 본능적으로 공동생활을 하려는 존재로서 아리스토텔레스가 말한 바대로 "인간은 사회적인 동물"이다. 하나의 사회에서 인간의 삶은 공동체의 구성원으로서 지켜야 할 행동의 규범이 있는데 이를 사회규범이라고 한다.

인류역사의 발전을 법적인 의미로 해석한다면, 사회의 형태를 계약으로 볼 때 계약사회는 법이 지배하는 사회라고 할 수 있다. 고대나 중세 이전에는 윤리, 종교, 도덕 등이 사회규범으로서 역할을 하였으나, 오늘날의 복잡한 사회는 이러한 전통적인 규범만으로는 유지하기 힘들게 되었다. 즉, 사회구성원이나 이익집단의 다양한 이해

관계를 조율하여 사회질서를 유지하고, 각 구성원이나 이익집단 간의 이해관계의 충돌에 의해 발생하는 분쟁을 해결하기가 힘들게 되었다. 이러한 분쟁을 해결할 수 있는 방법은 다양하게 존재할 수 있으나 가장 강력하고 절대적인 힘은 국가에 주어지는 것이 현대사회에서 일반적이다. 국가는 법을 통하여 사회질서의 유지와 분쟁을 해결하고 있다. 그러므로 법은 국가권력에 의하여 강행되는 사회규범이라고 말할 수 있다.

2 법의 목적

법이 달성하고자 하는 목적은 공동생활을 하는 인간사회를 원활하게 하기 위한 질서의 유지에 있다. 사회의 질서유지는 개별주체의 입장에서 보면 공동생활의 법적인 안정이며, 법적 안정은 정의의 토대 위에 형성되어야 한다. 따라서 법의 목적은 법적 안정과 정의실현이라고 할 수 있다.

"법적 안정"이란 모든 인간이 법에 따라 행동하면 안심하고 생활할 수 있게 되어야 한다는 의미이다. 하지만 법적 안정을 이루기 위해서는 법 자체가 그 내용이 명확해야 하고, 법의 변경은 만인이 인정하고 주지하는 가운데 이루어져야 한다.

"정의"란 인간이 사회공동생활을 함에 있어서 마땅히 지켜야 할 생활규범상의 이념이라고 할 수 있으며, 사회공동생활을 원활하게 하기 위하여 취해지는 원리라고 할 수 있다. 따라서 법에 있어서의 정의는 한편으로 인간의 평등성을 인정하여야 하는 동시에 다른 한편으로 불평등한 현실관계를 그대로 인정하여 이에 대한 조화를 도모하는 것이다.

제 2 절 법의 근원

법의 근원(根源), 즉 법원(法源; sources of law)이란 법의 존재 형식을 말하는 것으로 표현 형식에 따라 크게 성문법(成文法, written law)과 불문법(不文法, unwritten law)으로 나눌 수 있다. 근대국가가 형성되기 이전에는 성문법이 미비하였으나 근대국가가 형성되면서 국민의 권리보장을 위하여 법치주의를 채용한 국가가 그 규범을 법규로 표현하면서 성문법을 갖추게 되었다. 일반적으로 프랑스, 독일 등 유럽의 대륙 국가들은 성문법을 중심으로 이루어져 있어서 성문법주의 국가 또는 대륙법주의 국가(Civil Law System)라고 한다. 이에 비해 영국과 미국 등의 국가들은 전통적으로 불문법을 중심으로 이루어져 있어서 불문법주의 국가 또는 영미법주의 국가(Common Law System)라고 불린다. 우리나라는 성문법주의를 채택하고 있다.

1 성문법

성문법(成文法, statutory law, written law)은 문자로 표현되고 문서의 형식, 즉 법전(法典, code)을 갖춘 법으로 제정법이다. 성문법주의는 법의 내용을 문자로 명확히 보여주고, 국가의 법체계를 통일적으로 정하기 쉽고, 법질서의 안정성을 확보할 수 있는 장점이 있지만, 법의 내용을 법조문에 고정시켜 항상 변화하는 사회현실과 괴리되어 사회생활의 현실적 수요에 신속하게 대응하는 능력이 결여되는 단점이 있다.

성문법에는 헌법, 법률, 명령, 규칙, 자치법규, 조약 등이 있다. 헌법(憲法, constitution)은 국가의 기본조직, 통치 작용, 국민의 기본권 등을 규정한 근본법이다. 헌법은 국가의 모든 법 중에서 최상위법이며, 법률, 명령, 규칙 등 하위법의 타당성의 근거가 된다. 법률(法律)은 광의로는 법(law)을 말하기도 하지만, 헌법에서 말하는 법률이란 국회에서 의결되어 제정되어 공포된 법률(act)을 말한다.

명령(命令)이란 국회의 의결을 거치지 않고 행정기관이 단독으로 제정하는 법령을 말한다. 명령은 법률보다 하위에 있으므로 법률에 특별한 규정이 없는 한 헌법상 입법사항을 규정할 수 없으며 명령에 의하여 법률을 개정하거나 폐지할 수 없다. 명령에는 대통령의 비상조치, 위임명령, 집행명령 등이 있으며, 위임명령은 법률에서 위임받은 사항에 대하여 발동하는 명령으로 대통령령, 국무총리령 또는 부령(장관령)이 있다. 집행명령은 법률을 집행하기 위하여 발동하는 명령으로 「대외무역법시행령」과 같이 각 법률의 하위 법으로 세부적인 규정의 규범을 말한다.

규칙(規則, Rule)은 국회 또는 특수한 국가기관이 제정하는 성문법규이며 대개 법률의 하위에 있으며 명령과는 동일한 효력을 가진다.

자치법규(自治法規, legislation of self-government)는 지방자치단체가 상위법규인 법률 및 명령이 위임하는 범위 내에서 제정하는 자치에 관한 법규를 말한다. 자치법규에는 조례와 규칙이 있다. 조례는 지방의회가 법령의 범위 내에서 제정하는 것이며, 규칙은 지방자치단체장이 법령 또는 조례에서 위임받은 범위 내에서 그 권한에 속하는 사무에 관하여 제정하는 법규이다.

조약(條約, treaty, convention)은 국제법상 주체인 국가 간 문서에 의한 합의를 말하며, 협약, 협정, 의정서 등의 용어로 사용된다. 조약은 국회의 동의와 비준, 그리고 대통령의 공포로서 발효되며 우리나라 헌법 제6조에 따라 국내법과 동일한 효력을 인정하고 있다.

2 불문법

불문법(不文法, oral law, unwritten law)은 문장으로 표현되지 않으며, 일정한 법제정 기관에 의한 소정의 절차를 거치지 않고 생기는 법이다. 불문법은 법이 문자로 고정화되지 아니하여 변천하는 사회현실에 적응하기 쉽다는 장점이 있지만, 국가의 법을 통일적으로 정비하기 어렵고 법질서의 안정성을 확보하기 곤란하며 법의 존재가 명확하지 못하다는 단점이 있다. 불문법에는 관습법, 판례법, 조리 등이 포함된다.

관습법(慣習法, customary law)이란 사회의 자연발생적 규범으로서 사회생활의 반복으로 이루어진 관행이 일반인 또는 일정 집단에 속하는 사람을 구속할 만큼 법적 확신을 가지게 된 것을 말한다. 이러한 관습법은 법령의 규정에서 명문으로 인정하는 경우이거나 법령의 규정이 없는 사항에 관해서만 성립하는 것이므로 성문법을 개정하거나 폐지하는 효력은 없다.

판례법(判例法, case law, judge made law)은 법원의 판결례의 형태로 존재하는 법이다. 판례란 재판의 선례를 말하는 것으로 이 선례가 그 후의 판결을 구속하여 법원이 동일 취지의 판례를 반복함으로써 성립되는 법이다.

조리(條理, nature of things)는 국가가 법적 규범의식으로서 승인한 사회생활의 원리로서 사물의 본질적 법칙, 사물필연의 도리를 말한다. 인간 이성에 의하여 승인된 공동적 사회생활에 있어서의 원리, 즉 경험법칙, 사회통념, 사회적 타당성, 공서양속, 신의성실, 정의형평 등으로 표현되기도 한다.

제 3 절 법의 분류

1 국내법과 국제법

법을 인정하는 주체 및 법의 효력이 미치는 지역적 범위를 기준으로 국내법과 국제법으로 구분할 수 있다. 국내법(國內法, municipal law)은 한 국가에 의하여 인정되어 그 국가에 적용되는 국가와 국민 또는 국민 상호 간의 권리·의무관계를 규정하는 법인데 반해, 국제법(國際法, international law)은 다수의 국가에 의하여 인정되어 국제사회에 통용되는 국가 상호간의 권리·의무와 국제기구에 관한 법을 말한다.

2 일반법과 특별법

법의 효력이 미치는 범위를 기준으로 일반법(一般法, general law)과 특별법(特別法, specific law)으로 구분할 수 있다. 일반법은 법의 효력이 미치는 범위에 특별한 제한이 없으며, 특별법은 일정한 범위 내에서만 효력을 가지는 법이다. 특별법은 또한 그 기준에 따라, 인적 범위, 지역적 범위, 특정 사항 등을 기준으로 구분할 수 있다. 예를 들면 계약에 관해서는 민법과 상법에 동일하게 규정되어 있지만, 민법상의 계약은 포괄적인 의미에서의 계약을 의미하고 상법상의 계약은 상행위를 위한 계약이기 때문에 상법은 민법의 특별법적 지위를 가진다고 볼 수 있다. 법의 적용에 있어서 동일한 사항에 대하여 특별법이 일반법에 우선 적용된다는 '특별법 우선의 원칙'이 있다는 점에서 양자의 구별에 의미가 있다.

3 실체법과 절차법

법률의 규정내용을 기준으로 실체법(實體法, substantial law)과 절차법(節次法, adjective law)으로 구분할 수 있다. 실체법은 법률관계의 실체, 즉 권리·의무의 내용, 성질, 발생, 변경, 소멸 등을 규정한 법이다. 절차법은 실체법을 운영하는 절차,

즉 권리의 보전, 실현, 의무의 이행 또는 강제 등에 관하여 국가기관이 관여하는 절차를 정한 법이다.

민법과 상법은 사인간의 권리·의무의 실체를 정한 민사실체법이며, 민사소송법은 권리·의무의 실현절차를 규정한 민사절차법이다. 절차법으로 민사소송법, 형사소송법, 행정소송법, 비송사건절차법, 부동산등기법 등이 있다.

4 강행법과 임의법

법의 적용을 당사자의 의사에 의하여 배재 가능성을 기준으로 강행법과 임의법으로 구분할 수 있다. 강행법(强行法, imperative law)은 당사자의 의사여하에 관계없이 적용되는 법이고, 임의법(任意法, dispositive law)은 당사자가 그 법의 규정과 다른 의사표시를 한 때에는 그 법의 규정이 적용되지 않는 법이다.

일반적으로 사인 간의 법률관계를 규정하는 사법 분야에서는 당사자의 의사를 존중하여 사적자치(私的自治)에 맡기는 '당사자자치의 원칙'(Principle of Autonomous)이 존재한다. 아울러 임의법도 일단 당사자의 의사에 의하여 적용하기로 하면 강행되기 때문에 강행법과 동일한 효력을 가진다.[1)]

5 공법과 사법, 그리고 사회법

공법(公法, public law)은 국가와 지방공공단체 상호간 또는 국가 및 지방공공단체와 개인 간의 관계를 규율하는 법을 말한다. 이는 개인 상호간의 민사적 관계를 규율하는 사법(私法, private law)과 대응한다. 헌법·행정법·형법·소송법은 공법에 속하며, 민법·상법·국제사법은 사법에 속한다. 그러나 국가나 지방공공단체가 사인과 같은 자격으로 사인과 대등한 위치에서 법률관계를 맺을 때는 사법관계에 불과하기 때문에 사법의 규율을 받게 된다. 공법은 대부분 강행법인데 반하여, 사법은 임의법인 것이 많다. 그러므로 사법에서는 당사자의 의사를 존중하여 그들 간의 합의를 유효한 것으로 인정하는 것이 원칙이다. 그러나 고용계약과 같은 경우, 고용주와 근로자와의 자유로운 약속에 일임하게 되면 양자의 힘의 불균형관계로 인하여 근로자를

1) 박광서, 무역법규, 탑북스, 2010, p.22.

부당하게 억압하는 결과를 초래하게 되므로 국가는 사법상 합의에 대해서도 여러 가지 제한을 가할 경우가 있다. 이러한 경우 공법과 사법이 교차하는 법의 분야가 생기게 되는데 이 같은 법의 분야를 사회법이라고 한다. 노동법, 경제법, 사회보장법 등은 사회법에 속한다.

제4절 무역 관련 법규

1 무역 관련 국제법규

국제법은 국가 간에 명시되거나 묵시된 합의를 기초로 하여 형성된 법규를 말하며, 국제조약, 국제관습, 법의 일반원칙 등이 있다. 국제법은 국가 상호간의 관계를 규정하는 것으로서 주로 정부간(Inter-government) 협약으로 나타나는 것이 일반적이다.

무역 관련 국제법규는 법원 또는 거래단계별로 구분할 수 있는데, 법원을 기준으로 하면 국제협약, 국제관습 및 법률의 일반원칙 등이 있다. 거래단계별 국제법규로는 무역거래 진행과정에 따라 무역계약법규, 무역결제법규, 국제운송법규, 해상보험법규, 상사중재법규 등으로 구분할 수 있다.

무역계약과 관련된 규범으로서는 '국제물품매매계약에 관한 UN협약'(The UN Convention on the Contract for the International Sale of Goods: CISG) 등이 있다. 국제운송과 관련된 규범으로서는 'Hague Rule', 'Hague-Visby Rule', 'Hamburg Rule', 'Rotterdam Rule' 등이 있으며, 해상보험과 관련된 국제규범으로는 '영국해상보험법'(Marine Insurance Act: MIA)이 준거법으로 사용되고 있다. 상사중재와 관련된 국제규범으로서는 '외국중재판정의 승인과 집행을 위한 유엔협약'(United Nations Convention on the Recognition and Enforcement of Foreign Arbitral Awards: 이하 '뉴욕협약'이라 함), '국가와 다른 국가 국민간의 투자분쟁 해결에 관한 협약'(Convention on the Settlement of Investment Disputes between States and Nationals of Other States: 이하 'ICSID협약'이라 함) 등이 있다.

이와 같이 국제 규범은 제도와 문화가 서로 다른 국가 간의 거래시 발생할 수 있는 무질서를 바로 잡고 그 거래를 원활하게 하는 역할을 한다. 그러므로 국제거래를 하는 모든 주체들은 국제규범을 준수함으로써 거래의 확실성과 성공률을 높일 수 있다.

2 무역 관련 국내법규

1) 국내공법

무역 관련 국내 공법은 무역에 관한 기본법인 대외무역법, 물품의 이동에 관한 법률인 관세법, 대금의 지급과 영수에 관한 외국환거래법 등과 특정 분야의 산업이나 품목의 행정상 관리를 위하여 60여개 개별 행정법들이 있다.

2) 국내사법

개인의 권리와 의무에 관한 실체적 관계를 규율하는 사법은 사인간의 국제거래인 무역과 관련될 수 있다. 무역 관련 국내 사법에는 민법, 상법, 어음법, 수표법, 국제사법 등이 있다.

민법(民法, civil law)은 실질적 의미의 민법과 형식적 의미의 민법이 있다. 전자는 민법은 실체법으로서 사법상의 권리·의무의 내용과 그 발생·변경·소멸 기타 법률관계의 실질적인 판단기준을 제시한다. 후자는 성문법전으로서 우리나라 민법은 민법총칙, 물권, 채권, 친족, 상속으로 구성된다. 민법은 물건의 귀속관계, 즉 물권의 발생·변경·소멸의 문제를 다룬다. 또한 채권관계에 대하여 규율하고 있는데 각종 채권을 발생시키는 원인 및 그 내용에 관하여 다룬다.

상법(商法, commercial law)은 기업의 경영과 상거래에 관한 특별사법으로서 실질적 의미의 상법과 형식적 의미의 상법이 있다. 상법이 기업의 특수한 활동을 그 규율대상으로 삼는다고 하여 기업만을 규율하는 것은 아니고 기업주가 아닌 일반인도 기업과 거래를 하는 한 상법의 적용을 받는다. 형식적 의미의 상법은 상법전을 말하는 것으로 제1편 총칙, 제2편 상행위, 제3편 회사, 제4편 보험, 제5편 해상, 제6편 항공운송으로 구성되어 있다. 특히 제2편, 제4편, 제5편 및 제6편은 국제무역과 밀접한 관련이 있다.

어음법은 어음거래에 관한 법률관계를 규정하는 법률이다. 형식적 의미의 어음법은 어음법이라는 명칭을 가진 법전을 의미하는 것으로서 제1편 환어음과 제2편 약속어음으로 구성되어 있다. 실질적 의미의 어음법 중에는 이 밖에도 거절증서령(拒絕證書令)을 포함한다. 어음법의 특징으로 첫째, 어음은 실질적 관계를 위한 수단으로 이용되기 위하여 수단적 성격이 강하다. 둘째, 어음의 법률관계는 강행법규로 정형화되어 있다. 셋째, 어음은 금전지급의 확실성과 유통의 촉진을 목적으로 하는 기술적인 성격을 가진다. 넷째, 어음법의 기술적인 성격으로 인하여 각국의 법률은 세계적으로 통일되는 성질을 갖는다.

국제사법(國際私法, private international law)은 외국적 요소가 있는 법률관계에 관하여 국제재판관할[2]에 관한 원칙과 준거법을 정하는 법규이다.[3] 즉, 외국적 요소를 갖는 분쟁을 해결하기 위하여 어느 국가의 법원이 재판관할권을 갖는지 또한 어느 국가의 법이 준거법(準據法, governing law)[4]으로 적용될 것인지 등에 관해서 규정하는 법이다. 우리나라 국제사법은 제1장 총칙, 제2장 사람, 제3장 법률행위, 제4장 물권, 제5장 채권, 제6장 친족, 제7장 상속, 제8장 어음·수표, 제9장 해상, 그리고 부칙 등 총 62개 조항과 부칙으로 구성되어 있다.

---

2) 외국적 요소를 갖는 분쟁이 특정 국가의 법원에 제소된 경우 그 국가의 법원이 그 외국적 요소를 갖는 분쟁에 대하여 판단할 수 있는 권한을 의미한다.

3) 국제사법 제1조.

4) 외국적 요소를 갖는 분쟁에 적용되기 위하여 국제사법에 의하여 지정되는 국내외법을 의미한다.

대 외 무 역 법

CHAPTER 02

무역관리제도

제 1 절 무역관리의 의의와 체계

1 무역관리의 의의와 방법

1) 무역관리의 의의

개별경제주체들의 이윤극대화를 위한 각종 국내외거래 중에서 국외거래를 종합한 것을 대외경제거래라 한다. 이러한 대외경제거래는 국민경제와 국민의 소비생활, 자국의 국제경쟁력 등에 지대한 영향을 미치므로 국가는 개별경제주체들의 대외무역거래에 대하여 일정한 규칙을 지킬 것을 요구하여 국민경제의 발전을 도모하고 있다. 국가의 대외무역 관리는 법규, 제도 등을 통하여 개별경제주체들의 무역거래에 대해 간섭하거나 규율을 가하여 국가의 정책적 목표를 달성하기 위한 것이다. 그러므로 국가의 정책적인 목표를 달성하기 위하여 개별경제주체들의 무역거래 활동을 지원, 간섭, 조정 및 통제하는 정부의 모든 행위를 무역관리라고 할 수 있다.

국가마다 경제적 여건이 다르므로 어떤 국가는 무역거래를 엄격히 규제하기도 하고 어떤 국가는 비교적 자유로운 무역거래가 가능하도록 규제를 최소화하기도 한다. 그러나 세계 어느 국가도 무역관리를 하지 않는 국가는 없다. 다만 무역관리를 위해 정부의 개입 정도가 차이가 날 뿐이다.

무역관리는 일국의 경제 여러 분야에 상당한 영향을 미치는데, 우선 수출은 고용이나 소득을 높이고 국민생활 향상에 필요한 외화를 취득하며 국내 산업의 구조를 고도화함으로써 경제발전에 미치는 파급효과가 크다. 그러므로 정부는 수출을 촉진하기 위하여 다양한 정책을 시행하고 있다.

국내에서 공급할 수 없는 자본재나 원자재를 수입하여 생산에 직접 투입하는 경우 수출을 가능하도록 하기 때문에 자국의 자본축적과 기술진보 등의 국내생산기반을 강화할 수 있고 장기적으로 경제성장에 기여한다. 최종소비재를 수입할 경우에도 수입경쟁재를 생산하는 국내 산업의 경쟁력을 강화하는 계기를 마련할 수 있으므로 국내 산업발전에 도움이 될 수 있다. 그러나 수입으로 인하여 이러한 궁극적인 효과가 나타나지 않거나 단기적으로 경상수지 적자가 확대되는 등 부정적인 효과가 나타나기도 하기 때문에 정부에서는 수입관리를 강화함으로써 이러한 부정적인 효과를 최소화하기 위해 노력한다.

2) 무역관리의 방법

무역관리는 다양한 방법으로 수행되는데 법률을 제정하여 무역관리를 하는 방법과 정부의 행정지도 등을 통해 구현하기도 한다.

첫째, 행정지도는 법령에 의하여 행해지기도 하나 법령의 근거 없이 행하는 경우도 있다. 행정지도에 의한 무역관리는 산업통상자원부 등 무역관리를 담당하는 행정기관의 무역관리 목표를 실현하기 위한 행정집행과정에서 다양하게 이루어진다.

둘째, 법률적 관리로서 우리나라와 같은 대륙법계통의 국가들은 대외무역에 관한 국내법을 두고 있다. 그 법률들은 다시 경제행위로서의 무역을 관리하기 위한 경제법들과 무역관리를 위한 목적이 아니지만 그 법을 집행하는 과정에서 반사적으로 무역에 영향을 미치는 개별 행정법들이다.

2 무역관리체계

무역을 관리하기 위해 제정된 법규로서 대외무역법, 외국환거래법, 관세법을 무역의 3대 기본법으로 두고 있으며, 그 외 무역보험법, 자유무역지역의 지정 및 운영에 관한 법률, 외국인투자촉진법, 중재법, 전자무역촉진에 관한 법률, 불공정무역행위 조사 및 산업피해 구제에 관한 법률, 무역거래기반 조성에 관한 법률 등 다양한 법률들이 무역과 관련된 사항들을 규율하고 있다. 전체적인 체계는 아래 그림과 같다.

그림 2-1 대외무역관리 체계

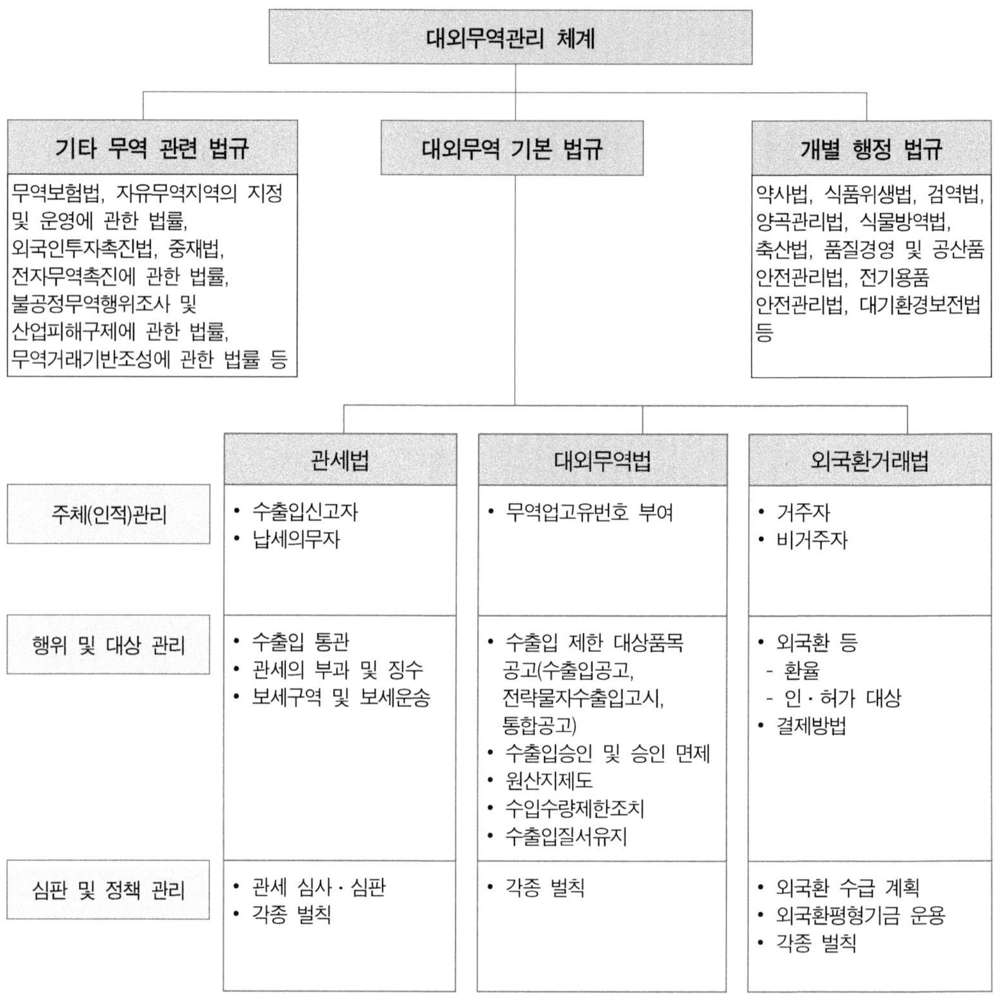

제 2 절 무역 관련 법규

1 대외무역법

1) 대외무역법의 의의

대외무역법은 대외무역을 진흥하고 공정한 거래질서를 확립하여 국제수지의 균형과 통상의 확대를 도모함으로써 국민경제의 발전에 이바지함을 목적으로 기존의 1967년 제정된 무역거래법을 대체하기 위해 1986년 12월 31일 법률 제3895호로 제정하여 1987년 1월 1일부터 시행되었다.[1]

대외무역법의 목적은 대외무역의 진흥, 공정한 거래질서의 확립, 국제수지의 균형, 통상의 확대, 국민경제의 발전에 이바지하기 위하여 자유롭고 공정한 무역의 조장, 필요할 경우에만 제한하는 최소의 통제와 대외거래의 자유를 보장하는데 있다.[2]

2) 대외무역법의 성격

(1) 무역에 관한 기본법

대외무역법은 무역을 관리하기 위한 기본법으로서 우리나라에서 이루어지는 무역에 관한 모든 행위는 원칙적으로 이 법에 따른다. 따라서 이 법 외의 법령에서 물품 등의 수출입을 제한하는 법령이나 훈령, 고시 등을 제정하거나 개정하고자 할 때에는 관계행정기관의 장은 미리 산업통상자원부장관과 협의하도록 함으로써 무역관리법규가 일관성을 유지할 수 있고 체계적으로 적용될 수 있도록 규정하고 있다.

---

1) 우리나라 무역법의 연혁은 1957년 12월 13일 법률 제460호로 제정된 무역법에서부터 시작되었다. 이후 새로운 무역환경에 부응하기 위해 1967년 1월 16일 법률 제1878호로 제정된 무역거래법으로 대체되었으며 1986년에 이르러 현행 대외무역법으로 변경되었다.

2) 대외무역법 제3조에는 "① 우리나라의 무역은 헌법에 의하여 체결·공포된 무역에 관한 조약과 일반적으로 승인된 국제법규가 정하는 바에 따라 자유롭고 공정한 무역을 조장함을 원칙으로 하고, ② 정부는 이 법이나 다른 법률 또는 헌법에 의하여 체결·공포된 무역에 관한 조약과 일반적으로 승인된 국제법규에서 무역에 대한 제한을 정한 규정이 있는 경우에는 그 제한을 정한 목적을 달성하기 위하여 필요한 최소한의 범위 안에서 이를 운영하여야 한다."고 규정하고 있다.

(2) 무역에 관한 일반법

대외무역법은 무역에 관한 일반법으로서의 성격을 지니고 있다. 만일 다른 법률에서 명시적으로 이 법의 적용을 배제하면 그 법은 무역에 관한 한 대외무역법에 특별법으로서 우선 적용된다. 그러나 명시적으로 배제하지 않는 경우에는 다른 개별법에서 무역에 관한 규정이 있다 하더라도 이 법이 동시에 적용되는 것으로 보아야 할 것이다.

(3) 민사법에 대한 특별법

대외무역법은 민사법(民事法)상의 계약행위에 대하여 규제함으로써 민사법에 대한 특별법의 성격을 갖고 있다. 산업통상자원부장관의 조정명령의 이행에 대하여는 「독점규제 및 공정거래에 관한 법률」을 적용하지 아니한다.[3] 즉, 대외무역과 관련된 특수한 상황에서 산업통상자원부장관의 조정명령의 이행에 대하여는 「독점규제 및 공정거래에 관한 법률」보다 이 법을 우선 적용한다.

또한 대외무역법에 의한 합법적인 물품 등의 수출입행위에 대하여는 그 행위가 업무수행상 정당하다고 인정되는 범위 안에서 「국가보안법」을 적용하지 아니한다.[4]

(4) 통합공고에 의하여 개별 행정법들과 연계된 통합법적 성격

대외무역법은 통합공고제도를 도입하여 다른 법률에서 규정하고 있는 무역관리내용까지도 궁극적으로 산업통상자원부장관이 통합하여 공고한 바에 따라서 시행가능토록 함으로써 개별법에서 규정하고 있는 관련 규정들을 대외무역법에 수용하는 효과를 거두고 있다. 따라서 관계행정기관의 장은 해당 법령에 의하여 정하여진 물품의 수출입요건을 그 시행일 이전에 산업통상자원부장관이 통합하여 공고할 수 있도록 산업통상자원부장관에게 제출하여야 한다.

3) 대외무역법의 법령체계

대외무역법은 대한민국 헌법 제125조에서 "국가는 대외무역을 육성하며 이를 규제·조정할 수 있다"고 규정함으로써 대외무역의 진흥과 관리를 위한 법률을 제정할 수 있는 근거를 마련해두고 있다. 이에 따라 무역에 관한 기본법으로서 대외무역법을 두고 있다.

---

3) 대외무역법 제50조.
4) 대외무역법 제51조.

일반적으로 법령은 "헌법－법률－명령－규칙－고시"의 체계를 갖추어 운영되고 있기 때문에 아래 〈그림 2-2〉5)에서 보는 것과 같이 대외무역법도 헌법을 근거로 제정하여 기본법으로 되어 있으며, 그 하부에 「대외무역법 시행령」(Enforcement Decree of the Foreign Trade Act), 「대외무역 관리규정」(Foreign Trade Management Regulation), 그리고 각종 고시로 구성되어 있다.

대외무역법의 내용은 제1장 총칙, 제2장 통상의 진흥, 제3장 수출입거래, 제4장 수입수량 제한조치, 제5장 수출입의 질서유지, 제6장 보칙, 제7장 벌칙 등과 같이 총 7개 장, 59개 조와 부칙으로 이루어져 있다. 대외무역법 시행령은 법령에서의 총 6개 장, 82개 조와 부칙으로 구성되어 대외무역법의 내용을 세부적으로 규정하고 있으며, 대외무역관리규정은 총 6개 장, 102개 조와 부칙으로 구성되어 산업통상자원부의 고시를 규정하고 있다.

그림 2-2 대외무역법의 체계

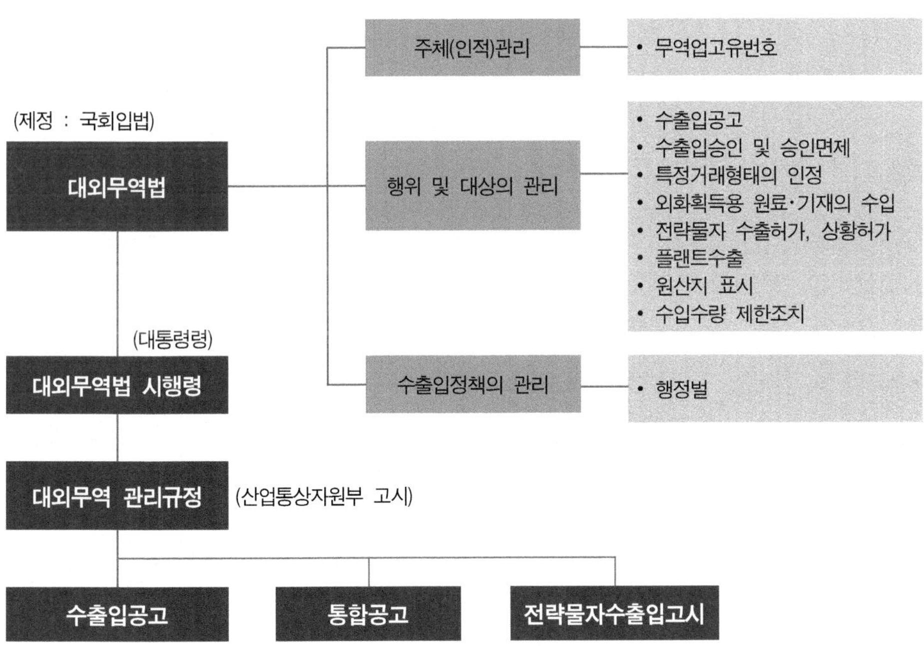

5) 전순환, 전게서, p.5.

그림 2-3 대외무역법 법령체계

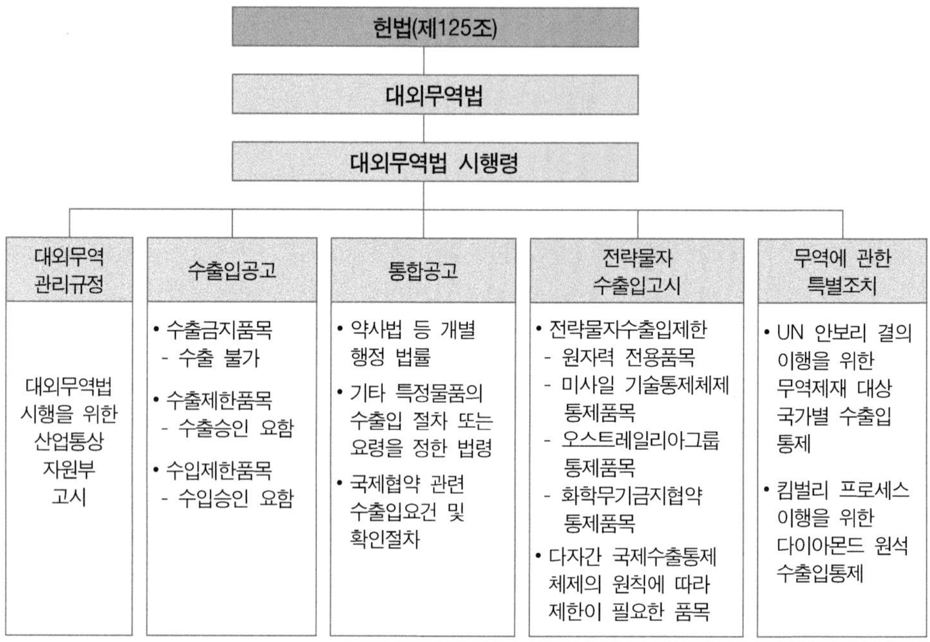

2 외국환거래법

무역거래는 물물교환과 같이 무환으로 이루어지는 경우도 있지만 대부분은 유환으로 거래된다. 즉 국제거래에서 재화나 용역의 대가로 대금이 지급되기 때문에 통화가 다른 국가 간의 경제거래는 외국환거래가 수반되는 것이 일반적이다. 따라서 대외경제거래는 그 결제과정에서 이종통화 간의 교환비율인 환율 문제가 발생하고 이러한 환율문제는 경제거래에 영향을 주기도 하고 영향을 받기도 한다. 그러므로 우리나라 통화의 대외가치에 대한 안정성은 대외경제거래에 상당히 중요한 요소가 된다.

대외거래가 실물거래 이외에 자본거래 등 다양한 형태의 거래가 이루어지고 있으며 이러한 외국환거래와 그 밖의 대외거래의 자유를 보장하고 시장기능을 활성화하여 대외거래의 원활화 및 국제수지의 균형과 통화가치의 안정을 도모함으로써 국민경제의 건전한 발전에 이바지함을 목적으로 외국환거래법을 두고 있다.[6]

6) 외국환거래법 제1조.

외국환거래법은 1961년 12월 31일 제정한 외국환관리법이 시대적 상황의 변화에 따라 폐지되고 1998년 9월 16일자로 법률 제5,550호로 제정되었다. 외국환거래법은 제1장 총칙, 제2장 외국환업무취급기관 등, 제3장 외국환평형기금, 제4장 지급과 거래, 제5장 보칙, 제6장 벌칙 등 총 6장 31개 조항으로 구성되어 있다.

외국환거래법을 기본으로 하여 대통령령으로 「외국환거래법시행령」을 두고 외국환거래법에서 위임된 사항과 그 시행에 관하여 필요한 사항을 규정하고 있으며, 주무부처인 기획재정부 고시로 「외국환거래규정」을 두고 세부적인 지침을 규정하고 있으며, 한국은행장의 고시로 외국환거래업무 취급세칙과 절차를 두고 있으며, 외국환은행장에 의한 외국환거래업무 취급지침을 두고 있다. 외국환거래법의 체계는 아래 〈그림 2-4〉와 같다.7)

그림 2-4 외국환거래법의 체계

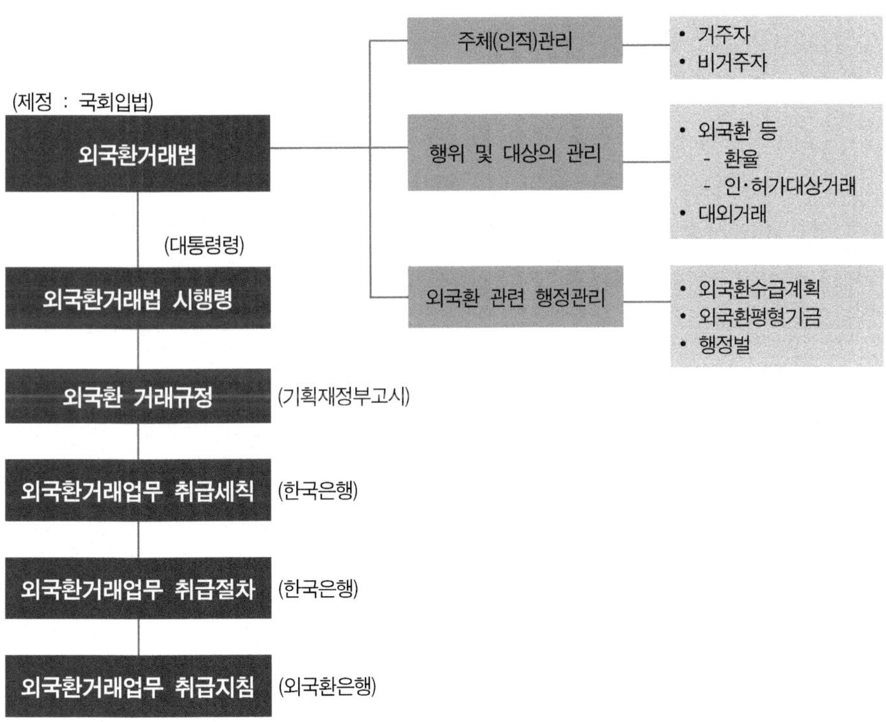

7) 전순환, 전게서, p.8.

3 관세법

국가 간 경제거래의 객체인 물품은 영업장소가 각각 다른 나라에 위치하고 있는 매매당사자 간의 인도와 인수과정을 완성하기 위하여 국제적인 이동을 하게 된다. 물품이 이동하기 위해서는 사전에 대외무역법 등 관련 법규에 따른 합법적인 절차가 이행되어야 한다. 이 과정에서 대부분의 국가들은 물품의 국가 간 이동과정을 최종적으로 확인·점검하기 위하여 세관에서 통관절차를 거치도록 하고 있다. 이러한 통관절차는 관세법에 규정되어 있다. 물품이 최종적으로 관세법에 규정된 통관절차를 이행하고 수출신고수리 또는 수입신고수리를 받지 못하면 국제적 이동이 불가능하다. 통관과정에서 부과되는 관세를 납부해야 하는 것도 통관절차의 일부분이라고 할 수 있다.

관세법은 관세의 부과·징수 및 수출입 물품의 통관을 적정하게 하고 관세수입을 확보함으로써 국민경제의 발전에 이바지함을 목적으로 하고 있다.[8] 이와 같이 관세법은 관세의 부과·징수를 통하여 수입을 조정함으로써 국내 산업을 보호하고 국제수지 개선을 도모할 수 있으며 또한 관세의 가격효과를 통하여 국내 물가를 조정할 수 있기 때문에 국민경제의 발전을 위한 경제정책 수행의 수단으로 중요한 기능을 수행한다. 또한 관세징수의 결과 조세수입이 증가함으로써 국가재정의 확보에 큰 역할을 한다.

관세법은 정부수립 후 1949년 11월 23일 법률 제67호로 제정된 이후 수차례에 걸쳐 개정되어 시행되어 오다가 1967년 GATT 가입 등으로 구법을 폐지하고 신법을 제정하는 형식을 통하여 대폭적인 개정이 이루어졌다. 현행 관세법은 1967년 12월 29일 법률 제1976호로 제정되었다. 새로 제정된 관세법 역시 1968년 1월 1일 시행된 이래 수차례에 걸쳐 개정되었으며 1993년에는 국내기업의 수출경쟁력 강화를 위하여 수출물품에 대하여는 수출통관절차를 대폭 완화하고, 수입통관의 경우에도 관세징수와 국민보건, 환경보전, 소비자보호 등에 필요한 규제만으로 최소화하는 등 선진 관세제도를 도입함으로써 관세법에 의한 무역관리를 완화하고 무역자유화의 폭을 대폭 확대하였다.

관세법의 체계는 아래 〈그림 2-5〉와 같다.[9]

---

8) 관세법 제1조.

9) 전순환, 전게서, p.10.

그림 2-5 관세법의 체계

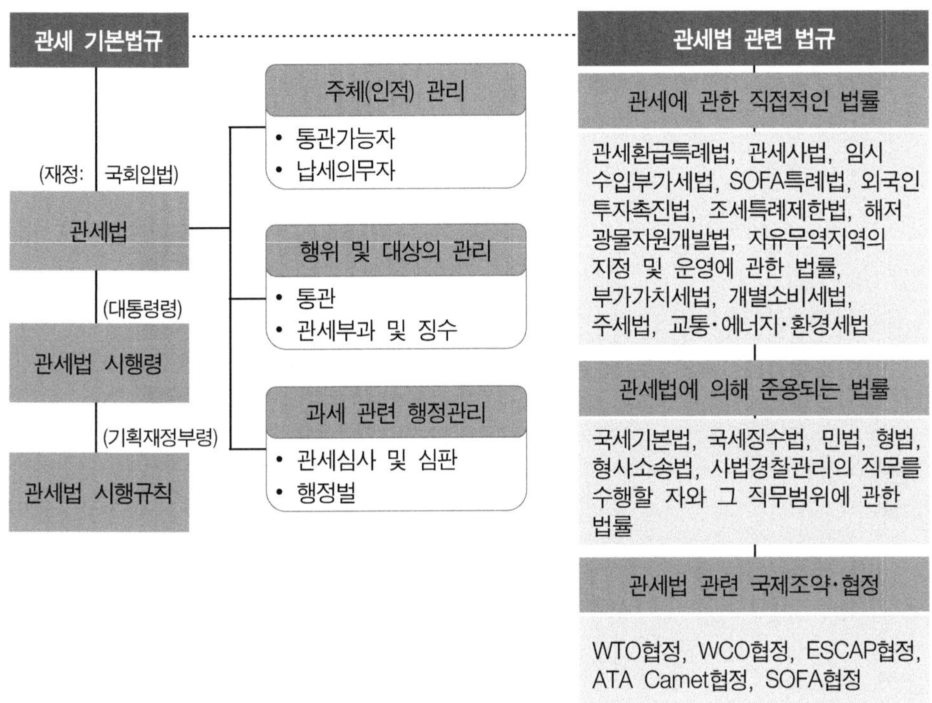

4 개별 행정법

기업이 무역계약을 체결하고 그 거래를 완료하기까지는 국가시책에 의하여 여러 가지 규제를 받게 된다. 직접적인 무역관리법규인 대외무역법, 외국환거래법, 관세법 등 이외에도 품목에 따라서는 무역거래과정에 적용되어 일정한 요건을 이행하도록 강제하는 간접적인 무역관리법규들이 있다. 이러한 법규들의 본래목적은 국민보건, 안전, 환경보호, 소비자보호 등 다양하며, 해당 품목의 무역거래가 그 법의 본래의 목적수행에 미치는 영향을 조정하기 위하여 해당 품목의 무역을 규제·관리하고 있다. 따라서 아래 〈표 2-1〉과 같은 개별 행정법의 규정에서 무역과 관련된 조항이 있을 수 있기 때문에 간접적인 무역관리법이라고 할 수 있다.

표 2-1 개별 행정법

1. 약사법
2. 마약류관리에 관한 법률
3. 화장품법
4. 식품위생법
5. 검역법
6. 유해화학물질 관리법
7. 양곡관리법
8. 비료관리법
9. 농약관리법
10. 가축전염병예방법
11. 식물방역법
12. 종자산업법
13. 축산법
14. 품질경영 및 공산품 안전관리법
15. 전기용품안전관리법
16. 계량에 관한 법률
17. 석유 및 석유대체연료사업법
18. 원자력법
19. 전파법
20. 전기통신기본법
21. 야생동식물보호법
22. 폐기물의 국가 간 이동 및 그 처리에 관한 법률
23. 대기환경보전법
24. 소음진동관리법
25. 자동차관리법
26. 산업안전보건법
27. 오존층보호를 위한 특정물질의 제조규정 등에 관한 법률
28. 건설기계관리법
29. 먹는물관리법
30. 자원의 절약과 재활용촉진에 관한 법률
31. 화학무기·생물무기의 금지와 특정화학물질·생물작용제 등의 제조·수출입 규제 등에 관한 법률
32. 축산물위생관리법
33. 건강기능식품에 관한 법률
34. 농산물품질관리법
35. 방위사업법
36. 수산물품질관리법
37. 수산업법
38. 고압가스안전관리법
39. 영화 및 비디오물의 진흥에 관한 법률
40. 게임산업진흥에 관한 법률
41. 음악산업진흥에 관한 법률
42. 하수도법
43. 주세법
44. 지방세법
45. 총포도검화약류등 단속법
46. 출판 및 인쇄진흥법
47. 의료기기법
48. 인체조직안전 및 관리 등에 관한 법률
49. 지상파 텔레비전 방송의 디지털전환과 디지털방송의 활성화에 관한 특별법
50. 수산동물질병 관리법
51. 사료관리법
52. 생물다양성 보전 및 이용에 관한 법률
53. 폐기물관리법
54. 전기·전자제품 및 자동차의 자원순환에 관한 법률
55. 액화석유의 안전관리 밀 사업법
56. 목재의 지속가능한 이용에 관한 법률
57. 농수산생명자원의 보호·관리 및 이용에 관한 법률
58. 기타 특정물품의 수출입절차 또는 요령을 정한 법률 및 국제협약
59. 수입식품안전관리특별법

이와 같이 개별 행정법규에 의한 무역관리는 주로 무역거래의 주체에 관한 관리와 품목에 관한 관리로 나누어 볼 수 있다. 품목에 관한 관리는 대외무역법의 관리영역에 포함되어 산업통상자원부장관이 고시하는 통합공고로 일원화되었으나 주체에 관한 관리는 각 개별법에서 별도로 규정하고 있어서, 대외무역법과는 별도로 관계행정기관의 장의 허가, 관계행정기관에 등록·신고 등을 해야 관련 품목의 수출·수입을 할 수 있도록 하고 있다.

개별 행정법들은 대외무역법에 대하여 특별법적 지위를 갖는다. 그러나 대외무역법은 무역에 관한 기본법이므로 개별 행정법에서 명시적으로 대외무역법의 적용을 배제하지 않는 한 무역에 관하여는 대외무역법 규정과 개별 행정법 규정은 동시에 충족되어야 한다.

5 기타 무역관계 법규들

우리나라의 대외무역관리는 대외무역법, 외국환거래법, 그리고 관세법의 3대 기본법 이외에도 다음과 같은 무역관계법에 의해 관리되고 있으며, 특별법에 수출입규제에 관한 규정이 있을 경우에는 그 특별법 규정이 무역에 관한 일반법인 대외무역법보다 우선적으로 적용된다.

1) 불공정무역행위조사 및 산업피해구제에 관한 법률

불공정무역행위조사 및 산업피해구제에 관한 법률은 불공정한 무역행위와 수입의 증가 등으로 인한 국내 산업의 피해를 조사·구제하는 절차를 정함으로써 공정한 무역질서를 확립하고 국내 산업을 보호하며, 세계무역기구 설립을 위한 마라케쉬협정 등 무역에 관한 국제협약을 이행하기 위하여 필요한 사항을 규정함을 목적으로 한다.

2) 무역보험법

무역이나 그 밖의 대외거래와 관련하여 발생하는 위험을 담보하기 위한 무역보험제도를 효율적으로 운영함으로써 무역과 해외투자를 촉진하여 국가경쟁력을 강화하고 국민경제의 발전에 이바지함을 목적으로 한다.

3) 자유무역지역의 지정 및 운영에 관한 법률

자유무역지역의 지정 및 운영에 관한 법률은 자유로운 제조·물류·유통 및 무역활동 등이 보장되는 자유무역지역을 지정·운영함으로써 외국인투자의 유치, 무역의 진흥, 국제물류의 원활화 및 지역개발 등을 촉진하여 국민경제의 발전에 이바지함을 목적으로 한다.

4) 외국인투자촉진법

외국인투자촉진법은 외국인투자를 지원하고 외국인투자에 편의를 제공하여 외국인투자유치를 촉진함으로써 국민경제의 건전한 발전에 이바지함을 목적으로 한다.

5) 중재법

중재법은 중재에 의하여 사법(私法)상의 분쟁을 적정·공평·신속하게 해결함을 목적으로 한다.

6) 전자무역촉진에 관한 법률

전자무역촉진에 관한 법률은 전자무역의 기반을 조성하고 그 활용을 촉진하여 무역절차의 간소화와 무역정보의 신속한 유통을 실현하고 무역업무의 처리시간 및 비용을 절감함으로써 산업의 국제경쟁력을 높이고 국민경제의 발전에 이바지함을 목적으로 한다.

7) 무역거래기반 조성에 관한 법률

무역거래기반 조성에 관한 법률은 무역거래의 기반을 효율적·체계적으로 조성하여 균형 있는 무역거래의 확대와 국민경제의 발전에 이바지함을 목적으로 한다.

8) 수출용원재료에 대한 관세 등 환급에 관한 특례법

물품 등의 수입시 관세법에 의거하여 관세율표에 따라 관세 및 기타 제세금을 납부해야 한다. 그러나 그 물품 등이 수출용원재료로 사용될 경우 「수출용원재료에 대한 관세 등 환급에 관한 특례법」에 따라 이미 납부한 관세 등을 환급해준다. 이는 능률적인 수출지원과 균형 있는 산업발전에 이바지하기 위하여 「관세법」, 「임시수입부가세법」, 「개별소비세법」, 「주세법」, 「교통·에너지·환경세법」, 「농어촌특별세법」, 「교육세법」, 「국세기본법」 및 「국세징수법」에 대한 특례를 규정하여 적용하고 있다.

9) 자유무역협정의 이행을 위한 관세법의 특례에 관한 법률

우리나라가 체약상대국과 체결한 자유무역협정(FTA)의 이행을 위하여 필요한 관세의 부과·징수 및 감면, 수출입물품의 통관 등 「관세법」의 특례에 관한 사항과 자유무역협정에 규정된 체약상대국과의 관세행정(關稅行政) 협조에 필요한 사항을 규정함으로써 자유무역협정의 원활한 이행과 국민경제의 발전에 이바지함을 목적으로 2013년 자유무역협정의 이행을 위한 관세법의 특례에 관한 법률(자유무역협정(FTA) 특례법)을 제정하였다. 이 법률은 관세법에 우선하여 적용한다.

10) 기 타

그 밖에 산업디자인진흥법 등의 법률과 한국은행 금융중개지원대출 관련 무역금융지원 프로그램 운용세칙 등의 무역지원을 위한 규정들이 있다.

제 3 절 무역관리기관

1 무역에 관한 중앙행정관청

1) 주무중앙행정관청

국회에서 제정한 법률의 집행을 통한 관리는 국가행정기관을 통하여 이루어진다. 「정부조직법」 제37조에 "산업통상자원부장관은 상업·무역·공업·통상, 통상교섭 및 통상교섭에 관한 총괄·조정, 외국인 투자, 산업기술 연구개발정책 및 에너지·지하자원에 관한 사무를 관장한다."고 규정되어 있으므로 대외무역법의 주무부처는 산업통상자원부이고 관장업무의 최고관리기관으로서 대외무역법상의 모든 권한을 갖는다.

산업통상자원부장관은 무역과 관련된 다양한 업무를 신속하고 효율적으로 운영하기 위하여 그 권한의 일부를 대통령령이 정하는 바에 따라 다른 기관에 위임하거나 위탁하고 있다.

2) 협조중앙행정관청

무역에 관한 최고관리기관인 산업통상자원부는 관련 업무에 대하여 다른 중앙행정관청에 협조를 요청할 수 있다. 예를 들면 기획재정부는 외환 및 외자도입, 대외결제 등, 행정안전부는 총포화약류 등, 농림축산식품부는 양곡·비료·농약 등, 보건복지부는 독극물·마약 등, 국토교통부는 건설장비 등, 문화체육관광부는 문화재 등과 같이 각기 소관업무에 관한 개별행정법을 관장하여 운영하고 있는 각 중앙행정부처와 협의를 통해 무역을 관리하고 있다.

2 산업통상자원부장관의 권한 수임기관

1) 기술표준원장

산업통상자원부장관은 자신이 관장하는 품목의 물품 등에 대한 다음의 권한을 기술표준원장에게 위임한다.[10)]

① 외화획득용 원료·기재(목재가구 제외)의 기준소요량 결정에 관한 권한
② 외화획득 이행 여부의 사후 관리에 관한 권한
③ 시·도지사에게 위임된 사무에 대한 지휘·감독 및 자료의 제출요청에 관한 권한
④ 산업통상자원부장관이 지정·고시한 관계 행정기관 또는 단체에 위탁된 사무에 대한 지휘·감독 및 자료의 제출 요청에 관한 권한

2) 시·도지사

산업통상자원부장관은 자신이 관장하는 물품 등에 대한 다음의 권한을 시·도지사에게 위임한다.[11)]

① 외화획득 이행기간의 연장에 관한 권한(시행령 제27조 제2항 및 제3항)
② 외화획득용 원료·기재의 사용목적 변경승인에 관한 권한(법 제17조 제1항)

---

10) 시행령 제91조 제2항, 관리규정 제55조 등.
11) 시행령 제91조 제3항.

3) 자유무역지역관리원장

산업통상자원부장관은 다음의 권한을 자유무역지역관리원장에게 위임한다.[12]

① 시·도지사에게 위임된 권한 중 자유무역지역관리원의 관할구역 입주업체에 대한 권한

② 세관장에게 위탁된 원산지증명서 발급 업무 중 관세양허를 받기 위한 원산지증명서 발급 업무에 관한 권한 중, 자유무역지역관리원의 관할구역 입주업체에 대한 권한

3 산업통상자원부장관의 권한 수탁기관

1) 다른 중앙행정기관

산업통상자원부장관은 다음의 권한을 그 대상 물품 등의 품목에 따라 그 물품 등을 관장하는 중앙 행정기관의 장에게 위탁한다. 다만, 산업통상자원부장관이 관장하는 물품 등에 대한 권한은 제외한다.[13]

① 외화획득용 원료·기재의 수입 제한에 관한 권한

② 외화획득용 원료·기재의 기준 소요량 결정에 관한 권한

③ 외화획득 이행기간의 결정 및 그 연장에 관한 권한

④ 외화획득용 원료·기재 또는 그 원료·기재로 제조된 물품 등(산업통상자원부장관이 정하여 고시하는 품목만 해당)에 대한 다음의 권한

가. 외화획득 이행 여부의 사후 관리에 관한 권한

나. 사용목적 변경승인에 관한 권한

다. 양도·양수의 승인에 관한 권한

⑤ 수출입질서유지를 위한 조정명령에 관한 권한

⑥ 시·도지사(특별시장·광역시장·도지사 또는 특별자치도지사)에게 위임된 사무에 대한 지휘·감독 및 자료의 제출 요청에 관한 권한

---

12) 시행령 제91조 제3항 단서 및 제4항 단서.

13) 시행령 제91조 제1항.

표 2-2 산업통상자원부장관의 권한 위임·위탁기관과 업무

	위임·위탁 기관	위임·위탁 업무
위임	기술표준원장	- 외화획득용 원료·기재의 기준소요량 결정 - 외화획득 이행 여부에 관한 사후관리 - 외화획득용 원료·기재와 관련된 시·도지사, 관계행정기관·단체에 위임 또는 위탁된 사무의 지휘·감독·자료제출 요청
	시·도지사	- 외화획득이행기간의 연장 - 외화획득용 원료·기재의 사용목적 변경승인
	자유무역지역관리원장	- 시·도지사에게 위임된 권한 중 자유무역지역관리원의 관할구역의 입주업체에 대한 권한 - 자유무역지역관리원의 관할구역의 입주업체에 대한 관세양허를 받기 위한 원산지증명서 발급업무
위탁	물품 등을 관장하는 중앙행정기관의 장	- 외화획득용 원료·기재 관련 규정 - 수출입질서유지를 위한 조정명령 - 시·도지사에게 위임된 사무의 지후·감독 및 자료제출 요청
	국립산림과학원장	- 목재가구에 대한 외화획득용 원료·기재의 기준소요량의 결정
	세관장	- 수출입승인면제의 확인 - 원산지 표시 확인 - 수입한 물품 등과 관련 서류의 검사에 관한 권한 - 원산지 표시 방법 위반, 원산지 허위표시·오인표시 하는 행위에 대한 시정조치 명령 또는 과징금 부과에 관한 권한 - 관세양허를 받기 위한 원산지증명서 발급 업무에 관한 권한 - 원산지 표시 검사를 거부·방해 또는 기피한 자에 대한 과태료부과·징수에 관한 권한
	관세청장	- 원산지 표시의 사전판정 및 이의제기 처리 - 세관장에게 위탁된 사무에 대한 지휘·감독 및 자료의 제출 - 원산지 표시 방법에 대한 세부적 사항을 정하는 권한
	관계 행정기관 또는 단체의 장	- 수출입의 승인, 변경승인 및 변경사항 신고의 수리 - 외화획득용 원료·기재의 수입승인 및 사후관리
	한국무역협회	- 무역업고유번호의 부여 및 관리 등 수출입통계 Database 구축을 위한 전산관리체제의 개발 및 운영 - 수출입거래에 관한 정보의 수집·분석 - 용역 및 전자적 형태의 무체물의 수출입 확인
	한국선주협회	- 해운업 용역의 수출입 확인
	한국관광협회중앙회 및 업종별 관광협회	- 관광사업 용역의 수출입 확인
	한국소프트웨어산업협회	- 전자적 형태의 무체물의 수출입 확인
	한국기계산업진흥회장	- 플랜트 수출승인 및 변경승인
	한국수출입은행장	- 플랜트수출에서 연불금융지원
	대한상사중재원	- 무역 분쟁의 조정·알선, 조정비용 부담 등에 관한 권한
	대한상공회의소	- 원산지증명서 발급업무
	외국환은행장 전자무역기반사업자	- 구매확인서의 발급 및 사후관리
	전략물자관리원	- 전략물자의 판정 및 통보

2) 국립산림과학원

산업통상자원부장관이 관장하는 품목의 물품 중 목재가구에 대한 외화획득용 원료·기재의 기준소요량의 결정에 관한 권한을 국립산림과학원장에게 위탁한다.[14)]

3) 세관

산업통상자원부장관은 다음의 권한을 세관장에게 위탁한다.[15)]

① 수출입 승인 면제의 확인에 관한 권한

② 원산지 표시의 확인에 관한 권한

③ 원산지 표시 위반 여부를 확인하기 위하여 수입한 물품 등과 관련 서류의 검사에 관한 권한

④ 원산지 표시 위반에 대한 시정조치 명령

⑤ 원산지 표시 위반에 따른 과징금 부과 및 과징금 납부기한의 연장, 분할납부 및 그 결정의 취소에 관한 권한

⑥ 원산지증명서의 제출 명령에 관한 권한

⑦ 원산지증명서 발급 업무 중 관세양허(關稅讓許)를 받기 위한 원산지증명서 발급 업무에 관한 권한

⑧ 수입물품에 대한 원산지 표시의 검사를 거부 · 방해 또는 기피한 자에 대한 과태료의 부과 · 징수에 관한 권한

4) 관세청

산업통상자원부장관은 다음의 권한을 관세청장에게 위탁한다.[16)]

① 산업통상자원부장관이 정하는 원산지 표시 방법의 범위에서 그 표시 방법에 관한 세부적인 사항을 정하는 권한

② 원산지 표시 방법의 확인 및 이의제기에 대한 처리 권한

③ 원산지의 판정 및 이의제기의 처리에 관한 권한

④ 세관장에게 위탁된 사무에 대한 지휘·감독 및 자료의 제출 요청에 관한 권한

---

14) 시행령 제91조 제2항 단서.
15) 시행령 제91조 제4항.
16) 시행령 제91조 제6항.

5) 한국무역협회

산업통상자원부장관은 다음의 업무를 한국무역협회장에게 위탁한다.[17]

① 무역업고유번호의 부여 및 관리 등 수출입통계 데이터베이스를 구축하기 위한 전산관리체제의 개발·운영
② 수출입 거래에 관한 정보의 수집·분석
③ 용역의 수출입 확인

6) 한국선주협회

산업통상자원부장관은 용역 중 해운업의 수출입 확인의 업무를 한국무역협회장 또는 한국선주협회(「민법」 제32조에 따라 국토해양부장관의 허가를 받아 설립된 한국선주협회)의 장에게 위탁한다.[18]

7) 한국관광협회중앙회 및 업종별 관광협회

산업통상자원부장관은 용역 중 관광사업의 수출입 확인(시행령 제23조)의 업무를 한국무역협회장 또는 한국관광협회중앙회(「관광진흥법」 제41조 제1항 및 제45조 제1항에 따른 한국관광협회중앙회) 및 업종별 관광협회의 장에게 위탁한다.[19]

8) 한국소프트웨어산업협회

산업통상자원부장관은 전자적 형태의 무체물의 수출입 확인(시행령 제23조)의 업무를 한국무역협회장 또는 한국소프트웨어산업협회(「소프트웨어산업 진흥법」 제26조에 따른 한국소프트웨어산업협회)의 장에게 위탁한다.[20]

9) 관계 행정기관 또는 단체

산업통상자원부장관은 수출입 승인 대상물품 등에 대한 다음의 권한을 산업통상자원부장관이 지정하여 고시하는 관계 행정기관 또는 단체의 장에게 위탁한다.[21]

---

17) 시행령 제91조 제5항.
18) 시행령 제91조 제5항.
19) 시행령 제91조 제5항.
20) 시행령 제91조 제5항.
21) 시행령 제91조 제7항.

① 수출 또는 수입의 승인, 승인의 유효기간 설정 및 연장, 변경승인 및 변경사항 신고의 수리에 관한 권한
② 외화획득용 원료·기재의 수입승인에 관한 권한
③ 산업통상자원부장관이 관장하는 외화획득용 원료·기재에 대한 사후 관리에 관한 권한

여기서 말하는 산업통상자원부장관이 지정하여 고시하는 단체의 장이란 수출입공고에서 산업통상자원부장관이 지정·고시한 기관·단체(승인기관)의 장을 말한다.[22)]

10) 한국기계산업진흥회

산업통상자원부장관은 연불금융지원의 경우를 제외한 플랜트수출의 승인 및 변경승인(일괄수주방식에 의한 수출로서 국토해양부장관의 동의가 필요한 경우는 제외)의 업무에 관한 권한을 한국기계산업진흥회(「산업발전법」 제38조에 따라 산업통상자원부장관의 인가를 받아 설립된 한국기계산업진흥회)의 장에게 위탁한다.[23)]

11) 한국수출입은행

산업통상자원부장관은 한국기계산업진흥회장에게 위탁한 플랜트수출 관련 업무의 권한 중 연불금융 지원의 경우에는 한국수출입은행(「한국수출입은행법」에 따른 한국수출입은행)의 장에게 위탁한다.[24)]

12) 대한상사중재원

산업통상자원부장관은 무역 분쟁에 대한 조정 또는 알선에 관한 권한과 분쟁조정, 조정비용 부담 등에 관한 권한을 대한상사중재원에 위탁한다.[25)]

13) 대한상공회의소 또는 산업통상자원부장관이 지정하여 고시하는 법인

산업통상자원부장관은 관세양허를 받기 위한 원산지증명서 발급 업무를 포함하는 원산지증명서 발급 업무를 대한상공회의소(「상공회의소법」에 따라 설립된 대한상공회

---

22) 관리규정 제8조.
23) 시행령 제91조 제8항.
24) 시행령 제91조 제8항 단서.
25) 시행령 제91조 제9항.

의소)나 법인(「민법」 제32조에 따라 설립된 법인 중 산업통상자원부장관이 지정하여 고시하는 법인)의 장에게 위탁한다.[26)]

14) 외국환은행 및 전자무역기반사업자

산업통상자원부장관은 구매확인서의 발급 및 사후 관리에 관한 권한을 외국환은행의 장 및 「전자무역 촉진에 관한 법률」 제6조에 따라 산업통상자원부장관이 지정한 전자무역기반사업자에게 위탁한다.[27)]

15) 전략물자관리원

산업통상자원부장관은 전략물자의 판정 및 통보에 관한 권한을 전략물자관리원장에게 위탁한다.[28)]

4 수임 및 수탁기관에 대한 산업통상자원부장관의 권한

1) 권한의 수임 및 수탁기관의 업무처리기준 및 절차

산업통상자원부장관으로부터 권한을 위임 또는 위탁받은 자는 위임 또는 위탁받은 업무의 처리기준 및 절차를 제정·운용할 수 있다. 또한 위임 또는 위탁받은 업무처리기준 및 절차를 제정 또는 개정하려는 경우에는 산업통상자원부장관과 미리 협의하여야 한다.[29)]

그리고 산업통상자원부장관은 위임하거나 위탁한 업무에 관하여 그 위임 또는 위탁을 받은 자를 지휘·감독하여 위임하거나 위탁한 사무에 관하여 그 위임 또는 위탁을 받은 자에게 필요한 자료의 제출을 요청할 수 있다.[30)]

2) 수임 및 수탁업무의 처리결과 보고

산업통상자원부장관의 권한을 위임받거나 위탁받은 자는 위임받거나 위탁받은 업

26) 시행령 제91조 제10항.
27) 시행령 제91조 제11항.
28) 시행령 제91조 제12항.
29) 관리규정 제107조.
30) 대외무역법 제52조 제2항 및 제3항.

무의 처리 결과를 산업통상자원부장관에게 보고하여야 한다. 보고 시기 및 방법 등에 관하여 필요한 사항은 산업통상자원부장관이 정한다.[31] 보고 항목, 양식 등은 산업통상자원부장관과 수임·수탁기관의 장이 협의하여 정하되 위임·위탁업무별로 종합적인 처리결과와 특이사항의 파악이 가능하도록 한다.[32]

위임·위탁업무 처리결과의 보고 시기는 각 업무에 따라 다음과 같다. 다만, 산업통상자원부장관이 필요하다고 인정하여 사안별로 요청하는 경우에는 그러하지 아니하다.[33]

(1) 해당 분기가 끝난 후 30일 이내

① 세관장에게 위탁된 권한

② 한국무역협회, 한국선주협회, 한국관광협회중앙회 및 업종별 관광협회, 그리고 한국소프트웨어산업협회에 위탁된 권한

③ 관세청장에게 위탁된 권한

④ 수출입승인 대상물품 등에 대하여 산업통상자원부장관이 지정하여 고시하는 관계 행정기관 또는 단체의 장에게 위탁된 권한

⑤ 상공회의소 또는 산업통상자원부장관이 지정하여 고시하는 법인에게 위탁된 권한

(2) 해당 반기가 끝난 후 45일 이내

① 기술표준원장에게 위임된 권한

② 시·도지사에게 위임된 권한 중 다음의 권한

가. 외화획득이행기간의 연장에 관한 권한

나. 외화획득용 원료·기재의 사용목적 변경승인에 관한 권한

③ 한국기계산업진흥회에 위탁된 권한

④ 대항상사중재원에 위탁된 권한

⑤ 외국환은행의 장 및 전자무역기반사업자에 위탁된 권한

(3) 해당 연도가 끝난 후 2개월 이내

그 대상물품 등의 품목에 따라 그 물품 등을 관장하는 중앙 행정기관의 장에게 위탁된 권한에 관한 사항

31) 시행령 제92조 제2항.

32) 관리규정 제108조 제2항.

33) 관리규정 제108조 제1항.

5 권한의 위임·위탁에 따른 과징금 또는 과태료 부과

1) 과태료부과 협의대상기관

시·도지사 또는 세관장은 '산업통상자원부장관으로부터의 위임·위탁'의 규정(제91조 제3항 제4호, 제5호, 제4항 제4호 또는 제7호)에 따라 과징금이나 과태료를 부과하려면 각각 세관장이나 시·도지사와 미리 협의하여야 한다.[34] 과태료의 부과대상은 다음과 같다.[35]

① 세관장이 적발하여 시·도지사(시·군·구)와 협의하려는 경우에는 위반업체의 주소지를 관할하는 시·도지사(시·군·구)

② 시·도지사(시·군·구)가 적발하여 세관장과 협의하려는 경우에는 해당 주소지를 관할하는 세관장

2) 과태료부과 협의통보사항

과징금 및 과태료부과 협의를 할 경우 협의대상 기관에 통보할 사항은 다음과 같다.[36]

① 위반업체의 현황(수입업체명, 주소, 대표자 등)

② 위반물품 현황(물품명, 수량 등)

③ 원산지 표시 위반내용

④ 관련 서류(위반물품의 수입신고필증, 그 밖의 관련 서류)

⑤ 적발일자 및 장소

⑥ 처벌 여부 및 처벌 내용 등

3) 동일한 수입물품의 해석

동일한 수입신고에 의하여 수입된 물품의 경우에는 적발지역 또는 품목이 다른 경우에도 동일한 건으로 본다.[37]

---

34) 시행령 제91조 제1항.
35) 관리규정 제109조 제1항.
36) 관리규정 제109조 제2항.
37) 관리규정 제109조 제3항.

6 권한의 위임·위탁에 따른 시정조치

산업통상자원부장관은 자신의 권한을 위임받거나 위탁받은 자가 법 또는 시행령을 위반하여 그 위임 또는 위탁받은 업무를 처리한 경우에는 시정조치 등 필요한 조치를 요구할 수 있으며, 그에 따른 시정조치 등을 요구받은 자는 지체 없이 그 업무를 시정하고 그 결과를 산업통상자원부장관에게 보고하여야 한다.[38)]

7 무역관리와 관련된 특별기구

1) 무역위원회

1987년부터 대외무역법에 근거하여 설치 및 운영되던 무역위원회는 2001년 「불공정무역행위조사 및 산업피해구제에 관한 법률」의 신설에 따라 그 근거법률이 전환되었다. 「불공정무역행위조사 및 산업피해구제에 관한 법률」에 의하여 불공정무역행위에 대한 조사·판정, 수입증가·덤핑·보조금 등으로 인한 국내산업의 피해조사·판정, 산업경쟁력 영향조사 등에 관한 업무를 수행하기 위하여 산업통상자원부에 무역위원회를 두고 있다. 무역위원회는 상기의 업무 및 국제무역제도의 연구 등 무역위원회의 업무를 처리하기 위하여 무역위원회에 사무기구를 두고 있다.

이와 같이 무역위원회는 각종 불공정무역행위에 대한 조사·판정과 불공정무역행위를 한 자에 대한 시정조치 및 과징금부과, 수입으로 인하여 피해를 받게 되는 국내산업을 보호하기 위하여 비록 공정한 수입에 의한 경우에도 그 수입으로 인한 국내산업 피해를 조사·판정하고 관계 행정기관의 장에게 구제조치를 건의하며, 또한 덤핑, 보조금 지급 등에 의한 불공정물품의 수입에 대하여도 그로 인한 산업피해를 조사·판정하고 그 구제조치를 관계 행정기관의 장에게 건의하는 기능을 수행한다.

현재 무역위원회는 그 기능을 수행하는 과정에서 동 위원회가 독립적으로 산업피해에 관한 조사와 판정을 한다는 점에서 준 독립기관의 성격을 갖는다고 할 수 있으나 직제 상으로는 산업통상자원부에 소속되어 있다. 무역위원회는 위원장 1인을 포함한 9인 이내의 위원으로 구성하도록 되어 있으며, 현재는 위원장 1인, 상임위원 1인, 비상임위원 7인으로 구성되어 있다. 위원장 및 위원은 산업통상자원부 장관의

38) 시행령 제92조 제3항 및 제4항.

제청으로 대통령이 임명하고, 임기는 3년이며, 연임할 수 있다.[39)]

2) 관세행정발전심의위원회

관세행정에 관한 주요 사항을 심의하기 위하여 관세청 산하에 설립되었다.[40)] 관세행정발전심의위원회는 중장기 전략 등 관세행정 발전의 기본방향에 관한 사항, 관세행정에 대한 제도개편 방안에 관한 사항 및 기타 관세행정 발전과 관련된 사항중 위원장이 필요하다고 인정하고 심의를 요구하는 사항을 심의한다.

위원회는 위원장을 포함하여 40인 이내의 위원으로 구성된다.

제 4 절 주체에 대한 관리

무역업은 2000년 1월부터 자유화되었기 때문에 현재는 특별한 허가나 신고 없이 누구나 자유롭게 무역업을 영위할 수 있게 되었다. 다만, 대외무역법에서 무역업이 자유화 되었더라도 의약품, 주류 등과 같은 특정한 품목은 개별 행정법에서 허가·면허·승인이 필요한 경우에는 그 조건을 충족해야 한다. 대외무역법은 무역업에 종사하는 자의 명칭을 무역거래자로 통칭하고 있다.

1 무역거래자

무역거래자란 수출 또는 수입을 하는 자, 외국의 수입자 또는 수출자로부터 위임을 받은 자 및 수출과 수입을 위임하는 자 등 물품 등의 수출행위와 수입행위의 전부 또는 일부를 위임하거나 행하는 자를 말한다.[41)]

실무적으로 수출 또는 수입을 하는 자를 무역업자라 하고, 외국의 수입자 또는 수출자로부터 위임을 받은 자를 무역대리업자라 한다. 또한 수출과 수입을 위임하는 자는 무역업자를 이용하는 실수입자 또는 수출제조자를 의미한다.

---

39) 무역위원회, http://www.ktc.go.kr/introduce/ki_Information_form.jsp?m=m2.

40) 관세행정발전심의위원회 설치·운영에 관한 규정 제1조.

41) 대외무역법 제2조.

1) 무역업자

무역업자는 영리를 목적으로 자기 명의로 자기 책임 하에 수출과 수입 행위를 영위하는 자를 말한다.

2) 무역대리업자

과거의 대외무역법에서는 무역대리업을 외국의 수출업자 또는 수입업자의 위임을 받은 자(외국의 수출업자 또는 수입업자의 지사 또는 대리점 포함)가 국내에서 외국의 수입업자를 위해 국내물품을 구매하거나 외국의 수출업자를 위해 외국물품을 국내로 수입함에 있어서 그 계약의 체결과 이에 부대되는 행위를 업으로 영위하는 것으로 규정했다.

현행 대외무역법상 무역대리업자를 별도로 구분하는 것은 사라졌지만 외국의 수입자 또는 수출자로부터 위임을 받은 자를 의미한다. 무역대리업자는 자기 명의로 자기 책임 하에 수출입행위를 하지 않고 수출 또는 수입을 위탁한자의 대리자로서 수출 또는 수입거래에 참여한다. 따라서 수출 또는 수입거래의 이행에서 발생하는 문제에 대한 책임은 수출 또는 수입을 위탁한 자가 부담한다.

2 무역업고유번호

1) 무역업고유번호의 의의

2000년 1월 1일부터 사업자등록증이 있는 자는 누구나 무역을 할 수 있도록 되면서 내외국인을 막론하고 세법상의 사업자등록증만 있으면 무역을 할 수 있게 되었다. 다만, 정부의 무역 업무에 관한 전산관리체제의 개발 및 운영과 각종 수출입통계를 효율적으로 작성하기 위하여 무역을 하고자 하는 자는 한국무역협회로부터 무역업고유번호를 부여받도록 하고 있다.[42] 무역업고유번호는 무역업자에게 강제된 제도는 아니지만 자사의 실적관리 및 수출입신고 시 기재사항이므로 무역업자는 무역업고유번호를 부여받아야 한다.

---

42) 시행령 제21조 및 제22조, 관리규정 제24조 제1항.

2) 무역업고유번호 신청

무역업고유번호를 부여받기 위해서 무역업고유번호신청서[관리규정 별지 제1호 서식]와 사업자등록증 사본을 우편·팩스·전자우편(E-mail)·전자문서교환체제(Electronic Data Interchange: EDI) 등의 방법으로 한국무역협회에 신청하면 접수하는 즉시 신청자는 고유번호를 부여받는다.[43]

3) 무역업자의 정보변경과 관리

무역업고유번호를 부여받은 자가 상호, 대표자, 주소, 전화번호 등의 변동사항이 발생한 경우에는 [관리규정 별지 제2호의 서식]에 의한 무역업고유번호신청사항 변경통보서에 따라 변동사항이 발생한 날부터 20일 이내에 한국무역협회장에게 알리거나 한국무역협회에서 운영하고 있는 무역업 데이터베이스에 변동사항을 수정 입력하여야 한다.[44]

또한 무역업고유번호를 부여받은 자가 합병, 상속, 영업의 양수도 등 지위의 변동이 발생하여 기존의 무역업고유번호를 유지 또는 수출입실적 등의 승계를 받으려는 경우에는 변동사항에 대한 증빙서류를 갖추어 무역업고유번호의 승계 등을 한국무역협회장에게 신청할 수 있다.[45]

한국무역협회장은 무역업고유번호의 부여 및 변경사항을 확인하고 무역업고유번호관리대장 또는 무역업 데이터베이스에 이를 기록 및 관리하여야 한다.[46]

4) 무역거래자의 기재의무

무역거래자는 「관세법」 제241조[47]에 따른 수출(입)신고 시 무역업고유번호를 수출(입)자 상호명과 함께 기재하여야 한다.[48]

---

43) 관리규정 제24조 제2항.
44) 관리규정 제24조 제3항.
45) 관리규정 제24조 제4항.
46) 관리규정 제24조 제5항.
47) 물품을 수출·수입 또는 반송하고자 하는 때에는 해당 물품의 품명·규격·수량 및 가격, 기타 대통령령이 정하는 사항을 세관장에게 신고하여야 한다.
48) 관리규정 제24조 제6항.

[별지 제1호 서식]

무역업고유번호신청서

APPLICATION FOR TRADE BUSINESS CODE

처리기간(Handling Time)
즉 시(Immediately)

① 상 호 (Name of Company)			② 무역업고유번호 (Trade Business Code)	
③ 주 소 (Address)				
④	전화번호 (Phone Number)		⑤ 이메일주소 (E-mail Address)	
	팩스번호 (Fax Number)		⑥ 사업자등록번호 (Business Registry Number)	
⑦ 대표자 성명 (Name of Rep.)				

「대외무역법 시행령」 제21조 제1항 및 대외무역관리규정 제24조에 따라 무역업고유번호를 위와 같이 신청합니다.

I hereby apply for the above-mentioned trade business code in accordance with Article 24 of the Foreign Trade Management Regulation.

신청일 : 년 월 일

Date of Application Year Month Day

신청인 : (서명)

Applicant Signature

사단법인 **한국무역협회 회장**

Chairman of Korea International Trade Association

유의사항 : 상호, 대표자, 주소, 전화번호 등 변동사항이 발생하는 경우 변동일로부터 20일 이내에 통보하거나 무역업데이타베이스에 수정 입력하여야 함.

[별지 제2호 서식]

무역업고유번호신청사항 변경통보서

NOTIFICATION OF AMENDMENTS TO TRADE BUSINESS CODE

처리기간(Handling Time)
즉　　시(Immediately)

<table>
<tr><td colspan="2">①상　　호
(Name of Company)</td><td></td><td>② 무역업고유번호
(Trade Business Code)</td><td></td></tr>
<tr><td colspan="2">③ 주　　소
(Address)</td><td colspan="3"></td></tr>
<tr><td rowspan="2">④</td><td>전 화 번 호
(Phone Number)</td><td></td><td>⑤ 전자우편주소
(E-mail Address)</td><td></td></tr>
<tr><td>팩 스 번 호
(Fax Number)</td><td></td><td>⑥ 사업자등록번호
(Business Registry Number)</td><td></td></tr>
<tr><td colspan="2">⑦ 대표자성명
(Name of Rep.)</td><td colspan="3"></td></tr>
<tr><td colspan="5">변경내용(Contents of Amendment)</td></tr>
<tr><td colspan="3">변경 전(Before Amendment)</td><td colspan="2">변경 후(After Amendment)</td></tr>
<tr><td colspan="3"></td><td colspan="2"></td></tr>
</table>

대외무역관리규정 제24조에 따라 무역업고유번호 신청사항의 변경내용을 위와 같이 통보합니다.

I hereby notify the above-mentioned amendment(s) to the trade business code in accordance with Article 24 of the Foreign Trade Management Regulation.

신청일 :　　　　년　　월　　일
Date of Application　　Year　Month　Day

신청인 :　　　　　　(서명)
Applicant　　　　　　Signature

사단법인 **한국무역협회 회장**

Chairman of Korea International Trade Association

※ 첨부서류 : 변경사항 증빙서류

대외무역법

CHAPTER 03

무역진흥 조치 및 통상의 진흥

제1절 무역진흥을 위한 조치

1 무역진흥을 위한 조치

1) 무역환경제고를 위한 조치

산업통상자원부장관은 무역의 진흥을 위하여 필요하다고 인정되면 대통령령으로 정하는 바에 따라 물품 등의 수출과 수입을 지속적으로 증대하기 위한 다음의 조치를 관계 행정기관의 장에게 요청할 수 있다.[1)]

① 수출산업의 국제경쟁력을 높이기 위한 여건의 조성과 설비 투자의 촉진

② 외화가득률(外貨稼得率)을 높이기 위한 품질 향상과 국내에서 생산되는 외화획득용 원료·기재의 사용 촉진

③ 통상협력 증진을 위한 수출·수입에 대한 조정

④ 지역별 무역균형을 달성하기 위한 수출·수입의 연계

⑤ 민간의 통상활동 및 산업협력의 지원

⑥ 무역 관련 시설에 대한 조세 등의 감면

⑦ 과학적인 무역업무 처리기반을 효율적으로 구축·운영하기 위한 여건의 조성

⑧ 무역업계 등 유관기관의 과학적인 무역업무 처리기반 이용 촉진

1) 대외무역법 제4조 제1항 및 시행령 제5조 제1항.

⑨ 국내기업의 해외 진출 지원

⑩ 해외에 진출한 국내기업의 고충 사항의 조사와 그 해결을 위한 지원

⑪ 그 밖에 수출·수입을 지속적으로 증대하기 위하여 필요하다고 인정하는 조치

2) 무역활동 진흥을 위한 지원조치

산업통상자원부장관은 무역의 진흥을 위하여 필요하다고 인정되면 대통령령으로 정하는 바에 따라 다음의 어느 하나에 해당하는 자에게 필요한 지원을 할 수 있다.2)

① 무역진흥을 위한 자문, 지도, 대외 홍보, 전시, 연수, 상담 알선 등을 업(業)으로 하는 자

② 무역전시장이나 무역연수원 등의 무역 관련 시설을 설치·운영하는 자

③ 과학적인 무역업무 처리기반을 구축·운영하는 자

3) 무역 관련 시설 지원조치

(1) 지원 대상 무역 관련 시설

지원 대상이 되는 무역 관련 시설은 다음의 구분에 따른 기능과 규모를 갖춘 시설로서 산업통상자원부장관이 지정하는 것으로 한다.3)

① 무역전시장 : 실내 전시 연면적 2천 제곱미터 이상인 무역견본품을 전시할 수 있는 시설과 50명 이상을 수용할 수 있는 회의실을 갖출 것

② 무역연수원 : 무역 전문 인력을 양성할 수 있는 시설로서 연면적 2천 제곱미터 이상이고 최대수용 인원이 500명 이상일 것

③ 컨벤션센터 : 회의용 시설로서 연면적 4천 제곱미터 이상이고 최대 수용 인원이 2천 명 이상일 것

(2) 무역 관련 시설 지정요건

무역 관련 시설로 지정받으려는 자는 다음의 서류를 첨부하여 산업통상자원부장관에게 신청하여야 한다.4)

① 시설 및 부속토지의 면적 등 시설계획, 조직, 사업운영 기본방향 등 향후 2개년

---

2) 대외무역법 제4조 제2항.

3) 시행령 제5조 제2항.

4) 관리규정 제6조 제1항.

의 사업계획 등이 포함되어 있는 사업계획서 1부

② 건축물 등기부등본, 건축물 관리대장 및 토지대장 등본 각 1부 또는 건축허가서 사본 1부

(3) 무역 관련 시설 지정

산업통상자원부장관은 무역 관련 시설 지정신청을 받은 경우 요구되는 기능과 규모에 관한 기준과 무역진흥 관련 사업타당성 등을 검토하여 무역 관련 시설로 지정하여야 한다.5)

건축허가서 사본을 제출하여 지정을 받은 자는 건축물 등기부등본, 건축물 관리대장 및 토지대장 등본을 산업통상자원부장관에게 별도로 제출하여야 한다.6) 현재 지정된 무역 관련 시설은 [관리규정 별표 1]과 같다.7)

[관리규정 별표 1] 무역 관련 시설

시설명	소재지
한국종합전시장	서울 강남구 삼성동 159
국제무역연수원	서울 강남구 삼성동 159

2 무역에 관한 제한 등 특별조치

1) 무역제한 대상

산업통상자원부장관은 다음의 어느 하나에 해당하는 경우에는 대통령령으로 정하는 바에 따라 물품 등의 수출과 수입을 제한하거나 금지할 수 있다.8)

① 우리나라 또는 우리나라의 교역상대국에 전쟁·사변 또는 천재지변이 있을 경우

② 교역상대국이 조약과 일반적으로 승인된 국제법규에서 정한 우리나라의 권익을 인정하지 아니할 경우

③ 교역상대국이 우리나라의 무역에 대하여 부당하거나 차별적인 부담 또는 제한을 가할 경우

5) 관리규정 제6조 제3항.
6) 관리규정 제6조 제4항.
7) 관리규정 제6조 제5항.
8) 대외무역법 제5조.

④ 헌법에 따라 체결·공포된 무역에 관한 조약과 일반적으로 승인된 국제법규에서 정한 국제평화와 안전유지 등의 의무를 이행하기 위하여 필요할 경우
⑤ 국제평화와 안전유지를 위한 국제공조에 따른 교역여건의 급변으로 교역상대국과의 무역에 관한 중대한 차질이 생기거나 생길 우려가 있는 경우
⑥ 인간의 생명·건강 및 안전, 동물과 식물의 생명 및 건강, 환경보전 또는 국내 자원보호를 위하여 필요할 경우

2) 특별조치를 위한 조사 및 협의

(1) 직권에 의한 조사 및 협의

산업통상자원부장관은 상기의 ②, ③, ⑤ 또는 ⑥에 해당하는 사유로 교역상대국에 대하여 물품 등의 수출·수입의 제한 또는 금지에 관한 특별조치를 하려면 미리 그 사실에 관하여 조사를 하여야 한다.[9] 만약 조사를 시작하면 지체 없이 그 사실을 공고하고, 조사를 시작한 날부터 1년 이내에 끝내야 한다.[10] 이러한 조사를 할 때에 필요하다고 인정하면 산업통상자원부장관은 미리 해당 교역상대국과 협의를 하여야 한다.[11]

(2) 이해관계자의 신청에 의한 조사 및 협의

상기에 해당하는 사실에 대하여 이해관계가 있는 자는 산업통상자원부장관에게 특별조치를 하여 줄 것을 신청할 수 있다. 만약 이해관계자의 신청이 있으면 산업통상자원부장관은 신청일로부터 30일 이내에 그 사실관계에 대한 조사 여부를 결정하고 그 내용을 신청인에게 알려야 한다.[12]

(3) 특별조치 협의 및 공고

조사가 끝난 후 산업통상자원부장관이 특별조치가 필요하다고 판단하여 이를 시행하려는 경우에는 미리 관계 중앙행정기관의 장과 협의해야 한다. 또한 특별조치의 내용을 공고하여야 하고, 그 특별조치가 이해관계자의 신청에 따른 것일 때에는 해당 신청인에게 그 사실을 알려야 한다. 특별조치를 해제할 경우에도 또한 같다.[13]

---

9) 시행령 제6조 제1항.
10) 시행령 제6조 제5항.
11) 시행령 제6조 제4항.
12) 시행령 제6조 제2항 및 제3항.

제2절 통상의 진흥

1 통상진흥제도의 의의

국제무역은 세계 여러 나라와의 상호관계 속에서 일어나므로 한 국가의 통상정책은 그 효과와 영향이 본국은 물론 타국에도 중대한 영향을 줄 수 있다. 국내의 경제환경만을 고려한 통상정책은 타국에게 불이익을 야기시켜 통상마찰이나 보복적인 통상정책을 유발하게 된다. 그러나 통상정책은 자국의 경제적 이익을 극대화시키기 위하여 자국의 수출품에 대한 해외시장을 확대하고, 수출품을 생산하기 위해 필요한 자원을 안정적으로 확보하고, 통화·금융·해외직접투자 등과 관련해서도 자국기업들에게 우호적이고 유리한 무역환경을 만들고 유지하려는 것들로 핵심을 이룬다.

대외무역법 제1조에 "대외무역법은 대외 무역을 진흥하고 공정한 거래 질서를 확립하여 국제수지의 균형과 통상의 확대를 도모함으로써 국민 경제를 발전시키는 데 이바지함을 목적으로 한다."고 규정하고 있고, 동법 제3조 제1항에도 "우리나라의 무역은 헌법에 따라 체결·공포된 무역에 관한 조약과 일반적으로 승인된 국제법규에서 정하는 바에 따라 자유롭고 공정한 무역을 조장함을 원칙으로 한다."고 규정하고 있다. 그러므로 정부는 대외무역법이나 다른 법률 또는 헌법에 따라 체결·공포된 무역에 관한 조약과 일반적으로 승인된 국제 법규에 무역을 제한하는 규정이 있는 경우에는 그 제한하는 목적을 달성하기 위하여 필요한 최소한의 범위에서 이를 운영하여야 한다.[14] 따라서 우리나라 대외무역의 대원칙은 자유롭고 공정한 무역이며, 이는 WTO협정의 대원칙과 일맥상통한다.

2 통상진흥 시책의 수립

1) 통상진흥 시책의 내용

대외무역법을 통해 산업통상자원부장관으로 하여금 효율적인 통상진흥정책을 수

13) 시행령 제6조 제6항 및 제7항.
14) 대외무역법 제3조 제2항.

립하도록 하여 무역거래자들에게 통상정보를 제공함과 동시에, 무역업무의 효율화를 위한 기반조성 등 무역거래자에 대한 각종 지원정책을 실시하여 국가적으로 통상진흥을 위하여 노력하고 있다. 따라서 산업통상자원부장관은 무역과 통상을 진흥하기 위하여 매년 다음 연도의 통상진흥 시책을 세워야 하는데, 통상진흥시책에는 다음의 사항이 포함되어야 한다.[15)]

① 통상진흥 시책의 기본 방향
② 국제통상 여건의 분석과 전망
③ 무역·통상 협상 추진 방안과 기업의 해외 진출 지원 방안
④ 통상진흥을 위한 자문, 지도, 대외 홍보, 전시, 상담 알선, 전문 인력 양성 등 해외시장 개척 지원 방안
⑤ 통상 관련 정보수집·분석 및 활용 방안
⑥ 원자재의 원활한 수급을 위한 국내외 협력 추진 방안
⑦ 그 밖에 대통령령으로 정하는 사항으로 다음의 사항을 포함한다.[16)]
가. 주요 지역별, 경제권별 또는 업종별 통상진흥 시책
나. 무역·통상의 진흥과 관련되는 기관 또는 단체의 통상활동 계획
다. 그 밖에 산업통상자원부장관이 무역·통상의 진흥과 관련하여 필요하다고 인정하는 통상진흥 시책

2) 통상진흥 시책을 위한 자료의 조사 및 확인 요청

상기와 같은 사항을 포함한 통상진흥 시책의 수립을 위한 기초 자료를 수집하기 위하여 교역상대국의 통상 관련 제도·관행 등과 기업이 해외에서 겪는 고충 사항을 조사할 수 있다.[17)] 산업통상자원부장관이 통상진흥 시책을 수립하기 위하여 필요한 경우에는 지방자치단체를 제외한 관계 행정기관, 대한무역투자진흥공사, 한국무역협회 등 무역·통상과 관련되는 기관이나 단체에 해당 분야나 특정 사안에 대한 조사 또는 사실 확인을 요청할 수 있다.[18)] 또한 산업통상자원부장관은 해외에 진출한 기업에 통상진흥 시책의 수립에 필요한 자료를 요청하고, 필요한 경우 지원할 수 있다.[19)]

15) 대외무역법 제7조 제1항 및 제2항.
16) 시행령 제8조.
17) 대외무역법 제7조 제3항.
18) 시행령 제9조.

3) 통상진흥 시책의 수립에 대한 협조 요청

산업통상자원부장관은 통상진흥 시책을 세우려면 다음의 기관이나 단체에 필요한 협조를 요청할 수 있다.[20]

① 관계 행정기관

② 지방자치단체

③ 「대한무역투자진흥공사법」에 따른 대한무역투자진흥공사

④ 「민법」 제32조에 따라 산업통상자원부장관의 허가를 받아 설립된 한국무역협회

⑤ 그 밖에 무역·통상과 관련되는 기관 또는 단체

특히 산업통상자원부장관은 통상진흥 시책을 세우는 경우에는 미리 특별시장, 광역시장, 도지사 또는 특별자치도지사의 의견을 들어야 하고, 통상진흥 시책을 수립한 때에나 변경한 때에도 이를 시·도지사 등에게 알려야 한다.

4) 지역별 통상진흥 시책의 수립

통상진흥 시책을 통보받은 시·도지사 등은 그 관할 구역의 실정에 맞는 지역별 통상진흥 시책을 수립·시행하여야 한다.[21] 지역별 통상진흥 시책을 수립한 때에나 변경한 때에도 관할 시·도지사 등은 이를 산업통상자원부장관에게 알려야 한다.[22]

또한 산업통상자원부장관은 지역별 통상진흥시책이 효과적으로 추진될 수 있도록 특별시·광역시·도 또는 특별자치도 및 무역·통상 관련 기관 또는 단체 등이 포함되는 협의기구를 설치·운영할 수 있으며 이에 따른 협의기구의 구성 및 운영 등에 필요한 사항은 산업통상자원부장관이 정한다.[23]

---

19) 대외무역법 제7조 제4항.

20) 시행령 제7조.

21) 대외무역법 제7조 제5항 및 제6항.

22) 대외무역법 제7조 제7항.

23) 시행령 제10조.

제 3 절 민간 협력 활동의 지원

1 민간 협력 활동의 지원 절차

1) 지원 절차

산업통상자원부장관은 무역·통상 관련 기관 또는 단체가 교역상대국의 정부, 지방정부, 기관 또는 단체와 통상, 산업, 기술, 에너지 등에서 협력활동을 추진하는 경우 대통령령으로 정하는 바에 따라 필요한 지원을 할 수 있다.[24] 따라서 지원을 받으려는 무역·통상 관련 기관 또는 단체는 신청서에 사업 내용과 성과 등이 포함된 사업계획서를 첨부하여 산업통상자원부장관에게 제출하여야 하며, 산업통상자원부장관은 제출받은 사업계획서를 검토하여 통상, 산업, 기술, 에너지 등에서 협력 활동을 효율적으로 추진하기 위하여 필요하다고 인정되면 자금, 인력 및 정보 등을 지원할 수 있다.[25]

2) 협조의 요청

지원 기준 등에 관하여 필요한 사항은 산업통상자원부장관이 정하며, 산업통상자원부장관은 지원과 관련하여 필요한 경우에는 관계 행정기관의 장에게 협조를 요청할 수 있다.[26]

3) 결과보고

지원을 받은 관련 단체는 해당 지원 사업이 끝난 후 3개월 이내에 산업통상자원부장관에게 사업결과보고서를 제출하여야 한다.[27]

24) 대외무역법 제8조 제1항.
25) 시행령 제11조 제1항 및 제2항.
26) 시행령 제11조 제3항 및 제4항.
27) 시행령 제11조 제5항.

2 민간협력활동의 지원형태

1) 해외진출 지원

산업통상자원부장관은 기업의 해외 진출을 지원하기 위하여 무역·통상 관련 기관 또는 단체로부터 정보를 체계적으로 수집하고 분석하여 지방자치단체와 기업에 필요한 정보를 제공할 수 있으며, 정보의 수집·분석 및 제공을 위하여 필요한 경우 관계 중앙행정기관의 장, 시·도지사, 무역·통상 및 기업의 해외 진출과 관련한 기관 또는 단체에 자료 및 통계의 제출을 요청할 수 있다.[28]

2) 해외진출지원센터의 설치와 운영

(1) 해외진출지원센터의 설치

산업통상자원부장관은 기업의 해외 진출과 관련된 상담·안내·홍보·조사와 그 밖에 기업의 해외 진출에 대한 지원 업무를 종합적으로 수행하기 위하여 「대한무역투자진흥공사법」에 따른 대한무역투자진흥공사에 해외진출지원센터를 두며, 그 구성·운영 및 감독 등에 필요한 사항은 대통령령으로 정한다.[29]

(2) 해외진출지원센터의 구성

해외진출지원센터는 대한무역투자진흥공사 소속 임직원과 파견자로 구성되는데, 대한무역투자진흥공사의 장은 기업의 해외진출 지원업무를 수행하기 위하여 필요한 경우에는 관계 행정기관의 장 및 해외진출 유관기관의 장에게 소속 공무원 또는 그 임직원의 파견을 요청할 수 있으며, 그러한 요청을 받은 관계 행정기관의 장 및 해외진출 유관기관의 장은 업무수행에 적합한 자를 선발하여 해외진출지원센터에 파견하여야 하며, 파견기간 중 파견근무를 해제하려는 경우에는 대한무역투자진흥공사의 장과 미리 협의하여야 한다.[30]

(3) 해외진출지원센터 구성원의 복무감독

해외진출지원센터에 파견된 공무원 또는 임직원의 복무에 관해서는 대한무역투자

28) 대외무역법 제8조 제2항 및 제3항.
29) 대외무역법 제8조 제4항 및 제5항.
30) 시행령 제12조 제1항~제3항.

진흥공사의 장의 지휘·감독을 받으며, 대한무역투자진흥공사의 장은 파견된 공무원에게는 「공무원 성과평가 등에 관한 규정」 제17조 제3항 또는 「지방공무원 임용령」 제31조의3 제3항에 따라 근무성적평정에 관한 의견서를 작성하여 그 공무원을 파견한 관계 행정기관의 장에게 이를 송부하여야 하며, 그 의견서를 송부 받은 관계 행정기관의 장은 근무성적을 평정할 때 이를 참작하여야 한다.[31]

(4) 해외진출지원 업무실적 및 계획의 보고

대한무역투자진흥공사의 장은 매년 1월 31일까지 전년도의 해외진출 지원업무 추진실적 및 해당 연도의 해외진출지원 업무추진계획을 작성하여 산업통상자원부장관에게 보고하고, 매 분기 종료 후 1개월 이내에 분기별 업무추진실적을 산업통상자원부장관에게 보고하여야 한다. 이 경우 산업통상자원부장관은 보고받은 사항 중 관계 행정기관의 협조가 필요한 사항에 대하여는 해당 행정기관의 장에게 통보하여야 한다.[32]

(5) 해외진출지원센터의 운영경비 지원

산업통상자원부장관은 해외진출지원센터의 운영에 필요한 경비를 지원할 수 있으며, 해외진출지원센터의 구성·운영 등에 필요한 세부 사항은 대한무역투자진흥공사의 장이 산업통상자원부장관과 협의하여 정한다.[33]

3 전문무역상사의 지정 및 지원

1) 전문무역상사의 지정

산업통상자원부장관은 신시장 개척, 신제품 발굴 및 중소기업·중견기업의 수출확대를 위하여 수출실적 및 중소기업 제품 수출비중 등을 고려하여 무역거래자 중에서 전문무역상사로 지정하고 지원할 수 있다.

(1) 전문무역상사의 지정 자격

전문무역상사로 지정받기 위해서는 다음의 두 가지 조건 중 하나에 해당하는 자로서 신용등급이 산업통상자원부장관이 정하여 고시하는 기준을 충족하여야 한다.

31) 시행령 제12조 제4항 및 제5항.
32) 시행령 제12조 제6항.
33) 시행령 제12조 제7항 및 제8항.

① 다음 요건을 모두 갖춘 무역거래자

- 전년도 수출실적 또는 직전 3개 연도의 연평균 수출실적이 미화 100만 불 이상의 범위에서 산업통상자원부장관이 정하여 고시하는 금액 이상인 자
- 상기의 전체 수출실적 중 다른 중소기업(「중소기업기본법」 제2조에 따른 중소기업)이나 중견기업(「중견기업 성장촉진 및 경쟁력 강화에 관한 특별법」 제2조제1호에 따른 중견기업)이 생산한 물품 등의 수출실적 비율이 100분의 20 이상의 범위에서 산업통상자원부장관이 정하여 고시하는 비율 이상인 자

② 신시장의 개척, 신제품의 발굴 및 중소기업 또는 중견기업에 대한 효과적인 수출 지원 등을 위하여 산업통상자원부장관이 농업·어업·수산업 등 업종별 특성과 조합 등 법인의 조직 형태별 수출 특성을 고려하여 고시하는 기준을 갖춘 무역거래자로서 다음의 어느 하나에 해당하여 주무 부처 장관의 추천을 받은 자 중 산업통상자원부장관이 그 능력이 있다고 인정하는 자로 한다.

- 「협동조합기본법」에 의한 협동조합
- 「농어업경영체 육성 및 지원에 관한 법률」에 따른 영농조합법인 또는 영어조합법인
- 「농업협동조합법」에 따라 설립된 조합 및 조합공동사업법인
- 「수산업협동조합법」에 따라 설립된 조합
- 「중소기업협동조합법」에 따라 설립된 협동조합, 사업협동조합 또는 협동조합연합회
- 대중소기업 공동출자형 수출전문기업
- 업종별 협회·단체의 무역자회사
- 공공기관(「공공기관의 운영에 관한 법률」 제4조에 따른 공공기관을 말한다)이 출자하여 설립한 무역상사
- 기타 전문무역상사의 취지에 적합하다고 주무 부처 장관의 추천을 받아 신청한 수출조직

또한 중소·중견 기업에 대한 효과적인 수출 지원을 위하여 다음의 어느 하나에 해당하여 산업통상자원부 장관이 그 능력이 있다고 인정하는 자로 한다.

- 전년도 또는 최근 3년간 평균 수출 실적이 미화 1억 불 이상인 자로서 무역거래를 주로 영위하는 자

- 「유통산업발전법」 제2조 3호에 따른 대규모 점포[34]를 국외에서 3개 이상 운영하면서 직전년도 매출액이 500억 원 이상인 자
- 국내·외에서 방송채널 및 사이버몰 등 전자상거래 수단을 1개 이상 직접 운영하면서 직전년도 국외 매출액 또는 거래액이 미화 100만 불 이상인 자
- 최근 2년 내 해외정부 또는 국제기구에 대하여 직접 조달 납품한 실적이 미화 100만 불 이상인 자
- 「재외동포의 출입국과 법적지위에 관한 법률」 제2조에 따른 재외동포[35]로서 직전년도 한국제품 구매실적이 미화 100만 불 이상인 자
- 중소벤처기업부장관이 추천하는 중소기업 수출지원 전문기업

③ 상기의 조건에 해당되어 전문무역상사로 지정받을 수 있다고 하더라도 한국무역보험공사 신용조사 보고서상 신용등급 중 최하위 2개 등급인 G등급(자본잠식기업) 또는 R등급(신용불량기업)인 경우에는 전문무역상사의 지정을 거부 또는 취소한다.

(2) 전문무역상사의 지정 절차

전문무역상사로 지정받고자 하는 자는 다음 각 호의 서류를 갖추어 산업통상자원부장관이 권한을 위탁한 한국무역협회 회장에게 신청하여야 한다.

① 전문무역상사 지정신청서

② 사업자등록증

③ 중소기업 수출지원 기여에 관한 사업계획서

④ 기타 실적증명 및 활동계획서 등 전문무역상사 지정요건에 부합함을 증명하는 서류 등

---

34) "대규모 점포"란 다음 각 목의 요건을 모두 갖춘 매장을 보유한 점포의 집단으로서 별표에 규정된 대형마트, 전문점, 백화점, 쇼핑센터, 복합쇼핑몰 등을 말한다.
 가. 하나 또는 대통령령으로 정하는 둘 이상의 연접되어 있는 건물 안에 하나 또는 여러 개로 나누어 설치되는 매장일 것
 나. 상시 운영되는 매장일 것
 다. 매장면적의 합계가 3천 제곱미터 이상일 것

35) "재외동포"란 다음 각 호의 어느 하나에 해당하는 자를 말한다.
 1. 대한민국의 국민으로서 외국의 영주권(永住權)을 취득한 자 또는 영주할 목적으로 외국에 거주하고 있는 자(이하 "재외국민"이라 한다)
 2. 대한민국의 국적을 보유하였던 자(대한민국정부 수립 전에 국외로 이주한 동포를 포함한다) 또는 그 직계비속(直系卑屬)으로서 외국국적을 취득한 자 중 대통령령으로 정하는 자(이하 "외국국적동포"라 한다)

한국무역협회 회장은 전문무역상사의 지정, 갱신, 지정취소 등을 심사·의결하기 위하여 전문무역상사 심사위원회(이하 이 절에서 "심사위원회"라 한다)를 구성하여 운영하고 이를 위해 필요한 세부사항은 별도로 정하고 있다. 이러한 절차를 통해 전문무역상사의 지정을 신청한 자가 지정 요건을 갖추었을 때에는 전문무역상사로 지정하고, 그 결과를 신청인에게 통보하여야 한다. 그리고 한국무역협회 회장은 심사위원회를 통해 전문무역상사로 지정된 자에게 지정증을 발급하여야 한다.

(3) 전문무역상사의 지정 취소

산업통상자원부장관은 제1항에 따라 지정을 받은 전문무역상사가 지정 기준에 적합하지 아니하게 된 때에는 그 지정을 취소할 수 있다. 다만, 거짓이나 그 밖에 부정한 방법으로 지정을 받은 경우에는 그 지정을 취소하여야 한다.

2) 전문무역상사에 대한 지원

전문무역상사로 지정되면 산업통상자원부장관은 전문무역상사를 통한 신시장의 개척, 신제품의 발굴 및 중소기업 또는 중견기업의 수출 확대 등을 위하여 필요하다고 인정되는 경우에는 전문무역상사의 국내외 홍보, 우수제품의 발굴, 해외판로개척 등에 필요한 사항을 지원할 수 있다. 또한 이러한 지원과 관련하여 필요하다고 인정되는 경우에는 관계 중앙행정기관 및 지방자치단체, 무역 또는 통상 업무를 수행하는 기관이나 단체에 협조를 요청할 수 있다.

제 4 절 무역업무의 과학화

1 무역업무 과학화의 의의

1980년대 이후 정보통신분야의 급속한 발전에 따라 그동안 종이서류를 중심으로 이루어진 국제무역거래가 전자자료교환(Electronic Data Interchange: EDI) 시스템을 통한 전자자료의 교환으로 대체되기 시작하였다. 이러한 국제무역환경의 변화에 부응하기 위하여 정부는 1980년대 후반부터 무역자동화사업을 추진하기 시작했다. 이러한 사업은 1991년 「무역업무자동화촉진에 관한 법률」을 제성·공포하면서 급

속히 진행되어 왔다.

무역업무의 자동화는 기업에 있어서는 무역업무의 시간·비용·오류를 최소화시키는데 많은 기여를 하였으며, 정부의 입장에서는 무역과 관련된 각종 정보를 신속하고 정확하게 제공할 뿐만 아니라 이러한 정보를 이용하여 수출입에 관한 주체 및 객체 그리고 이행에 대한 효율적인 관리를 할 수 있으며, 무역정책의 수립에 근거로 활용할 수 있다.

실무적으로 근래에는 「전자무역촉진에 관한 법률」에 따라 자동화된 무역시스템을 구축한 전자무역기반사업자를 통해 무역거래를 하는 것이 일반화되었다. 또한 우리나라와 교역하는 대부분의 국가들은 무역업무자동화시스템을 구축하고 있으며 이를 이용하는데 따른 혜택을 주고 있기 때문에 이제 무역 업무는 자동화시스템을 이용하지 않으면 그만큼 무한경쟁에서 뒤쳐질 수밖에 없게 되었다.

2 과학적 무역업무처리 기반 구축

1) 과학적 무역업무의 처리기반 구축

산업통상자원부장관은 물품 등의 수출입 거래가 질서 있고 효율적으로 이루어질 수 있도록 대외무역통계시스템 및 전자문서 교환체계 등 과학적 무역업무의 처리기반을 구축하기 위하여 노력하여야 한다.[36] 이를 위하여 필요하다고 인정되면 관계 행정기관의 장에게 대통령령으로 정하는 바에 따라 통관기록 등 물품 등의 수출입 거래에 관한 정보를 제공하도록 요청할 수 있다.[37] 이 경우 관계 행정기관의 장은 이에 협조하여야 한다.

산업통상자원부장관은 무역의 진흥을 위하여 필요하다고 인정되면 대통령령으로 정하는 바에 따라 '과학적인 무역업무 처리기반을 구축·운영하는 자'에게 필요한 지원을 할 수 있기 때문에 산업통상자원부장관은 과학적인 무역업무 처리기반을 효율적으로 구축·운영하기 위한 여건의 조성 및 무역업계 등 유관기관의 과학적인 무역업무 처리기반 이용 촉진의 조치를 할 수 있다.[38]

---

36) 대외무역법 제15조 제1항
37) 대외무역법 제15조 제2항.
38) 대외무역법 제4조 제2항 제3호 및 시행령 제5조 제1항 제7호, 8호.

2) 전산관리체제의 개발·운영

산업통상자원부장관은 수출입 거래가 질서 있고 효율적으로 이루어질 수 있도록 각각 다음의 전산관리체제를 개발·운영하여야 한다.[39)]

① 무역업고유번호(무역거래자별 고유번호)의 부여 및 관리 등 수출입통계 데이터베이스를 구축하기 위한 전산관리체제

② 「불공정무역행위 조사 및 산업피해구제에 관한 법률」 제4조에 따른 불공정무역행위를 방지하기 위한 전산관리체제

③ 효율적인 수출입 거래를 위한 다음의 전산관리체제

- 부문별 무역전산관리체제를 유기적으로 연계하기 위한 전산관리체제
- 관계 행정기관의 장이 필요하다고 인정하여 산업통상자원부장관과 협의하여 정한 해당 기관 소관의 무역 관련 전산관리체제

④ 그 밖에 무역업계의 요청에 따라 산업통상자원부장관이 필요하다고 인정하는 전산관리체제

산업통상자원부장관은 전산관리체제를 개발·운영하기 위하여 필요하다고 인정하면 그 경비의 일부를 해당 전산관리체제의 개발·운영에 필요한 정보를 제공한 기관에 지원할 수 있다.[40)]

3 관련 정보의 수집·분석 및 관리

1) 관련 정보의 수집

산업통상자원부장관은 전산관리체제를 개발·운영하는 데에 필요하면 관세청장에게 다음의 정보를 요청할 수 있다.[41)]

① 「관세법」 제241조에 따라 신고한 무역거래자의 상호, 성명 등 무역거래자에 관련된 정보

② 「관세법」 제241조에 따라 신고한 각 신고별 신고 수리일, 수출 또는 수입 물품의 품명·수량·금액, 거래 형태 등에 관련된 정보로서 산업통상자원부장관이 정

39) 시행령 제21조 제1항.
40) 시행령 제21조 제2항.
41) 시행령 제22조 제1항.

하는 정보

2) 관련 정보의 분석 및 관리

산업통상자원부장관은 전산관리체제를 개발·운영하기 위하여 다음과 같이 수집된 관련 정보를 종합적으로 분석·관리하여야 하며 정보의 제공 시기 및 방법, 정보의 형태, 그 밖에 정보 수집에 관하여 필요한 사항은 산업통상자원부장관이 정한다.[42)]

① 무역거래자에 관련된 정보, 수출입 신고별 신고 수리일, 수출 또는 수입 물품의 품명·수량·금액, 거래 형태 등에 관련된 정보로서 산업통상자원부장관이 정하는 정보[43)]

② 산업통상자원부장관의 권한을 수임·수탁한 기관으로부터 수집된 정보[44)]

③ 수출제한 되거나 금지된 물품, 전략물자를 수출하거나 수출하려고 한 자에게서 수집되는 정보[45)]

3) 구축된 정보제공요청 및 협조

관계 행정기관의 장은 이 법의 목적상 필요하다고 인정되면 산업통상자원부장관에게 구축된 과학적 무역업무의 처리시스템을 통해 물품 등의 수출입 거래에 관한 정보를 제공하도록 요청할 수 있다. 이 경우 산업통상자원부장관은 이에 협조하여야 한다.[46)]

---

42) 시행령 제22조 제2항 및 제3항.
43) 시행령 제22조 제1항.
44) 시행령 제92조 제2항.
45) 대외무역법 제48조 제1항.
46) 대외무역법 제15조 제3항.

주된 업종별 평균매출액 등의 중소기업 규모 기준(제3조제1항제1호가목 관련)

해당 기업의 주된 업종	분류기호	규모기준
1. 의복, 의복액세서리 및 모피제품 제조업	C14	평균매출액 등 1,500억 원 이하
2. 가죽, 가방 및 신발 제조업	C15	
3. 펄프, 종이 및 종이제품 제조업	C17	
4. 1차 금속 제조업	C24	
5. 전기 장비 제조업	C28	
6. 가구 제조업	C32	
7. 농업, 임업 및 어업	A	평균매출액 등 1,000억 원 이하
8. 광업	B	
9. 식료품 제조업	C10	
10. 담배 제조업	C12	
11. 섬유제품 제조업(의복 제조업은 제외)	C13	
12. 목재 및 나무제품 제조업(가구 제조업은 제외)	C16	
13. 코크스, 연탄 및 석유정제품 제조업	C19	
14. 화학물질 및 화학제품 제조업(의약품 제조업은 제외)	C20	
15. 고무제품 및 플라스틱제품 제조업	C22	
16. 금속가공제품 제조업(기계 및 가구 제조업은 제외)	C25	
17. 전자부품, 컴퓨터, 영상, 음향 및 통신장비 제조업	C26	
18. 그 밖의 기계 및 장비 제조업	C29	
19. 자동차 및 트레일러 제조업	C30	
20. 그 밖의 운송장비 제조업	C31	
21. 전기, 가스, 증기 및 공기조절 공급업	D	
22. 수도업	E36	
23. 건설업	F	
24. 도매 및 소매업	G	
25. 음료 제조업	C11	평균매출액 등 800억 원 이하
26. 인쇄 및 기록매체 복제업	C18	
27. 의료용 물질 및 의약품 제조업	C21	
28. 비금속 광물제품 제조업	C23	
29. 의료, 정밀, 광학기기 및 시계 제조업	C27	
30. 그 밖의 제품 제조업	C33	
31. 수도, 하수 및 폐기물 처리, 원료재생업(수도업은 제외)	E(E36 제외)	
32. 운수 및 창고업	H	
33. 정보통신업	J	
34. 산업용 기계 및 장비 수리업	C34	평균매출액 등 600억 원 이하
35. 전문, 과학 및 기술 서비스업	M	
36. 사업시설관리, 사업지원 및 임대 서비스업(임대업은 제외)	N(N76 제외)	
37. 보건업 및 사회복지 서비스업	Q	
38. 예술, 스포츠 및 여가 관련 서비스업	R	
39. 수리(修理) 및 기타 개인 서비스업	S	
40. 숙박 및 음식점업	I	평균매출액 등 400억 원 이하
41. 금융 및 보험업	K	
42. 부동산업	L	
43. 임대업	N76	
44. 교육 서비스업	P	

비고

1. 해당 기업의 주된 업종의 분류 및 분류기호는 「통계법」 제22조에 따라 통계청장이 고시한 한국표준산업분류에 따른다.
2. 위 표 제19호 및 제20호에도 불구하고 자동차용 신품 의자 제조업(C30393), 철도 차량 부품 및 관련 장치물 제조업(C31202) 중 철도 차량용 의자 제조업, 항공기용 부품 제조업(C31322) 중 항공기용 의자 제조업의 규모 기준은 평균매출액등 1,500억 원 이하로 한다.

Part

2

수출입 이행관리

대 외 무 역 법

CHAPTER 4

수출입거래에 관한 총칙

제 1 절 수출입거래의 원칙과 제한

1 수출입거래의 원칙

우리나라는 자유롭고 공정한 무역을 원칙으로 하되 법률이나 국제협약 및 일반적으로 승인된 국제법규에 따라 무역을 제한하는 규정이 있는 경우에는 그 목적을 달성하는 범위에서 최소한으로 규제할 수 있도록 하고 있다.[1] 실제로 물품 등의 수출입과 이에 따른 대금의 지급과 영수는 대외무역법의 목적을 이루는 범위 내에서 자유롭게 이루어져야 한다. 그리고 무역거래자는 대외신용도 확보 등 자유무역질서를 유지하기 위하여 자기 책임으로 그 거래를 성실히 이행하여야 한다.[2]

이와 같이 정부에 의한 최소한의 규제 내에서 거래당사자는 자유롭고 공정한 거래를 하되 불공정한 거래에 대하여는 스스로 책임을 져야 한다.

1) 대외무역법 제3조.
2) 대외무역법 제10조.

그림 4-1 수출입거래 체계[3)]

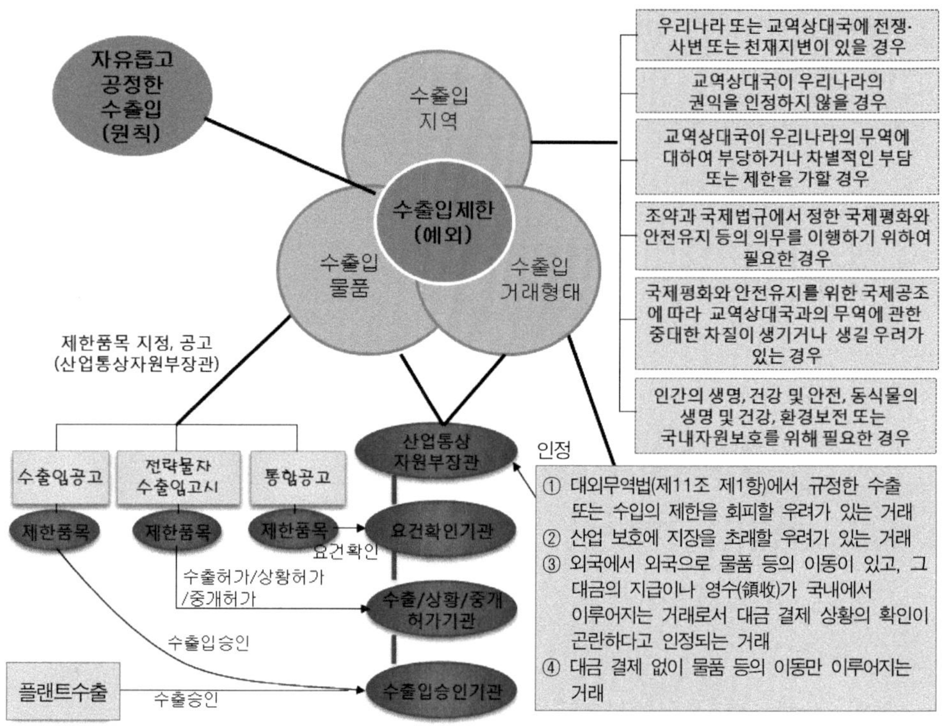

2 수출입거래의 제한

1) 수출입거래 제한 원칙

수출입거래의 제한 원칙으로서 산업통상자원부장관은 다음의 경우에는 수출입을 제한하거나 금지시킬 수 있다.[4)]

① 우리나라 또는 우리나라의 무역상대국에 전쟁·사변 또는 천재지변이 있을 경우

② 교역상대국이 조약과 일반적으로 승인된 국제법규에서 정한 우리나라의 권익을 인정하지 않을 경우

③ 교역상대국이 우리나라의 무역에 대하여 부당하거나 차별적인 부담 또는 제한을 가할 경우

---

3) 전순환, 전게서, p.64.

4) 대외무역법 제5조.

④ 헌법에 따라 체결·공포된 무역에 관한 조약과 일반적으로 승인된 국제법규에서 정한 국제평화와 안전유지 등의 의무를 이행하기 위하여 필요할 경우
⑤ 국제평화와 안전유지를 위한 국제공조에 따른 교역여건의 급변으로 교역상대국과의 무역에 관한 중대한 차질이 생기거나 생길 우려가 있는 경우
⑥ 인간의 생명·건강 및 안전, 동물과 식물의 생명 및 건강, 환경보전 또는 국내자원보호를 위하여 필요할 경우

2) 물품에 관한 제한

산업통상자원부장관은 다음의 어느 하나에 해당하는 이행 등을 위하여 필요하다고 인정하여 지정·고시하는 물품 등의 수출 또는 수입을 제한하거나 금지할 수 있다.[5]
① 헌법에 따라 체결·공포된 조약이나 일반적으로 승인된 국제법규에 따른 의무의 이행
② 생물자원의 보호
③ 교역상대국과의 경제협력 증진
④ 국방상 원활한 물자 수급
⑤ 과학기술의 발전
⑥ 그 밖에 통상·산업정책에 필요한 사항으로서 대통령령으로 정하는 사항, 즉 항공 관련 품목의 안전관리에 관한 사항[6]

이러한 물품을 수출입하려고 한다면 특별히 대통령령으로 정한 기준에 따라 제외된 물품 이외에는 산업통상자원부장관의 승인을 받아야 한다. 다만, 긴급히 처리하여야 하는 물품 등과 그 밖에 수출 또는 수입 절차를 간소화하기 위한 물품 등으로서 대통령령으로 정하는 기준에 해당하는 물품 등[7]의 수출 또는 수입은 그러하지 아니하다.[8]

3) 거래형태에 관한 제한

일반적인 수출입거래에 대해서는 자유롭게 할 수 있으나 대통령령으로 정하는 물

5) 대외무역법 제11조 제1항.
6) 시행령 제16조.
7) 수출입승인 면제대상 물품 등을 말한다. 자세한 내용은 제5장 수출입승인제도 참조.
8) 대외무역법 제11조 제2항.

품 등의 수출입 거래 형태에 대해 인정할 수 있도록 하여 특정거래형태의 수출입행위에 대한 인정을 받도록 하고 있다.

대통령령으로 정하는 물품 등의 수출입 거래 형태란 해당 거래의 전부 또는 일부가 다음의 하나에 해당하는 수출입 거래 형태로서 산업통상자원부장관이 정하여 고시하는 기준에 해당하는 거래(특정거래형태)를 말한다.

① 대외무역법(제11조 제1항)에서 규정한 수출 또는 수입의 제한을 회피할 우려가 있는 거래
② 산업 보호에 지장을 초래할 우려가 있는 거래
③ 외국에서 외국으로 물품 등의 이동이 있고, 그 대금의 지급이나 영수(領收)가 국내에서 이루어지는 거래로서 대금 결제 상황의 확인이 곤란하다고 인정되는 거래
④ 대금 결제 없이 물품 등의 이동만 이루어지는 거래

특정거래 형태는 위탁판매수출, 수탁판매수입, 위탁가공무역, 수탁가공무역, 임대수출, 임차수입, 연계무역, 중계무역, 외국인수수입, 외국인도수출, 무환수출입을 말한다.[9)]

산업통상자원부장관은 특정거래 형태의 인정 절차, 인정의 유효기간, 그 밖에 필요한 사항을 정하여 고시한다. 또한 특정거래 형태를 인정할 때에 새로운 거래 형태의 파악 등을 위하여 필요한 경우에는 관계 행정기관의 장에게 협조를 요청할 수 있다.

제 2 절 수출과 수입의 개념

1 물품 등의 정의

무역이란 물품 등의 수출과 수입을 말한다. 여기서 물품 등에는 물품, 대통령령이 정하는 용역 또는 대통령령이 정하는 전자적 형태의 무체물을 포함한다.

9) 특정거래형태의 자세한 내용은 제6장 참조.

1) 물품의 범위

대외무역법상의 '물품'이란 외국환거래법에서 정하는 지급수단,[10] 증권[11] 및 채권[12]을 화체한 서류를 제외한 모든 동산을 의미한다.[13]

2) 용역의 범위

용역이란 대통령령이 정하는 다음의 두 가지 용역 중 하나에 해당하는 용역을 말한다. 첫째, 다음의 하나에 해당하는 업종의 사업을 영위하는 자가 제공하는 용역 즉, 경영상담업, 법무 관련 서비스업, 회계 및 세무 관련 서비스업, 엔지니어링 서비스업, 디자인, 컴퓨터시스템 설계 및 자문업, 「문화산업진흥 기본법」 제2조 제1호[14]에 따른 문화산업에 해당하는 업종, 운수업, 관광사업(「관광진흥법」 제3조 제1항에 따른 관광사업[15])에 해당하는 업종, 그 밖에 지식기반용역 등 수출유망산업으로서 산업통상자원부장관이 정하여 고시하는 업종(전기통신업, 금융 및 보험업, 임대업, 광고업, 사업시설 유지관리 서비스업, 교육 서비스업, 보건업), 둘째, 국내의 법령 또는 대한민국이 당사자인 조약에 따라 보호되는 특허권·실용신안권·디자인권·상표권·저작권·저작

10) 외국환거래법상의 '지급수단'이란 ① 정부지폐·은행권·주화·수표·우편환·신용장, ② 대통령령으로 정하는 환어음, 약속어음, 그 밖의 지급지시, ③ 증표, 플라스틱카드 또는 그 밖의 물건에 전자 또는 자기적 방법으로 재산적 가치가 입력되어 불특정 다수인 간에 지급을 위하여 통화를 갈음하여 사용할 수 있는 것으로서 대통령령으로 정하는 것을 말한다. 또한 '대외지급수단'이란 외국통화, 외국통화로 표시된 지급수단, 그 밖에 표시통화에 관계없이 외국에서 사용할 수 있는 지급수단을 말한다.

11) 외국환거래법상의 '증권'이란 '지급수단'에 해당하지 아니하는 것으로서 자본시장과 금융투자업에 관한 법률 제4조에 따른 증권과 그 밖에 대통령령으로 정하는 것을 말한다.

12) 외국환거래법상의 '채권'이란 모든 종류의 예금·신탁·보증·대차 등으로 생기는 금전 등의 지급을 청구할 수 있는 권리로서 내외국통화, 대내외지급수단, 귀금속, 증권, 외화증권, 파생상품, 외화파생상품에 해당되지 아니한 것을 말한다.

13) 대외무역법 제2조 제2호.

14) 문화산업이란 문화상품의 기획·개발·생산·유통·소비 등과 이에 관련된 서비스를 행하는 산업으로서 ① 영화와 관련된 산업, ② 음반·비디오물·게임물과 관련된 산업, ③ 출판·인쇄물·정기간행물과 관련된 산업, ④ 방송영상물과 관련된 산업, ⑤ 문화재와 관련된 산업, ⑥ 예술성·창의성·오락성·여가성·대중성(이하 '문화적 요소'라 한다)이 체화되어 경제적 부가가치를 창출하는 캐릭터·애니메이션·디자인(산업디자인은 제외한다)·광고·공연·미술품·공예품과 관련된 산업, ⑦ 디지털문화콘텐츠의 수집·가공·개발·제작·생산·저장·검색·유통 등과 이에 관련된 서비스를 행하는 산업, ⑧ 그 밖에 전통의상·식품 등 대통령령으로 정하는 산업중의 하나를 말한다.

15) 「관광진흥법」 제3조 제1항 상의 관광사업은 여행업, 관광숙박업, 관광객 이용시설업, 국제회의업, 카지노업, 유원시설업, 관광 편의시설업을 말한다.

인접권·프로그램저작권·반도체직접회로의 배치설계권의 양도, 전용실시권의 설정 또는 통상실시권의 허락에 해당하는 용역을 말한다.[16)]

3) 전자적 형태의 무체물의 범위

전자적 형태의 무체물이란 대통령령이 정하는 다음의 하나에 해당하는 것을 말한다.

① 소프트웨어[17)]

② 부호·문자·음성·음향·이미지·영상 등을 디지털 방식으로 제작하거나 처리한 자료 또는 정보 등으로서 산업통상자원부장관이 정하여 고시하는 영상물[18)]

③ 위의 집합체와 그 밖에 이와 유사한 전자적 형태의 무체물로서 산업통상자원부장관이 정하여 고시하는 것

소프트웨어 등과 같은 전자적 형태의 무체물이 저장장치인 USB, CD, 디스켓, 음반 등에 저장되어서 거래되는 경우에는 전자적 형태의 무체물이 아니라 물품에 해당하는 것으로 본다.[19)]

2 대외무역법상 수출과 수입의 정의

1) 수출의 정의

수출이란 일반적으로 국내 거주자가 외국의 거래상대방에게 물품 등을 공급하고 그에 상응하는 경제적 대가를 수취하는 것을 말하는데, 대외무역법상 수출이라 함은 다음의 하나에 해당하는 것을 말한다.[20)]

① 매매, 교환, 임대차, 사용대차(使用貸借), 증여 등을 원인으로 국내에서 외국으로 물품이 이동하는 것(우리나라의 선박으로 외국에서 채취한 광물(鑛物) 또는

---

16) 시행령 제3조.

17) '소프트웨어'란 컴퓨터·통신·자동화 등의 장치와 그 주변장치에 대하여 명령·제어·입력·처리·저장·출력·상호작용이 가능하도록 하게 하는 지시·명령(음성이나 영상정보 등을 포함한다)의 집합과 이를 작성하기 위하여 사용된 기술서, 기타 관련 자료를 말한다(소프트웨어산업진흥법 제2조 제1호).

18) '산업자원부장관이 정하여 고시하는 영상물'이란 영상물(영화, 게임, 애니메이션, 만화, 캐릭터를 포함), 음향·음성물, 전자서적, 데이터베이스 등을 말한다.

19) 시행령 제5조.

20) 시행령 제2조 제3호.

포획한 수산물을 외국에 매도(賣渡)하는 것 포함),

② 유상(有償)으로 외국에서 외국으로 물품을 인도(引渡)하는 것으로서 산업통상자원부장관이 정하여 고시하는 기준에 해당하는 것,[21)]

③ 외국환거래법상의 거주자[22)]가 비거주자[23)]에게 산업통상자원부장관이 정하여 고시하는 방법[24)]으로 대통령령으로 정한 용역을 제공하는 것,

④ 거주자가 비거주자에게 정보통신망을 통한 전송과 그 밖에 산업통상자원부장관이 정하여 고시하는 방법(컴퓨터 등 정보처리능력을 가진 장치에 저장한 상태로 반출한 후 인도하는 것)으로 전자적 형태의 무체물(無體物)을 인도하는 것

2) 수입의 정의

수입이란 일반적으로 국내 거주자가 외국으로부터 물품 등을 수령하고 그에 상응하는 경제적 가치를 제공하는 것을 말하는데, 대외무역법상 수입이란 다음의 어느 하나에 해당하는 것을 말한다.[25)]

① 매매, 교환, 임대차, 사용대차, 증여 등을 원인으로 외국으로부터 국내로 물품이 이동하는 것,

② 유상으로 외국에서 외국으로 물품을 인수하는 것으로서 산업통상자원부장관이 정하여 고시하는 기준에 해당하는 것,

③ 비거주자가 거주자에게 산업통상자원부장관이 정하여 고시하는 방법으로 용역을 제공하는 것,

④ 비거주자가 거주자에게 산업통상자원부장관이 정하여 고시하는 방법으로 전자적 형태의 무체물을 인도하는 것

3) 거주자와 비거주자의 구분

외국환거래법상의 거주자란 대한민국에 주소 또는 거소를 둔 개인과 대한민국에

---

21) 중계무역형태의 수출과 외국인도수출 및 무환수출입을 들 수 있다.

22) 외국환거래법 제3조 제1항 제14호.

23) 외국환거래법 제3조 제1항 제15호.

24) 산업통상자원부장관이 고시하는 제공방법이란, 첫째 용역의 국경을 넘은 이동에 의한 제공, 둘째, 비거주자의 국내에서의 소비에 의한 제공, 셋째, 거주자의 상업적 해외주재에 의한 제공, 넷째, 거주자의 외국으로의 이동에 의한 제공을 말한다.

25) 시행령 제2조 제4호.

주된 사무소를 둔 법인을 말하고, 비거주자란 거주자 외의 개인 및 법인을 말한다. 다만, 비거주자의 대한민국에 있는 지점, 출장소, 그 밖의 사무소는 법률상 대리권의 유무에 상관없이 거주자로 본다.26)

표 4-1 거주자와 비거주자의 비교

구분	거주자	비거주자
원칙	• 대한민국 내에 주소·거소를 둔 개인 • 대한민국 내에 주된 사무소를 둔 법인	• 거주자외의 개인 • 거주자외의 법인
대한민국 국민	• 대한민국 재외공관에서 근무할 목적으로 외국에 파견되어 있는 자 • 비거주자이었던 자로서 입국하여 3개월 이상 체재하고 있는 자	• 외국에서 영업활동에 종사하고 있는 자 • 외국에 있는 국제기구에서 근무하고 있는 자 • 2년 이상 외국에 체재하고 있는 자
외국인	• 국내에서 영업활동에 종사하고 있는 자 • 6개월 이상 국내에 체재하고 있는 자	• 국내에 있는 외국정부의 공관 또는 국제기구에서 근무하는 외교관·영사 또는 그 수행원이나 사용인 • 외국정부 또는 국제기구의 공무로 입국하는 자 • 거주자였던 외국인으로서 출국하여 외국에서 3개월 이상 체제 중인 자
법인·단체 등	• 대한민국 재외공관 • 국내에 주된 사무소가 있는 단체·기타 이에 준하는 조직체	• 국내에 있는 외국정부의 공관과 국제기구 • 「한미상호방위조약 제4조에 의한 시설과 구역 및 대한민국에서의 합중국군대의 지위에 관한 협정」에 따른 미합중국군대 및 이에 준하는 국제연합군, 미합중국군대 등의 구성원·군속·초청계약자 및 비세출자금기관·군사우편국 및 군용은행시설 • 외국에 있는 국내법인등의 영업소 및 그 밖의 사무소 • 외국에 주된 사무소가 있는 단체·기타 이에 준하는 조직체

26) 외국환거래법 제3조 제1항 제14호 및 제15호.

3 관세법상의 수출과 수입의 정의

관세법은 관세선을 기준으로 수출과 수입의 정의를 규정하는 반면 대외무역법은 특정한 경우를 제외하고 수출입을 국내와 국외간의 물품의 이동을 중심으로 구분한다. 관세법은 물품이 국내에 있는지 혹은 국외에 있는지의 여부에 따라 수출과 수입을 구분하지 않고 관세법상의 관세선을 기준으로 하여 판단한다.

1) 수출의 정의

관세법상 수출이라 함은 내국물품을 외국으로 반출함을 말한다.[27] 내국물품이라 함은 우리나라에 있는 물품으로서 외국물품이 아닌 것, 우리나라의 선박 등에 의하여 공해에서 채포된 수산물, 입항 전 수입신고가 수리된 물품, 수입신고수리 전 반출승인을 얻어 반출된 물품, 수입신고 전 즉시 반출신고를 하고 반출된 물품을 말한다.[28]

여기서 외국물품이라 함은 외국으로부터 우리나라에 도착된 물품(외국의 선박 등에 의하여 공해에서 채포된 수산물 등을 포함)으로서 수입신고가 수리되기 전의 것과 수출신고가 수리된 물품을 말한다.[29] 따라서 수출이란 내국물품을 외국물품으로 전환시키는 것이라고 할 수 있다.

이러한 것을 종합해 보면 관세법상의 수출이란 외국으로 송부할 내국물품을 통관절차를 마치고 수출신고수리를 받아 외국을 향하여 반출하는 것을 말한다.

2) 수입의 정의

관세법상 수입이라 함은 외국물품을 우리나라에 반입(보세구역을 경유하는 것은 보세구역으로부터 반입하는 것)하거나 우리나라에서 소비 또는 사용하는 것(우리나라의 운송수단 안에서의 소비 또는 사용을 포함하며 선용품 등 수입으로 보지 아니하는 소비[30] 등을 제외함)을 말한다.[31]

---

27) 관세법 제2조 제2호.
28) 관세법 제2조 제4호.
29) 관세법 제2조 제3호.
30) 외국물품의 소비 또는 사용이 다음의 하나에 해당하는 때에는 수입으로 보지 아니한다(관세법 제239조): ① 선용품 또는 기용품을 운송수단 내에서 그 용도에 따라 소비 또는 사용하는 경우, ② 여행자가 휴대품을 운송수단 또는 관세통로에서 소비 또는 사용하는 경우,

결국 수입이라 함은 우리나라에 도착된 물품으로서 수입신고가 수리된 외국물품을 우리나라에 반입하는 것이다.

제 3절 수출입품목의 관리

1 수출입품목 관리의 의의

수출입품목에 대한 관리는 수출 또는 수입을 제한하는 물품에 대한 직접적인 규제방식이다. 따라서 수출 또는 수입을 하고자 하는 자는 해당 품목이 수출입제한 대상품목인지 사전에 확인하여야 하며 수출입제한품목에 대하여는 그 제한을 해제할 수 있는 요건을 충족시켜 수출입을 하게 된다.

수출입품목의 관리는 수출입공고, 통합공고, 전략물자 수출입고시 등을 통해 이루어지고 있다. 대외무역법에 의한 수출입공고는 정부의 경제정책목표를 달성하기 위해 존재하지만, 통합공고는 환경보호, 국민건강, 보건위생 등 경제외적인 목적을 달성하기 위해 존재한다.

2 수출입공고

1) 수출입공고의 의의

수출입공고란 수출입을 제한하고자 하는 경우 수출입제한품목에 대한 수출입요령을 공고하는 것으로 수출입품목관리를 위한 기본공고라고 할 수 있다. 수출입공고는 수출입품목의 직접적인 관리를 위해 다음의 경우 산업통상자원부장관은 수출금지품목 및 수출입 승인품목을 지정하고 품목별 수출입 제한, 승인, 신고, 한정 등 수출입요령 등에 관한 사항을 규정한다.[32)]

① 헌법에 따라 체결·공포된 조약이나 일반적으로 승인된 국제법규에 따른 의무의

---

③ 관세법의 규정에 의하여 인정된 바에 따라 소비 또는 사용하는 경우

31) 관세법 제2조 제1호.

32) 대외무역법 제11조.

이행

② 생물자원의 보호

③ 교역상대국과의 경제협력 증진

④ 국방상 원활한 물자 수급

⑤ 과학기술의 발전 및

⑥ 그 밖에 통상·산업정책에 필요한 사항으로서 대통령령으로 정하는 사항

수출 또는 수입이 제한되는 물품 등을 수출하거나 수입하려는 자는 대통령령으로 정하는 바에 따라 산업통상자원부장관의 승인을 받아야 한다. 다만, 긴급히 처리하여야 하는 물품 등과 그 밖에 수출 또는 수입 절차를 간소화하기 위한 물품 등으로서 대통령령으로 정하는 기준에 해당하는 물품 등의 수출 또는 수입은 그러하지 아니하다.

그리고 수출입공고와 통합공고는 상호 독립적이므로 수출입공고에서 제한품목이 아니라 할지라고 통합공고에서 수출입을 제한하고 있는 경우에는 이를 배제할 수 없다. 즉, 양 공고체계에 의한 제한 내용을 동시에 충족해야 한다.

2) 수출입공고상의 품목분류방법

(1) SITC

무역이 원활히 이루어지기 위해 각국이 공통으로 이용할 수 있는 품목표시방법의 제정이 필요하였다. 따라서 UN 경제사회이사회는 UN 통계분류위원회의 추천으로 1950년 무역상품의 분류방법으로서 표준국제무역분류(Standard International Trade Classification: SITC)를 모든 국가가 사용할 것을 권고하는 결의안을 채택하였다. 이 방법에 의하여 상품별 무역자료의 경제 분석과 상품별 무역통계를 작성하여 국제비교가 용이해졌다. 아울러 1988년부터 UN 경제사회이사회는 SITC 분류방식을 각국의 국내 통계작성에도 적용할 것을 권고하였다. 따라서 대부분의 국가들은 이를 수용하여 상품별 무역자료를 SITC방법으로 작성하였고, 우리나라에서도 1955년부터 한국은행이 이 방법에 대하여 무역통계를 작성하기 시작하였다.

SITC분류방식은 일반경제통계나 무역통계를 작성하는데 적합하도록 상품을 분류하고 있으며 총 45,000여 종의 물품을 대상으로 10개의 부(section)로 대분류하고 이어서 이를 물품의 성질에 따라 67개의 류(division)로 중분류한 뒤, 다시 261개의

군(group)으로 소분류, 3,119개의 기본항목(basic item)으로 세분하고 있다.

(2) CCCN

1950년 관세협력이사회(The Customs Cooperation Council: CCC)[33]의 설립을 위한 협약을 체결하면서 이 협약의 부속서로 채택한 것이 '브뤼셀 관세품목분류'(Brussels Tariff Nomenclature: BTN)이다.

BTN이 CCC의 기구 중 품목분류위원회가 있는 Brussel의 지명을 따서 지은 것이므로 지명보다 제정 주체인 CCC의 명칭을 중심으로 하여 CCCN(CCC Nomenclature)으로 개칭하여 1976년 1월부터 CCCN으로 호칭하였다.

CCCN 분류방식은 ① 원료를 중심으로 한 분류, ② 제조과정을 중심으로 한 분류, ③ 노동과정을 중심으로 한 분류, ④ 용도를 중심으로 한 분류 등 네 가지를 종합적으로 고려하여 이루어졌다.

따라서 CCCN 분류방식은 총 60,000여 종의 상품을 대상으로 원재료로부터 각종 제품까지를 계통적으로 분류하고 21부(section) 99류(chapter) 1,011호(heading)로 나누어 다시 국가별로 실정에 맞게 세분할 수 있도록 하였다. 국제적으로 4단위까지는 통일하고 국가별로 세분하는 경우에는 8단위까지 확대할 수 있도록 허용하였다.

(3) HS

CCCN이 150여 국가에서 사용되었으나 미국 등 일부 국가들은 자국의 상품분류체계를 사용함으로써 국제상품분류의 통일화가 이루어지지 않았다. 또한 기존의 CCCN으로는 최근의 기술진보와 무역구조의 변화에 적합하지 않은 점도 나타났다. 따라서 CCC에서는 1973년 신상품 분류개발을 선언한 후 기존의 국제물품분류체계를 통일하여 관련 당사자들의 업무처리를 신속하게 하고 무역거래의 원활화를 도모하고자 CCCN을 골간으로 하여 SITC, 미국의 TSUSA(Tariff Schedule of the United States Annotated)까지 종합하여 1983년 6월 정식으로 새로운 통일상품분류명 및 부호체계(The Harmonized Commodity Description and coding System: 약칭 HS제도)를 채택하고 1988년 1월 1일부터 실시하도록 하였다. 이 제도는 그 실효성을 높이기 위하여 체약국들에게 자국의 관세율표와 통계품목표를 HS에 일치시킬 의

---

33) 1953년 1월 정식 창설된 CCC는 1994년 WCO(The World Customs Organization)로 개칭되어, 현재 벨기에 브뤼셀에 본부를 두고 있으며, 183개국이 가입되어 있다(http://www.wcoomd.org/en/about-us/wco-members/membership.aspx).

무를 부과하고 있다. 이 분류방식은 종전의 CCCN의 4단위 품목을 6단위까지 확대하여 품목수도 5,019개로 5배나 늘렸다. 따라서 HS분류는 21부(section), 96류(chapter), 1,241호(heading), 5,019소호(sub-heading)의 체계를 갖추고 있다. 국제적으로는 6단위까지는 공통적으로 사용되고 그 뒤에 국가별로 필요한 경우 4단위까지 추가하여 총 10단위까지 확장할 수 있도록 하였다.

HS제도는 CCCN에 비하여 무역통계의 비교·분석을 쉽게 하고 국제 교섭 시에 정확하며 비교 가능한 자료수집이 용이하다는 평가를 받으면서 1988년 발효 당시부터 주요 국가들이 시행하고 있다.

우리나라도 1988년 1월 1일부터 이 협약에 가입하고 HS제도를 도입하여 한국통일상품분류(Harmonized System of Korea: HSK)를 제정·시행하고 있다. 우리나라는 국제통일인 6단위에 4단위를 더 세분하여 10단위로 사용하고 있다.[34)]

SITC, CCCN 및 HS에 의한 품목분류를 비교하여 보면 다음 〈표 4-3〉과 같다.

표 4-3 국제상품분류방식의 비교

SITC	CCCN	HS
10 section	21 section	21 section
67 division	99 chapter	96 chapter
261 group	1011 heading	1,241 heading
3,119 basic item		5,019 sub-heading
총 45,000여 품목	총 60,000여 품목	총 60,000여 품목

그리고 HS에 의한 상품분류의 분류기준을 보면 〈표 4-4〉와 같다.

수출입공고의 품목분류는 HS(Harmonized Commodity Description and Coding System) 상품 분류에 의하며, 동 분류된 품목의 세분류는 우리나라의 관세·통계통합품목분류표(HSK)에 의한다.

34) 미국은 우리나라와 동일하고, 중국과 EU는 2단위, 일본은 3단위를 추가하여 각각 8단위, 9단위제로 사용하고 있다.

표 4-4 HS에 의한 상품분류

	0	1	2	3	4	5	6	7	8	9
0		산동물	육과 식용설육	어패류	낙농품 ·조란 ·천연꿀	기 타 동물성 생산품	산수목·꽃	채소	과실 · 견과류	커피 ·차 ·향신료
10	곡물	곡물의 분과 조분밀가루 ·전분	채유용 종자 ·인삼	식물성 엑 스	기타 식물성 생산품	동식물성 유 지	육·어류 조제품	당류 ·설탕과자	코코아 ·초코렛	곡물,곡분의 주제품과 빵류
20	채소·과실의 조제품	기타의 조제식료품	음료, 주류, 식초	조제사료	담배	토석류 · 소금	광, 슬랙, 회	광물성연료, 에너지	무기화합물	유기화합물
30	의료용품	비료	염료, 안료, 페인트잉크	향료·화장품	비누, 계면활성제 ·왁스	카세인· 알부민· 변성전분·효소	화약류 · 성냥	필름인화지 사진용재료	각종화학공업 생산품	플라스틱과 그제품
40	고무와 그제품	원피 · 가죽	가죽제품	모피, 모피제품	목재 · 목탄	코르크 · 짚	조물재료의 제품	펄프	지와 판지	서적 · 신문 인쇄물
50	견·견사 견직물	양모 · 수모	면· 면사 면직물	마류의사와 직물	인조 필라멘트 섬유	인조 스테이플 섬유	워딩 · 부직포	양탄자	특수직물	침투, 도포한 직물
60	편물	의류 (편물제)	의류 (편물제이외)	기타 섬유제품 ·넝마	신발류	모자류	우산 · 지팡이	조제우모 · 인조제품	석, 시멘트, 석면제품	도자제품
70	유리	귀석, 반귀석, 귀금속	철강	철강제품	동과 그제품	니켈과 그제품	알루미늄과 그제품	(유보)	연과 그제품	아연과 그제품
80	주석과 그제품	기타의 비금속	비금속 제공구, 스푼 · 포크	각종비금속 제품	보일러 · 기계류	전기기기 ·TV ·VTR	철도차량	일반차량	항공기	선박
90	광학·의료 ·측정·검사 ·정밀기기	시계	악기	무기	가구류 · 조명기구	완구 · 운동용구	잡품	예술품 · 골동품		

실례) HS코드의 구조 : 0102.90-9010 (10단위 HSK) - 젖소

① 01: 류(Chapter) → '산동물'이 분류되는 類로서 앞 2자리를 말함.

② 0102: 호(Heading) → 소(牛)가 분류되는 호(號)로서 앞 4자리를 말함.

③ 0102.90: 소호(Subheading) → 기타의 소가 분류되는 소호(小號)로서 앞 5, 6 자리를 말함.

④ 0102.90-90: 기타의 소에서 한국의 분류 코드로 기타의 소로 분류되는 8자리 코드임.

⑤ 0102.90-9010: 『젖소』가 분류되는 10자리 코드임. -9020은 『육우』가 분류되는 코드임.

전체 코드 10단위 중 7단위 이하는 6단위에서 정하는 범위 내에서 각국이 이를 세분하여 사용할 수 있음. 우리나라는 마지막 4자리를 세분하여 10단위로 사용하고 있음.

3) 수출입공고상의 품목표시방법[35)]

우리나라는 1967년 4월 GATT에 가입하면서 1967년 7월 25일부터 수출입품목관리체계를 허용품목 표시제(Positive List System)에서 불허품목 표시제(Negative List System)로 전환하였다.

(1) 허용품목 표시제(Positive List System)

허용품목 표시제는 수출입공고에 수출 또는 수입이 허용되는 품목만을 표시하고 여기에 표시하고 있지 않은 기타의 품목은 원칙적으로 수출 또는 수입이 제한 또는 금지되도록 하는 품목표시방법으로서, 이것은 자국의 산업보호 등을 목적으로 시행된다.

(2) 불허품목 표시제(Negative List System)

불허품목 표시제(Negative List System)는 수출입공고에 수출 또는 수입의 제한 내지 금지품목만으로 표시하고 여기에 표시되지 않은 기타 품목은 수출 또는 수입이 허용되도록 하는 품목표시방법이다. 이 방법은 무역자유화의 폭을 넓히고, 외국의 값싸고 품질 좋은 상품을 수입하여 국내 상품을 이러한 외국제품과 경쟁하게 함으로써 국내산업의 체질을 개선하고, 일반 대중의 소비생활을 향상시키는데 그 목적을 두고 시행되고 있다.

4) 수출입공고상의 품목관리

수출입공고상의 품목은 수출금지품목, 수출제한품목(수출승인품목) 및 수입제한품목(수입승인품목)으로 분류되어 있으며, 수출금지품목은 [수출입공고 별표 1]에, 수출제한품목은 [수출입공고 별표 2]에, 수입제한품목은 [수출입공고 별표 3]에 각각 게기되어 있다.

(1) 수출금지품목

[수출입공고 별표 1]에 게기한 품목은 수출이 금지된다.

---

35) 전순환, 전게서, p.104.

표 4-5 [수출입공고 별표 1] 수출금지품목

H S	품 목	수 출 요 령
0208	기타의 육과 식용설육(신선·냉장 또는 냉동한 것에 한한다)	
40	고래, 돌고래류(고래목의 포유동물) 및 바다소(바다소목의 포유동물)의 것	다음의 것은 수출할 수 없음. ① 고래고기
0210	육과 식용설육(염장·염수장·건조 또는 훈제한 것에 한한다) 및 육 또는 설육의 식용의 분과 조분	
9	기타(육 또는 설육의 분과 조분을 포함한다)	
92	고래, 돌고래류(고래목의 포유동물) 및 바다소(바다소목의 포유동물)의 것	다음의 것은 수출할 수 없음. ① 고래고기
2516	화강암. 반암. 현무암. 사암과 기타 석비용 또는 건축용의 암석	
1	화강암	
11	조상의 것 또는 거칠게 다듬은 것	다음의 것은 수출할 수 없음 ① 자연석
12	톱질 또는 기타의 방법으로 단순히 절단하여 직사각형(정사각형을 포함한다) 모양의 블록상 또는 슬랩상으로 한 것.	
20	사 암	
4301	생모피(모피사용에 적합한 머리부분·꼬리부분·발부분 및 기타 조각 또는 절단품을 포함하며, 제4101호, 제4102호 또는 제4103호에 해당하는 원피를 제외한다)	
80	기타의 모피(전신의 것에 한하며 머리부분·꼬리부분·발부분의 유무를 불문한다)	다음의 것은 수출할 수 없음. ① 개의 생모피
90	머리부분·꼬리부분·발부분 및 기타의 조각 또는 절단품으로서 모피제품으로 사용에 적합한 것	
4302	모피(유연처리 또는 완성 가공한 것으로서 머리부분·꼬리부분·발부분 및 기타 조각 또는 절단품을 포함하고 조합하지 아니한 것 또는 기타 재료를 가하지 않고 조합한 것에 한하며, 제4303호의 물품은 제외한다)	
1	전신모피(조합하지 아니한 것에 한하며 머리부분·꼬리부분·발부분의 유무를 불문한다)	
19	기 타	다음의 것은 수출할 수 없음. ① 개의 모피
20	머리부분·꼬리부분·발부분 및 기타 조각 또는 절단품(조합하지 아니한 것에 한한다)	
30	전신모피 및 그 조각 또는 절단품(조합한 것에 한한다)	
4303	모피의류·의류의 부속품 및 기타 모피제품	
90	기타	다음의 것은 수출할 수 없음. ① 개의 모피제품

(2) 수출제한품목

수출제한품목이란 [수출입공고 별표 2]에 게기한 품목으로서, 각 품목별 수출요령에 따라 수출 승인을 받아야 하며, 산업통상자원부장관은 수출절차의 간소화를 위하여 필요한 경우 [수출입공고 별표 2]의 수출요령에도 불구하고 수출승인기관을 따로 정하고 승인하게 할 수 있다.

수출입공고의 수출제한품목은 수출요령에 따라 수출승인기관으로부터 승인을 받아야 수출할 수 있다.

표 4-6 [수출입공고 별표 2] 수출제한품목

H S	품 목	수 출 요 령
2505	천연모래(착색된 것인지의 여부를 불문하며, 제26류의 금속을 함유하는 모래를 제외한다)	
10	규 사	┐ 다음의 것은 한국골재협회의 승인을 받아 수출할 수 있음. ┘ ① 규산분(Sio_2)이 90% 이하의 것
90	기 타	
2517	자갈·왕자갈·쇄석(콘크리트용·도로 포장용·철도용 또는 기타 밸러스트용에 일반적으로 사용되는 것에 한한다). 싱글과 플린트(열처리한 것인지의 여부를 불문한다), 슬랙·드로스 또는 이와 유사한 산업폐기물의 매카담(이호의 앞부분에 열거한 물품들과 혼합한 것인지의 여부를 불문한다), 타르매카담 및 제2515호 또는 제2516호의 암석을 입상· 파편상·분상으로 한 것(열처리한 것인지의 여부를 불문한다.	
10	자갈·왕자갈·쇄석·싱글과 플린트	┐ 1. 다음의 것은 승인없이 수출할 수 있음. ① 구석, 싱글과 플린트 ┘ 2. 기타의 것은 한국골재협회의 승인을 받아 수출할 수 있음.
41	대리석의 것	
기타 품목은 종합법령시스템(www.law.go.kr/행정규칙/수출입공고)을 참조할 것.		

(3) 수입제한품목

수입제한품목은 [수출입공고 별표 3]에 게기한 품목으로서, 각 품목별 수입요령에 따라 수입 승인을 받아야 하며, 대외무역법 제16조에 따른 외화획득용 원료·기재를 수입하는 경우에는 수입제한품목이라 할지라도 별도의 제한 없이 수입 승인할 수 있다.

표 4-7 [수출입공고 별표 3] 수입제한품목

<table>
<tr><th>H S</th><th>품 목</th><th>수입요령</th></tr>
<tr><td>3920.99.1000</td><td>플라스틱제의 기타 판, 쉬트, 필름, 박 또는 스트립(셀룰라가 아닌 것으로서 기타 재료로 보강, 적층, 지지 또는 이와 유사하게 결합되지 아니한 것) 중 항공기용의 것</td><td rowspan="20">한국항공우주산업진흥협회의 승인을 받아 수입할 수 있음</td></tr>
<tr><td>4011.30.0000</td><td>고무제의 공기타이어(신품)중 항공기용의 것</td></tr>
<tr><td>·
생략</td><td>·
생략</td></tr>
<tr><td>8411.11.1000</td><td>터보제트엔진(추진력 25KN이하)중 항공기용의 것</td></tr>
<tr><td>·
생략</td><td>·
생략</td></tr>
<tr><td>8802.20.9000</td><td>자중 2,000KG 이하의 기타 항공기</td></tr>
<tr><td>·
생략</td><td>·
생략</td></tr>
<tr><td>9014.10.1010</td><td>자이로식 방향탐지용 콤파스 중 항공기용의 것</td></tr>
<tr><td>·
생략</td><td>·
생략</td></tr>
<tr><td>8414.59.1000</td><td>기타 팬중 항공기용의 것</td></tr>
<tr><td>·
생략</td><td>·
생략</td></tr>
<tr><td>8511.10.1000</td><td>점화플러그 중 항공기용의 것</td></tr>
<tr><td>·
생략</td><td>·
생략</td></tr>
<tr><td>8801.00.1010</td><td>글라이더와 행글라이더</td></tr>
<tr><td>·
생략</td><td>·
생략</td></tr>
<tr><td>9032.10.1020</td><td>가변식 온도 자동조정용 기기 중 항공기용의 것</td></tr>
<tr><td>·
생략</td><td>·
생략</td></tr>
<tr><td>9401.10.0000</td><td>항공기용의 의자</td></tr>
</table>

3 통합공고

통합공고는 1980년부터 시행되어 온 정책으로서 수출입공고와 함께 우리나라 품목관리체계의 한 축으로 존재하고 있다. 특히 통합공고는 수출입물품의 수출입이행 주체 및 물품의 용도에 대한 관리를 중심으로 되어 있음을 볼 수 있다. 무역과 관련된 개별법의 제정 및 개정된 사항을 수시로 통합공고하기 때문에 수출입시 이를 즉각적으로 반영할 수 있다. 이와 같이 통합공고는 대외무역법 이외의 다른 법령에서 해당 물품에 대한 수출입요령을 규정하여 별도의 무역관리를 하고 있는 경우에 다양한 수출입요령을 하나의 공고로 통합함으로써 수출입 및 통관업무의 간소화 및 통일화를 기할 수 있고 무역질서를 유지할 수 있다.

대외무역법 이외의 법령에 의하여 물품의 수출입요령을 제정 또는 개정하는 경우에는 관계행정기관의 장은 해당 법령에 의하여 정해진 물품의 수출입요령 자료를 그 시행일 이전에 산업통상자원부장관이 통합하여 공고할 수 있도록 산업통상자원부장관에게 제출하여야 한다.[36]

통합공고는 대외무역법 이외의 다른 법령에서 해당 물품의 수출입의 요건 및 절차 등을 정하고 있는 경우에 수출입 요건확인 및 통관 업무의 간소화와 무역질서 유지를 위하여 다른 법령이 정한 물품의 수출입의 요건 및 절차에 관한 사항을 조정하고 이를 통합하여 규정하는 것을 목적으로 한다.[37]

통합공고상에 법적으로 정한 개별행정법은 현재 64개로 그 이외의 법령에 의한 수출입요령의 제정 및 개정은 산업통상자원부장관과 사전에 협의해야 하며, 산업통상자원부장관은 그 행정기관의 장에게 그 수출입요령의 조정을 요청할 수 있다.[38]

산업통상자원부장관은 주무부처의 장이 제출한 소관물품의 수출입요령 등에 관한 자료에 대하여 ① 당해 법령의 목적과 해당 물품에 대한 규제의 필요성, ② 당해 법령의 적용범위 및 대상물품의 타당성, ③ 규제 대상물품의 범위지정에 따른 유사물품과의 혼동 또는 다른 용도로의 전용가능성 여부, ④ 규제 대상물품의 수출입의 요건 및 절차에 대한 무역관행의 배치 여부, ⑤ 기타 무역정책 기조의 일치 여부에 대한 사항들을 검토·조정하여 해당 물품의 수출입요령을 정하여야 한다.[39] 통합공고의 수출입요령은 [통합공고 별표 1]에 수출요령, [통합공고 별표 2]에 수입요령을 상세히 게기하고 있다.[40]

요건확인품목은 HS(Harmonized Commodity Description and Coding System)에 따라 분류하여 지정함을 원칙으로 한다. 다만, 무역정책 목적 및 해당 법령의 목

36) 대외무역법 제12조 및 통합공고 제3조 제2항.
37) 통합공고 제1조.
38) 대외무역법 제6조 및 통합공고 제3조 제3항.
39) 통합공고 제3조 제4항.
40) 통합공고에 대한 자세한 내용은 종합법령정보(www.law.go.kr/행정규칙/통합공고) 참조.

적 수행상 필요에 의해 세분류하여 표기할 수 있다. 통합공고상의 요건확인품목으로 게기되지 아니한 물품 또는 대상품목의 지정이 용도기준으로 된 경우에 당해용도 이외의 물품은 제8조에 별도로 정한 물품(마약 및 향정신의약품, 대마 원료물질, 식품류, 건강기능식품, 보호문화재, 방산물자, 농약, 화학물질, 농수축산물, 검역대상물품, 국제적 멸종위기종 등), 대외무역관리규정 및 수출입공고 등에서 다른 규정이 없는 한 요건확인의 절차를 거치지 아니한다. 다만, 요건확인 대상물품의 지정이 용도기준인지 여부가 불명확한 경우에는 산업통상자원부장관이 주무부처의 장 및 관세청장과 협의하여 결정한다.

품목별 수출입 요령이 요건확인품목의 용도기준에 의한 분류 또는 물품의 소관에 따라 주무부처의 장의 확인을 받아 수입할 수 있도록 한 경우에 "주무부처의 장"이라 함은 해당 수출입 물품을 사용 또는 수요하는 업체와 가장 관련이 있는 관계 행정기관으로 한다. 다만, 동 기관은 해당 수출입물품과 동일 또는 유사물품을 공급하는 업체와 가장 관련이 많은 관계 행정기관에 해당 수출입 물품의 요건확인 실적을 통보하여야 한다.

통합공고상의 수출입요령에서 정한 요건확인의 내용과 수출입공고와 전략물자 수출입고시 등의 제한내용이 동시에 적용될 경우에는 통합공고에서 정한 요건확인의 내용과 타 공고의 제한내용이 모두 충족되어야만 수출입이 가능하다.[41]

요건확인품목의 수출입을 위해 요건확인기관에 제출할 서류는 다음과 같다. 다만, 무역정책상 필요에 의해 전부 또는 일부를 전자문서로 제출할 수 있으며, 일부를 추가하거나 생략할 수 있다.

공통구비서류	관련 법령에 따른 서류
1. 수출입 요건확인 신청서 또는 표준통관예정보고서 각 3부 2. 수입계약서 또는 물품매도확약서 사본 1부(수입의 경우) 3. 수출신용장 또는 수출계약서 사본 1부(수출의 경우) 4. 수출입 대행계약서 사본 1부(수출입 대행시에 한함)	1. 해당 품목에 적용되는 법령 및 이 고시의 품목별 수출입요령에 게기된 요건 및 절차에 관련된 서류 등

41) 통합공고 제7조.

다만, 통합공고상의 요건확인품목이라도 ① 외화획득용 원료·기재의 수입물품, ② 중계무역물품, 외국인수수입물품, 외국인도수출물품, 선(기)용품, ③ 대외무역법시행령 제19조에 의한 수출입승인 면제물품, ④ 64개 법령에서 요건확인 면제사유에 해당하는 경우에는 통합공고에서 정한 요건 및 절차를 거치지 않고 수출입할 수 있다. 이러한 경우 [별지 제1호 서식] 요건면제수입확인(신청)서[업체용, 요건면제확인기관용, 세관용 및 사본(신청자가 신청한 경우에 한함)]를 작성하여 확인을 받아야 한다.

요건면제조건이 수출용인 물품을 수입하고자 하는 자는 [별지 제1호 서식]에 의한 요건면제수입확인신청서에 요건면제확인기관의 장의 확인을 받아야 한다. 그리고 수출용 이외의 요건면제물품을 수입하고자 하는 자는 [별지 제1호 서식]에 의한 요건면제수입확인신청서에 수입계약서 또는 물품매도확약서와 요건면제사유에 해당함을 증명할 수 있는 서류를 첨부하여 요건면제확인기관의 장에게 신청하여야 한다.

요건면제확인기관의 장은 요건면제수입확인 신청이 요건면제사유에 해당하는 경우 [별지 제1호 서식]에 의한 요건면제수입확인서를 발급하여야 한다. 수입물품을 분할하여 통관하고자 하는 경우에는 세관용 요건면제수입확인서를 분할하여 발급할 수 있고, 수출용 원자재의 것으로 동일회사, 동일제품 등을 반복적으로 수입하는 경우에는 요건면제수입확인서를 일괄적으로 발급할 수 있다.

요건면제수입확인의 유효기간은 1년으로 한다. 다만, 물품의 선적·도착기일, 제조·가공기간 및 기타사유를 고려하여 요건면제확인기관의 장이 필요하다고 인정하는 경우에는 1년의 범위 내에서 이를 연장할 수 있다. 그리고 하나의 수입에 대하여 2 이상의 요건면제확인을 얻어야 하는 경우 각각의 요건면제수입확인은 상호 독립적으로 얻어야 한다.

만약 요건면제수입확인 사항 중 수입당사자, 수량, 규격, 용도, 승인조건 등이 변경될 경우,[42] 요건면제수입확인사항을 변경하고자 하는 자는 당초 확인을 받은 요건면제수입확인서와 함께 변경사실을 증명하는 서류를 첨부하여 요건면제확인기관의 장에게 신청하여야 한다. 요건면제수입의 변경확인 신청은 당초 확인의 유효기간 내에 하여야 한다. 다만, 수입 대금을 지불하고 선적서류를 인수한 후에 요건면제수입확인사항을 변경하고자 하는 때에는 당초 확인의 유효기간이 경과한 후에도 변경확인 신청을 할 수 있다. 요건면제수입확인사항의 변경은 당초 확인한 기관의 장이 이

42) 요건면제확인기관의 장은 당해 요건확인제도의 운영목적을 감안하여 이러한 변경 사유 외에도 추가로 변경확인을 받도록 하거나 이러한 사유에 해당하더라도 변경 확인을 면제할 수 있다.

를 확인하고 별도의 법령에 의한 규정이 없으면 사후관리까지 이행한다.

요건면제수입물품의 사후관리기관의 장은 다음의 규정에 따라 요건면제수입물품에 대하여 사후 관리하여야 한다.

① 요건면제조건이 수출용인 경우 대응수출의무 이행 여부
② 요건면제조건이 특정용도사용인 경우 그 용도에 사용되었는지 여부
③ 특정업소에 공급하는 것이 요건면제의 조건인 경우 그 업소에 공급하였는지 여부

또한 사후관리기관의 장은 관련 법령에 규정된 것으로서 상기 이외의 요건면제조건에 대하여도 당해 요건확인제도의 실효성 확보를 위하여 필요한 경우에는 사후확인 할 수 있다.

요건면제수입물품을 수입한 자는 요건면제조건을 이행하고 이를 입증할 수 있는 다음의 서류를 당해 사후관리기관의 장에게 제출하여야 한다.

① 수출신고필증 또는 수출사실을 확인할 수 있는 서류 사본 및 소요량계산서 각 1부
② 특정용도 사용이 요건면제조건인 경우 그 용도에 사용되었음을 확인할 수 있는 서류 사본 1부
③ 특정 업소에 공급하는 것이 요건면제의 조건인 경우 그 업소에 공급되었음을 확인할 수 있는 서류 사본 1부

상기 확인서류를 제출함에 있어 요건면제확인과 관련된 사후관리기관이 2 이상인 때에는 각각의 사후관리기관의 장에게 해당 서류를 제출하여야 한다.

다만, 사후관리기관의 장은 다음에 해당하는 경우 수출용을 요건면제조건으로 수입된 물품에 대한 사후관리를 하지 않을 수 있다.

① 품목별 수출이행의무의 미이행율이 10%(다만, 수산물의 경우 3%) 이하인 경우
② 수출이행 의무자의 분기별 미이행율이 10%(다만, 수산물의 경우 3%)이하이고 그 미이행금액이 미화 2만 달러(다만, 수산물의 경우 미화 1천 달러) 상당액 이하인 경우
③ 수출이행의무자에게 책임이 없는 사유로 수출을 이행하지 못한 경우로서 다음의 사유에 해당하는 것
   가. 화재나 천재지변으로 인하여 수출이행이 불가능하게 된 경우
   나. 기술혁신이나 유행의 경과로 새로운 제품이 개발되어 수출품의 생산에 사용할 수 없는 경우

다. 수입 원료가 형질이 변화되어 수출물품의 생산에 사용할 수 없게 된 경우

라. 기타 수입 또는 양수한 자에게 책임을 돌릴 수 없는 사유로 수출할 수 없는 경우로서 사후관리기관의 장이 인정하는 경우

요건면제조건이 수출용 물품인 경우, 그 물품을 수입한 자는 양수자가 수출용을 사용할 경우에 한하여 양도할 수 있으며, 이때 양수·도계약서를 첨부하여 사후관리기관의 장에게 신고하여야 한다.

요건면제물품이 관세법 제226조[43]의 규정에 의한 세관장 확인물품 및 확인방법 지정 고시에 규정된 물품인 경우 수입자는 요건면제수입확인서를 제출하고 통관하여야 하고, 수입자는 7일 이내에 사후관리기관의 장에게 수입신고필증 사본을 제출하여야 한다. 다만, 요건면제물품의 수입건수가 다수인 경우에는 매월단위로 신고할 수 있으며 요건면제물품의 통관내역을 전산으로 확인할 수 있는 경우에는 신고를 면제할 수 있다.

요건면제물품을 수입한 자 또는 요건면제물품을 양도 받은 자는 2년(다만, 수산물의 경우는 1년 6월) 이내에 요건면제조건을 이행하여야 한다. 다만, 다음에 해당하는 경우에는 사후관리기관의 장이 1년(다만, 수산물의 경우는 6월)의 범위 내에서 요건면제조건 이행 기간을 연장할 수 있다.

① 생산에 장기간이 소요되는 경우

② 제품생산을 위탁한 경우 수탁자의 도산 등으로 인하여 제품생산이 지연되는 경우

③ 요건면제조건 이행의무자의 책임 있는 사유가 없이 신용장 또는 수출계약이 취소된 경우

④ 기타 부득이한 사유로 기간 내에 요건면제조건의 이행이 불가능다고 사후관리기관의 장이 인정하는 경우

---

43) 제226조(허가·승인 등의 증명 및 확인)

① 수출입을 할 때 법령에서 정하는 바에 따라 허가·승인·표시 또는 그 밖의 조건을 갖출 필요가 있는 물품은 세관장에게 그 허가·승인·표시 또는 그 밖의 조건을 갖춘 것임을 증명하여야 한다.

② 통관을 할 때 제1항의 구비조건에 대한 세관장의 확인이 필요한 수출입물품에 대하여는 다른 법령에도 불구하고 그 물품과 확인방법, 확인절차, 그 밖에 필요한 사항을 대통령령으로 정하는 바에 따라 미리 공고하여야 한다.

③ 제1항에 따른 증명에 관하여는 제245조 제2항을 준용한다.

만약, 요건면제조건 이행 기간을 연장하고자 하는 자는 상기의 사실을 입증할 수 있는 서류를 구비하여 사후관리기관의 장에게 신청하여야 한다.

사후관리기관의 장은 요건면제조건 이행의무자별로 요건면제조건의 이행사항을 내용별로 확인하고 그 결과를 정리하여야 하는데, 만약 요건면제조건을 미이행할 경우 미이행자에게 이행만기일 경과 후 20일 이내에 미이행내역을 통보하여야 한다. 사후관리기관의 장은 요건면제조건 미이행자에 대하여 당해 법령에 규정된 제재조치를 취하도록 관련 기관의 장에게 직접 요청하거나 소속 중앙행정기관의 장에게 보고하여 제재조치를 취할 것을 요청할 수 있는데, 제재조치를 요청하기 전에 요건면제조건 미이행자에 대하여 의견진술의 기회를 부여하여야 한다.

그러나 다음의 법에 적용을 받는 물품은 통합공고에서 고시한 요건이나 절차를 거쳐야 수출입할 수 있다.

① 마약류관리에 관한 법률
② 식물방역법
③ 총포·도검·화약류 등 단속법
④ 폐기물의 국가 간 이동 및 그 처리에 관한 법률
⑤ 오존층보호를 위한 특정물질의 제조규제 등에 관한 법률
⑥ 가축전염병예방법
⑦ 야생동·식물보호법
⑧ 양곡관리법
⑨ 약사법(식품의약품안전청장이 지정하는 오·남용우려의약품에 한함. 다만, 자가치료 목적으로 처방전을 세관장에 제출하는 경우에는 그러하지 아니함)
⑩ 화학물질관리법
⑪ 화학물질의 등록 및 평가에 관한 법률
⑫ 수입식품안전관리 특별법
⑬ 전기용품안전관리법
⑭ 수산생물질병 관리법
⑮ 생물다양성 보전 및 이용에 관한 법률
⑯ 유전자원법의 접근·이용 및 이익 공유에 관한 법률
⑰ 폐기물 관리법
⑱ 전기·전자제품 및 자동차의 자원순환에 관한 법률

⑲ 방위사업법

⑳ 어린이제품안전특별법

㉑ 위생용품 관리법

㉒ 생활화학제품 및 살생물제의 안전관리에 관한 법률

㉓ 첨단재생의료 및 첨단바이오의약품 안전 및 지원에 관한 법률

4 전략물자 수출입고시

전략물자는 산업통상자원부장관은 관계 행정기관의 장과 협의하여 대통령령으로 정하는 다자간 국제수출통제체제의 원칙에 따라 국제평화 및 안전유지와 국가안보를 위하여 수출허가 등 제한이 필요한 물품 등(대통령령으로 정하는 기술 포함)을 지정하여 고시하여야 한다.[44] 이와 같이 전략물자로 지정·고시된 물품 등을 수출하려는 자는 대통령령으로 정하는 바에 따라 산업통상자원부장관이나 관계 행정기관의 장의 허가를 받아야 수출입할 수 있다. 전략물자에 관한 자세한 사항은 전략물자 수출입에서 다루고자 한다.

44) 대외무역법 제19조.

통합공고 【별지 제1호 서식】

요건면제수입확인(신청)서
Requirement Exemption Import Certification(Application) Form

처리기간 : 1일 Handling Time : 1 Day

① 수입자 (Importer) 무역업신고번호 (Notification No.) 상호, 주소, 성명 (Name of Firm, Address, Name of Rep.) (서명 또는 인) (Signature)	⑥ 송화인 (Consignor) 상호, 주소, 성명 (Name of Firm, Address, Name of Rep.)
② 위탁자 (Requester) 사업자등록번호 (Business No.) 상호, 주소, 성명 (Name of Firm, Address, Name of Representative) (서명 또는 인) (Signature)	⑦ 금액 (Total Amount) ⑧ 결제기간(Period of Payment)
③ 원산지(Origin) ④ 선적항(Port of Loading)	⑨ 가격조건(Terms of Price)
⑤ 사후관리 기관명	

⑩ HS부호 (HS Code)	⑪ 품명 및 규격 (Description/Size)	⑫ 단위 및 수량 (Unit/Quantity)	⑬ 단 가 (Unit Price)	⑭ 금 액 (Amount)

⑮ 면제조건(Condition of Exemption)
⑯ 유효기간(Period of Validity)
⑰ 면제번호(Exemption No.)

통합공고 제13조제3항의 규정에 의하여 위의 신청사항은 요건이 면제되는 수입임을 확인합니다.
(In accordance with the provision of paragraph 3 of articles 12-4 of Consolidated Public Notice for Export & Import the undersigned hereby certifies that the requirement for above-mentioned goods is exempted.)

년 월 일

요 건 면 제 확 인 기 관 장 (인)

※ 이 서식은 세관제출용으로 사용할 수 있습니다.

2812-281-08911민 210mm×297mm
'97. 7. 21 승인 일반용지 $60g/m^2$

대 외 무 역 법

CHAPTER 5

수출입승인제도

제 1 절 수출입승인의 의의

1 수출인승인의 의의

물품 등의 수출입과 이에 따른 대금을 받거나 지급하는 것은 대외무역법의 목적의 범위에서 자유롭게 이루어져야 하며, 무역거래자는 대외신용도 확보 등 자유무역질서를 유지하기 위하여 자기 책임으로 그 거래를 성실히 이행하여야 한다.

그러나 산업통상자원부장관은 헌법에 따라 체결·공포된 조약과 일반적으로 승인된 국제법규에 따른 의무의 이행, 생물자원의 보호 등을 위하여 필요하다고 인정하면 물품 등의 수출 또는 수입을 제한하거나 금지할 수 있다. 결국 산업통상자원부장관이 수출입의 제한이나 금지가 필요하다고 인정하는 경우에는 법률에서 정한 승인절차를 밟아야 수출입이 가능하다.

2 수출입승인대상물품

수출입승인대상물품은 헌법에 따라 체결·공포된 조약과 일반적으로 승인된 국제법규에 따른 의무의 이행, 환경 및 생물자원의 보호 등을 위하여 지정하는 다음의 물품 등을 수출입하려는 자는 산업통상자원부장관의 승인을 받아야 한다.[1]

① 헌법에 따라 체결·공포된 조약이나 일반적으로 승인된 국제법규에 따른 의무를 이행하기 위하여 산업통상자원부장관이 지정·고시하는 물품 등

② 생물자원을 보호하기 위하여 산업통상자원부장관이 지정·고시하는 물품 등

③ 교역상대국과의 경제협력을 증진하기 위하여 산업통상자원부장관이 지정·고시하는 물품 등

④ 방위산업용 원료·기재, 항공기 및 그 부분품, 그 밖에 원활한 물자 수급과 과학기술의 발전 및 통상·산업정책상 필요하다고 인정하여 산업통상자원부장관이 해당 품목을 관장하는 관계 행정기관의 장과 협의를 거쳐서 지정·고시하는 물품 등

다만, 중계무역물품, 외국인수수입물품, 외국인도수출물품, 선용품은 제외한다.[2)]

대외무역법에서 고시하는 수출입공고상의 수출입승인대상물품과 개별행정법에서 무역과 관련된 사항을 산업통상자원부에서 함께 고시되는 통합공고상의 수출입요건확인대상에 관한 전반적인 체계는 다음의 〈그림 5-1〉을 보면 알 수 있다.

그림 5-1 수출입승인 및 요건확인 물품[3)]

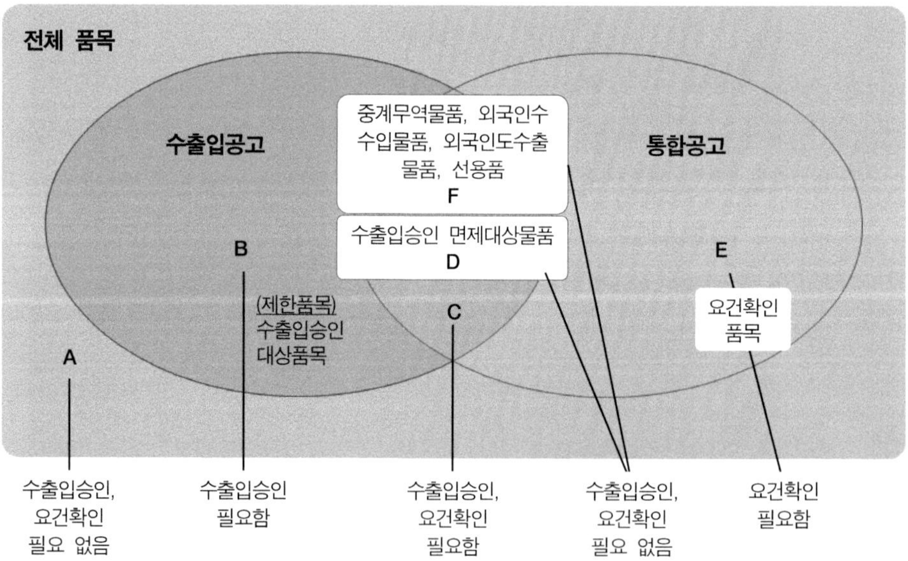

1) 대외무역법 제11조 제2항, 시행령 제16조, 제17조.

2) 관리규정 제9조.

3) 전순환, 전게서, p.118.

즉, 전체 수출입품목(A)에서 수출입이 제한되는 수출입공고 고시품목(B)은 수출입 요령에 따라 관계기관의 승인이 요구되고, 통합공고 고시품목(E)은 요건확인을 받아야 하며, 수출입공고 및 통합공고에 모두 고시된 품목(C)은 수출입승인과 요건확인 모두 충족해야 한다. 그러나 특정 조건에 부합될 경우 양 공고상의 고시품목이라고 하더라도 수출입승인과 요건확인이 면제될 수 있다.

3 수출입승인대상 지정 및 공고

산업통상자원부장관은 필요하다고 인정하면 승인대상 물품 등의 품목별 수량·금액·규격 및 수출 또는 수입지역 등을 한정할 수 있다.[4] 이 경우, 산업통상자원부장관은 제한·금지, 승인, 승인의 유효기간 설정 및 연장, 신고, 한정 및 그 절차 등을 정한 경우에는 이를 공고하여야 한다.[5]

4 수출입승인의 갈음

전략물자의 수출허가 또는 플랜트수출의 승인을 받은 자는 수출승인을 받은 것으로 본다.[6]

5 수출입승인기관

수출입승인은 산업통상자원부장관의 권한이지만, 산업통상자원부장관의 권한의 일부를 대통령령이 정하는 바에 따라 관련 기관에 위임 또는 위탁할 수 있기 때문에 산업통상자원부장관은 수출입승인 대상물품 등에 대한 수출 또는 수입의 승인, 변경승인 및 변경사항 신고의 수리에 관한 권한 등을 산업통상자원부장관이 지정하여 고시하는 관계 행정기관 또는 단체의 장, 즉 수출입공고에서 산업통상자원부장관이 지정·고시한 기관·단체의 장에게 위탁하고 있다.[7]

---

4) 대외무역법 제11조 제6항.
5) 대외무역법 제11조 제7항.
6) 대외무역법 제11조 제8항.
7) 시행령 제91조 제7항 및 관리규정 제8조.

이러한 수출입승인기관의 장은 연간 수출입실적을 별지 서식에 의거하여 해당연도 경과 후 15일 이내에 산업통상자원부장관에게 보고하여야 한다.[8)]

제 2 절 수출입승인의 절차

1 수출입승인의 신청과 발급

1) 수출입승인 신청

물품 등의 수출 또는 수입의 승인을 받고자 하는 자는 다음의 서류를 구비하여 수출입승인기관의 장에게 신청하여야 한다.

① 수출입승인신청서
② 수출계약서 또는 주문서, 수출신용장(수출의 경우)
③ 수입계약서 또는 물품 등 매도확약서(수입의 경우)
④ 수출 또는 수입대행계약서(공급자와 수출자가 다른 경우 및 실수요자와 수입자가 다른 경우)
⑤ 수출입공고에서 규정한 요건을 충족하는 서류(단, 해당 승인기관에서 승인요건의 충족 여부를 확인할 수 있는 경우 제외)

2) 수출입승인

상기와 같은 서류를 구비하여 신청을 접수한 경우 수출입승인기관의 장은 수출입승인 요건에 합당한 경우 수출입승인서를 발급하여야 한다. 수출입승인서는 수출입물품 등을 분할하여 발급할 수 있다.

하나의 수출 또는 수입에 대하여 동시에 두 개 이상의 승인을 받아야 하는 경우 각각의 승인은 상호 독립적으로 받아야 한다. 이 경우 두 번째 이후의 승인은 수출입승인서상의 여백에 승인사항을 표시하면 된다.[9)]

---

8) 수출입공고 제9조.
9) 관리규정 제13조.

3) 수출입승인의 유효기간

수출입승인의 유효기간은 1년으로 한다. 다만, 산업통상자원부장관은 국내의 물가 안정, 수급조정, 물품 등의 인도조건, 그 밖에 거래의 특성에 따라 필요하다고 인정하는 다음 중 하나에 해당할 경우 1년 이내 또는 20년의 범위 내에서 유효기간을 단축 또는 초과하여 설정할 수 있다.

① 산업통상자원부장관이 물가 안정 또는 수급 조정을 위하여 1년 이내로 유효기간의 단축이 필요하다고 인정하는 경우
② 물품 등의 제조·가공기간이 1년을 초과하는 경우 등 물품 등의 선적 또는 도착기일을 감안하여 1년 이내에 물품 등의 선적이나 도착이 어려울 것으로 수출입승인기관의 장이 인정하는 경우
③ 수출입이 혼합된 거래로서 수출입 승인기관의 장이 부득이하다고 인정하는 경우

2 수출입승인 사항의 변경

1) 수출입승인 사항의 변경대상

수출입승인을 받은 자가 그 승인받은 사항 중 대통령령으로 정한 중요한 사항을 변경하려면 산업통상자원부장관의 변경승인을 받아야 하고, 경미한 사항을 변경하는 경우에는 산업통상자원부장관에게 신고하여야 한다.[10)]

(1) 변경승인대상

수출입승인을 받은 사항 중 대통령령으로 정하는 사항인 ① 물품 등의 수량·가격, ② 수출 또는 수입의 당사자에 관한 사항(당사자의 변경은 파산 등 불가피한 경우에 신청한 것일 것)을 변경하려는 자는 당초 승인기관의 장으로부터 변경승인을 받아야 한다.

(2) 변경신고대상

수출입승인을 받은 자가 승인내용 중 ① 원산지, ② 도착항(수출의 경우에만 해당), ③ 규격, ④ 수출입 물품 등의 용도(수출입승인 용도가 지정된 경우에만 해당),

---

10) 대외무역법 제11조 제3항.

⑤ 승인조건에 대한 사항을 변경하고자 할 경우 당초 승인한 기관의 장에게 변경신고를 하여야 한다.

2) 수출입승인사항의 변경승인신청11)

수출입승인사항을 변경하고자 하는 자는 당초 승인을 받은 '수출입승인서' 또는 '수출입승인 사항 변경승인·신고신청서'와 변경사실을 증명하는 서류를 구비하여 수출입승인 사항의 변경승인기관의 장에게 수출입승인의 유효기간 내에 신청하여야 한다. 다만, 수입의 경우로서 수입대금을 지급하고 선적서류를 인수한 후에 수입승인 사항을 변경하려는 경우에는 수입승인의 유효기간 경과 후에도 변경승인·신고를 신청할 수 있다.

3) 수출입승인사항의 확인

수출입승인 사항의 변경승인기관의 장은 수출입승인 사항을 변경하려는 경우에는 다음의 요건에 합당한 지를 확인하여야 하고, 수출입승인 사항에 관하여 변경신고가 있는 경우 이를 확인한 후 신고를 수리하여야 한다.12)

① 수출입승인을 받은 후에 수출입공고에서 수출입을 제한하는 사항이 추가된 품목으로서 관계 기관의 장의 허가 등을 추가로 요하는 품목일 때에는 그 허가 등을 받았을 것

② 수출물품 등의 단가를 인하하거나 수입물품 등의 단가를 인상하는 내용의 수출 또는 수입승인 사항의 변경은 다음의 어느 하나에 해당하는 경우일 것

가. 거래상대방의 파산 또는 지급거절 등이 현지의 거래은행, 상공회의소 또는 공공기관에 의하여 객관적으로 확인되는 경우에 수출물품 등을 제3자에게 전매하는 경우

나. 물품 등의 성질과 국제거래관행상 승인 시점에 단가를 확정할 수 없는 경우

다. 그 밖에 급격한 시장상황의 변화 등 변경사유가 불가피하다고 인정되는 경우

③ 변경하려는 내용이 수출신용장, 수출입계약서, 주문서, 물품 등 매도확약서 등에 명시되어 있을 것. 다만, 수출신용장 등에 명시를 요하지 아니하는 경미한 사항일 경우에는 그러하지 아니하다.

---

11) 관리규정 제17조.

12) 관리규정 제18조 제1항 및 제2항.

④ 수출대상국가의 변경은 수출제한 사유 등을 고려할 때 타국으로 변경하여도 지장이 없을 것

4) 통보

수입의 경우 수입승인의 유효기간 경과 후, 승인기관의 장이 변경승인·신고수리한 때에는 그 변경승인·신고사실을 해당 세관장에게 알려야 한다.[13]

3 수출입승인의 위반에 대한 벌칙

수출입승인대상물품 등을 승인 또는 변경승인을 받지 아니하거나 또는 거짓이나 그 밖의 부정한 방법으로 수출입의 승인 또는 변경승인을 받거나 그 승인 또는 변경승인을 면제받고 물품 등을 수출하거나 수입한 자는 3년 이하의 징역 또는 3천만 원 이하의 벌금에 처한다.[14]

제 3 절 수출입승인의 면제

1 수출입승인면제의 의의

물품 등의 수출입은 원칙적으로 자유롭게 할 수 있지만, 수출입공고 등에서 수출입을 제한시킨 물품 등에 대해서는 수출입승인을 받아야 수출입이 가능하다. 그러나 긴급히 처리하여야 하는 물품 등과 그 밖에 수출 또는 수입 절차를 간소화하기 위한 물품 등으로서 대통령령으로 정하는 기준에 해당하는 물품 등의 수출입은 수출입승인을 면제할 수 있다.[15]

대외무역법은 그 기본적인 목적을 벗어나지 않는 범위에서 특정한 목적을 달성하기 위한 수출입거래에 대하여는 예외적으로 수출입승인을 면제하여 신속하면서 원활한

13) 관리규정 제17조 제2항 및 제3항.
14) 대외무역법 제54조 제2호 및 제3호.
15) 대외무역법 제11조 제2항.

거래가 이루어지도록 하고 있다. 따라서 수출입승인 면제대상은 수출입승인대상물품이라 하더라도 수출입 통관시 수출입승인면제대상에 해당함을 입증할 수 있는 서류를 제출하여 통관을 진행하게 된다.

통합공고상 요건확인 품목이지만 수출입승인면제대상에 해당될 경우 통합공고에서 정하고 있는 별도의 요건을 충족하지 않고 수출입할 수 있다.[16] 수출입공고에서는 극히 일부에 불과한 물품만을 수출승인대상물품으로 지정·고시하고 있으므로 그 일부에 대하여 승인을 면제한다는 규정은 큰 의미가 없다고 할 수 있지만 통합공고에서는 상당수에 해당하는 요건확인품목에 대해 수출입승인면제대상에 해당하는 경우 그 요건확인을 면제한다는 점에서 그 의미가 크다고 할 수 있는 것이다.[17]

2 수출입승인의 면제 대상

다음의 하나에 해당하는 물품 등을 수출입할 경우 수출입승인을 면제받을 수 있다.[18]

① 산업통상자원부장관이 정하여 고시하는 물품 등으로서 외교관이나 그 밖에 산업통상자원부장관이 정하는 자가 출국하거나 입국하는 경우에 휴대하거나 세관에 신고하고 송부하는 물품 등

② 다음의 어느 하나에 해당하는 물품 등 중 산업통상자원부장관이 관계 행정기관의 장과의 협의를 거쳐 고시하는 물품 등

가. 긴급히 처리하여야 하는 물품 등으로서 정상적인 수출·수입 절차를 밟아 수출·수입하기에 적합하지 아니한 물품 등

나. 무역거래를 원활하게 하기 위하여 주된 수출 또는 수입에 부수된 거래로서 수출·수입하는 물품 등

다. 주된 사업 목적을 달성하기 위하여 부수적으로 수출·수입하는 물품 등

16) 통합공고 제12조 요건확인 면제대상은 다음과 같다. 1. 외화획득용 원료·기재의 수입물품 2. 중계무역물품, 외국인수수입물품, 외국인도수출물품, 선(기)용품, 3. 대외무역법시행령 제19조의 규정에 의한 사유에 해당하는 경우, 4. 64개의 해당 법령에서 요건확인 면제 사유에 해당하는 경우

17) 전순환, 전게서, p.131.

18) 시행령 제19조.

라. 무상(無償)으로 수출·수입하여 무상으로 수입·수출하거나, 무상으로 수입·수출할 목적으로 수출·수입하는 것으로서 사업 목적을 달성하기 위하여 부득이하다고 인정되는 물품 등

마. 산업통상자원부장관이 정하여 고시하는 지역에 수출하거나 산업통상자원부장관이 정하여 고시하는 지역으로부터 수입하는 물품 등

바. 공공성을 가지는 물품 등이거나 이에 준하는 용도로 사용하기 위한 물품 등으로서 따로 수출·수입을 관리할 필요가 없는 물품 등

사. 그 밖에 상행위 이외의 목적으로 수출·수입하는 물품 등

③ 외국환 거래 없이 수입하는 물품 등으로서 산업통상자원부장관이 정하여 고시하는 기준에 해당하는 물품 등(이 경우 세관장은 과세가격이 500만 원을 초과하는 수입에 대하여 수입승인서의 제출을 요구할 수 있음)[19]

④ 「해외이주법」에 따른 해외이주자가 해외이주를 위하여 반출하는 원자재, 시설재 및 장비로서 외교통상부장관이나 외교통상부장관이 지정하는 기관의 장이 인정하는 물품 등

이와 같이 기본적인 면제대상에 대한 기준을 마련하고 있으며, 관리규정 〈별표 3〉과 〈별표 4〉에 수출승인면제대상 범위와 수입승인면제대상 범위를 상세히 고시하고 있다.

19) 관리규정 제20조.

[별지 제3호 서식]

수출승인(신청)서
Export License(Application)

처리기간 : 1일 Handling Time : 1 Day

① 수출자 (Exporter) 무역업고유번호 (Trade Business Code) 상호, 주소, 성명 (Name of Firm, Address, Name of Rep.) (서명 또는 인) (Signature)	④ 구매자 또는 계약당사자 (Buyer or Principal of Contract) ⑤ 신용장 또는 계약서 번호(L/C or Contract No.)
② 위탁자 (Requester) 사업자등록번호 (Business No.) 상호, 주소, 성명 (Name of Firm, Address, Name of Rep.) (서명 또는 인) (Signature)	⑥ 금액(Total Amount) ⑦ 결제기간(Period of Payment) ⑧ 가격조건(Terms of Payment)
③ 원산지(Origin)	⑨ 도착항 (Port of Dispatch)

⑩ HS 부호 (HS Code)	⑪ 품명 및 규격 (Description/Size)	⑫ 단위 및 수량 (Unit / Quantity)	⑬ 단 가 (Unit Price)	⑭ 금 액 (Amount)

⑮ 승인기관 기재란(Remarks to be filled out by an Approval Agency)

⑯ 유효기간(Period of Approval)

⑰승인번호(Approval No.)

⑱ 승인기관 관리번호(No. of an Approval Agency)

⑲ 위의 신청사항을 「대외무역법」 제11조제2항 및 동법 시행령 제18조제1항에 따라 승인합니다.
(The undersigned hereby approves the above-mentioned goods in accordance with Article 11(2) of the Foreign Trade Act and Article 18(1) of the Enforcement Decree of the said Act.)

년 월 일

승인권자 (인)

※승인기관이 둘 이상인 경우 ⑮ – ⑱의 기재사항은 이면에 기재하도록 합니다.
※이 서식에 의한 승인과는 별도로 대금결제에 관한 사항에 대하여는 외국환거래법령이 정하는 바에 따라야 합니다.

2812-281-01611민 210㎜ × 297㎜
'98.1.12. 승인 일반용지 60g/㎡

[별지 제4호 서식]

수입승인(신청)서
Import License(Application)

처리기간 : 1일 Handling Time : 1 Day

<table>
<tr><td>① 수입자 (Importer) 무역업고유번호 (Trade Business Code)

상호, 주소, 성명
(Name of Firm, Address, Name of Rep.)

(서명 또는 인)
(Signature)</td><td colspan="3">⑤ 송하인(Consignor)

상호, 주소, 성명
(Name of Firm, Address, Name of Rep.)</td></tr>
<tr><td rowspan="3">② 위탁자 (Requester) 사업자등록번호 (Business No.)

상호, 주소, 성명
(Name of Firm, Address, Name of Rep.)

(서명 또는 인)
(Signature)</td><td colspan="3">⑥ 금액(Total Amount)</td></tr>
<tr><td colspan="3">⑦ 결제기간(Period of Payment)</td></tr>
<tr><td colspan="3">⑧ 가격조건(Terms of Payment)</td></tr>
<tr><td>③ 원산지(Origin)</td><td colspan="3">④ 선적항(Port of Loading)</td></tr>
<tr><td>⑨ HS부호 (HS Code)   ⑩ 품명 및 규격 (Description/Size)</td><td>⑪ 단위 및 수량 (Unit/Quantity)</td><td>⑫ 단 가 (Unit Price)</td><td>⑬ 금 액 (Amount)</td></tr>
<tr><td colspan="4">⑭ 승인기관 기재란(Remarks to be filled out by an Approval Agency)</td></tr>
<tr><td colspan="4">⑮ 유효기간(Period of Approval)</td></tr>
<tr><td colspan="4">⑯ 승인번호(Approval No.)</td></tr>
<tr><td colspan="4">⑰ 승인기관 관리번호(No. of an Approval Agency)</td></tr>
<tr><td colspan="4">⑱ 위의 신청사항을 「대외무역법」 제11조제2항 및 동법 시행령 제18조제1항에 따라 승인합니다.
(The undersigned hereby approves the above-mentioned goods in accordance with Article 11(2) of the Foreign Trade Act and Article 18(1) of the Enforcement Decree of the said Act.)

년 월 일
승인권자 (인)</td></tr>
<tr><td colspan="4">※승인기관이 둘 이상인 경우 ⑭ - ⑰의 기재사항은 이면에 기재하도록 합니다.
※이 서식에 의한 승인과는 별도로 대금결제에 관한 사항에 대하여는 외국환거래법령이 정하는 바에 따라야 합니다.</td></tr>
</table>

2812-281-01711민   210㎜ × 297㎜
'98.1.12. 승인   일반용지 60g/㎡

[별지 제5호 서식]

수출입승인(신청)서
Export-Import License(Application)

처리기간 : 1일 Handling Time : 1 Day

① 수출입자 (Ex-Importer) 무역업고유번호 (Trade Business Code) 상호, 주소, 성명 (Name of Firm, Address, Name of Rep.) (서명 또는 인) (Signature)	⑥ 신용장 또는 계약서번호 (L/C or Contract No.)
② 위탁자 (Requester) 사업자등록번호 (Business No.) 상호, 주소, (Name of Firm, Address, Name of Rep.) (서명 또는 인) (Signature)	

	수 출 (Export)	수 입 (Import)		
			수 출 (Export)	⑦ 금 액 (Total Amount)
				⑧ 결제기간 (Period of Payment)
				⑨ 가격조건 (Terms of Payment)
③ 원산지 (Origin)			수 입 (Import)	⑩ 금 액 (Total Amount)
④ 선적항 (Port of Loading)				⑪ 결제기간 (Period of Payment)
⑤ 도착항 (Port of Dispatch)				⑫ 가격조건 (Terms of Payment)

수출물품의 명세

⑬ HS부호 (HS Code)	⑭ 품명 및 규격 (Description/Size)	⑮ 단위 및 수량 (Unit/Quantity)	⑯단 가 (Unit Price)	⑰ 금 액 (Amount)

수입물품의 명세

⑱ HS부호 (HS Code)	⑲ 품명 및 규격 (Description/Size)	⑳ 단위 및 수량 (Unit/Quantity)	㉑ 단 가 (Unit Price)	㉒ 금 액 (Amount)

㉓ 승인기관 기재란(Remarks to be filled out by an Approval Agency)

㉔ 유효기간(Period of Approval)

㉕ 승인번호(Approval No.)

㉖ 승인기관 관리번호(No. of an Approval Agency)

㉗ 위의 신청사항을 「대외무역법」 제11조제2항 및 동법 시행령 제18조제1항에 따라 승인합니다.

(The undersigned hereby approves the above-mentioned goods in accordance with Article 11(2) of the Foreign Trade Act and Article 18(1) of the Enforcement Decree of the said Act.)

년 월 일

승인권자 (인)

※ 승인기관이 둘 이상인 경우 ㉓ - ㉖의 기재사항은 이면에 기재하도록 합니다.

※ 이 서식에 의한 승인과는 별도로 대금결제에 관한 사항에 대하여는 외국환거래법령이 정하는 바에 따라야 합니다.

2812-281-01811민 210㎜ × 297㎜

'98.1.12. 승인 일반용지 60g/㎡

[별지 제9호 서식]

수출입승인사항변경승인·신고(신청)서

처리기간
1 일

① 신청인 (상호, 주소, 성명)	무역업고유번호	② 변경전승인일자
(서명 또는 인)		③ 변경전승인번호
		④ 사후관리기관·단체명
⑤ 변경내용(변경을 요하는 사항만을 기입하십시오)		
변 경 전		변 경 후
⑥ 승인기관기재란		
⑦ 유효기간		
⑧ 승인(신고수리)번호		
⑨ 승인기관 관리번호		

위의 신청사항을 「대외무역법」 제11조제3항 및 동법 시행령 제18조에 따라 승인(신고수리)합니다.

년 월 일

승 인 권 자 (인)

2812-281-02011민
'98.1.12. 승인

210㎜ × 297㎜
일반용지 60g/㎡

대 외 무 역 법

CHAPTER 06

특정거래형태의 수출입

제 1 절 특정거래형태의 수출입의 의의

수출입거래형태는 그 거래의 특성과 거래당사자 간의 합의에 따라 다양하게 발생한다. 무역거래형태에 대해서는 거래당사자의 자유의사에 따라 선택할 수 있지만, 대외무역법에서는 관리할 필요가 있는 특정거래형태를 분류하여 규정하고 있고 이들 거래 중 수출입 인정대상을 구분하고 있다.[1)]

특정거래형태의 수출입이란 산업통상자원부장관이 물품 등의 수출 또는 수입이 원활히 이루어질 수 있도록 해당 거래의 전부 또는 일부가 다음의 어느 하나에 해당하는 수출입 거래 형태로서 산업통상자원부장관이 정하여 고시하는 기준에 해당하는 거래를 말한다.[2)]

① 대외무역법 제11조상의 수출 또는 수입의 제한을 회피할 우려가 있는 거래
② 산업보호에 지장을 초래할 우려가 있는 거래
③ 외국에서 외국으로 물품 등의 이동이 있고, 그 대금의 지급이나 영수가 국내에서 이루어지는 거래로서 대금결제 상황의 확인이 곤란하다고 인정되는 거래
④ 대금결제없이 물품 등의 이동만 이루어지는 거래

1) 승인이란 요건이 충족된 경우에 특정행위를 할 수 있도록 허용해 주는 절차인 반면, 인정이란 요건에 부합하는지 여부를 확인하여 주는 절차라고 할 수 있다(전순환, 전게서, p.158).
2) 시행령 제20조 제1항.

이러한 특정거래형태의 인정절차, 인정의 유효기간, 그 밖에 필요한 사항은 산업통상자원부장관이 정하여 고시하는데, 특정거래 형태를 인정할 때에 새로운 거래 형태의 파악 등을 위하여 필요한 경우에는 관계 행정기관의 장에게 협조를 요청할 수 있다.[3]

현재 특정거래형태로서 분류하고 있는 수출입거래는 ① 위탁판매수출, ② 수탁판매수입, ③ 위탁가공무역, ④ 수탁가공무역, ⑤ 임대수출, ⑥ 임차수입, ⑦ 연계무역, ⑧ 중계무역, ⑨ 외국인수수입, ⑩ 외국인도수출, ⑪ 무환수출입의 11가지의 거래형태를 말한다.[4] 만약 새로운 거래형태가 형성되어 수출입 제한을 면탈할 우려가 있거나 산업보호에 지장을 초래할 우려가 있고 결제상황의 확인이 곤란해서 돈세탁 등 범죄에 이용될 수 있거나 국익에 손상이 발생할 우려가 있는 거래가 감지될 경우 이를 파악하기 위하여 필요한 경우에 산업통상자원부장관은 관계 행정기관의 장에게 협조를 요청할 수도 있다.[5]

제 2 절 특정거래형태의 종류

1 수·위탁판매무역

1) 위탁판매수출

위탁판매수출이란 물품 등을 무환으로 수출하여 당해 물품이 판매된 범위 안에서 대금을 결제하는 계약에 의한 수출이다.

이러한 거래방법은 수출업자가 물품의 소유권을 이전하지 않은 상태에서 외국의 수탁자에게 물품을 송부하여 물품을 판매하도록 위탁한다. 수탁자는 물품을 판매한 대가로 수수료를 지급받으면서 물품의 판매대금과 판매되지 아니한 물품을 위탁자에게 반환한다. 아래 〈그림 6-1〉에서 위탁자의 입장에서 보면 위탁판매수출이 된다.

3) 시행령 제20조 제2항, 제3항.
4) 관리규정 제2조 제4호~14호.
5) 시행령 제20조 제3항.

2) 수탁판매수입

수탁판매수입이란 물품 등을 무환으로 수입하여 당해 물품이 판매된 범위 안에서 대금을 결제하는 계약에 의한 수입이다. 아래 〈그림 6-1〉에서 수탁자의 입장에서 보면 수탁판매수입이 된다.

그림 6-1 수·위탁판매무역

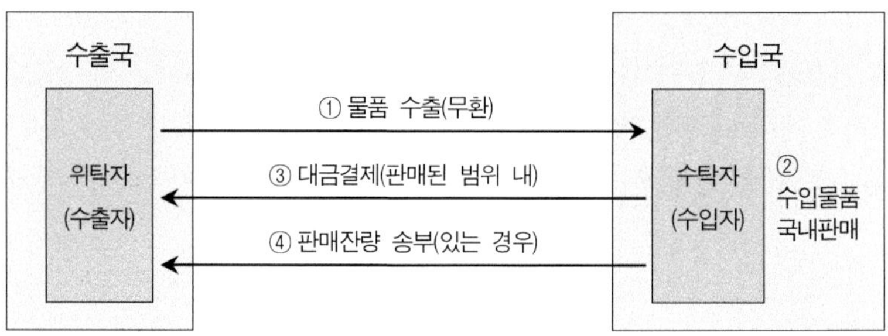

2 수·위탁가공무역

1) 위탁가공무역

위탁가공무역이란 가공임을 지급하는 조건으로 외국에서 가공할 원료의 전부 또는 일부를 거래상대방에게 수출하거나 외국에서 조달하여 이를 가공한 후, 가공물품 등을 수입하거나 외국으로 인도하는 수출입이다.

국내의 임금수준이 높은 나라가 물품의 가격경쟁력을 확보하기 위하여 노임이 싼 나라로 원자재를 무환으로 송부하거나, 외국에서 조달하여 현지에서 가공한 후 재수입하든지 현지에서 판매하는 형태를 말한다. 또한 고도의 기술이 필요한 가공일 경우 기술 수준이 높은 나라에서 가공이 이루어진 후 가공물품을 재수입하거나 외국으로 인도할 수도 있다. 원자재거래가 유환으로 이루어질 때에는 내용상으로는 위탁가공무역이라 할지라도 거래형태상으로는 독립된 수출과 수입으로 이루어진다.

종전에는 원자재를 우리나라에서 수출하거나 제3국에서 조달하는 것으로 제한함으로써 가공국 현지에서 원자재를 조달할 수 있는 방법을 배제하는 결과를 초래하고 있었으나, 제3국으로부터의 원자재 조달을 허용하는 취지라면 현지에서의 원자재 조달을 배제할 이유가 없으므로 '제3국'이라는 표현을 단순히 '외국'으로 변경하였다.

다만, 수출한 원재료와 수입하는 가공제품의 품목분류가 HS 10단위 기준으로 동일한 경우에는 수입관세가 면제되고 있으나, HS 10단위가 변경되거나 외국에서 원재료를 조달하여 가공한 경우에는 수입관세를 부과하고 있다.

2) 수탁가공무역

수탁가공무역이란 가득액을 영수하기 위하여 원자재의 전부 또는 일부를 거래 상대방의 위탁에 의하여 수입하여 이를 가공한 후 위탁자 또는 그가 지정하는 자에게 가공물품 등을 수출하는 거래형태이다.

이는 위탁가공무역과는 반대되는 경우로서 수탁가공국이 임금수준이 낮고 원자재가 부족한 경우에 외국으로부터 원자재를 무환으로 수입하여 이를 가공한 후 가공임을 받고 가공물품을 다시 수출하는 경우에 이루어지는 거래형태이다.

그림 6-2 수·위탁가공무역

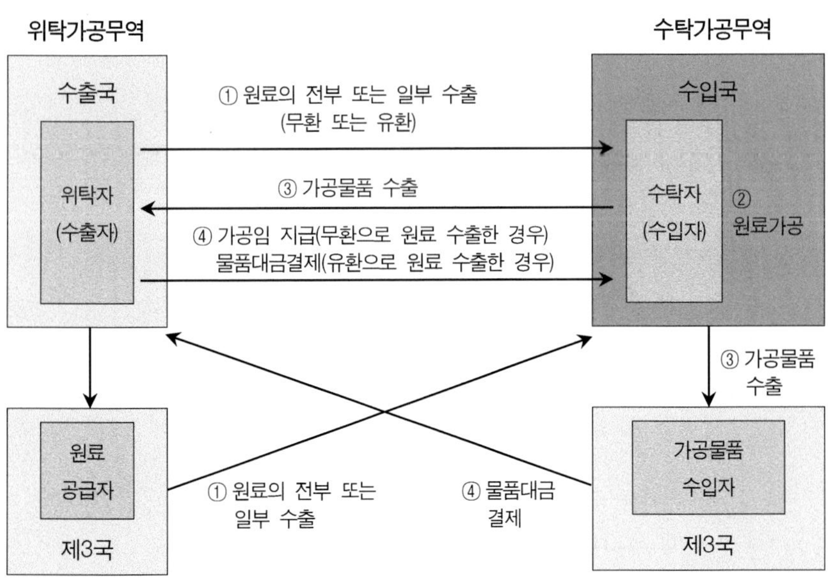

3 임대차수출입

1) 임대수출

임대수출이란 임대계약에 의하여 물품 등을 수출하여 일정기간 후 다시 수입하거나 그 기간의 만료 전 또는 만료 후 당해 물품 등의 소유권을 이전하는 수출이다.

이는 거래상대방이 고가의 기계·설비 등을 구매할 능력이 없는 경우에 임대계약으로 일정 기간 동안 물품을 임대하여 사용하면서 임대료만 지불하는 경우에 사용될 수 있다. 또는 소유권이전을 목적으로 한다면 임대기간 동안 임대료와 함께 물품대금을 분할 상환 하도록 하여 대금상환이 완료되면 소유권을 이전하는 방식으로 물품을 매매할 수도 있다.

사용대차에 의한 수출은 무상으로 물품 등을 대여하고 일정 기간 이후에 다시 물품 등을 반환되는 거래 형태이다. 특수한 관계에 있는 거래당사자 간에 이용될 수 있는 거래이다.

2) 임차수입

임차수입이란 임차계약에 의하여 물품 등을 수입하여 일정기간 후 다시 수출하거나 당해 물품의 소유권을 이전받는 수입이다.

그림 6-3 임대차 수출입

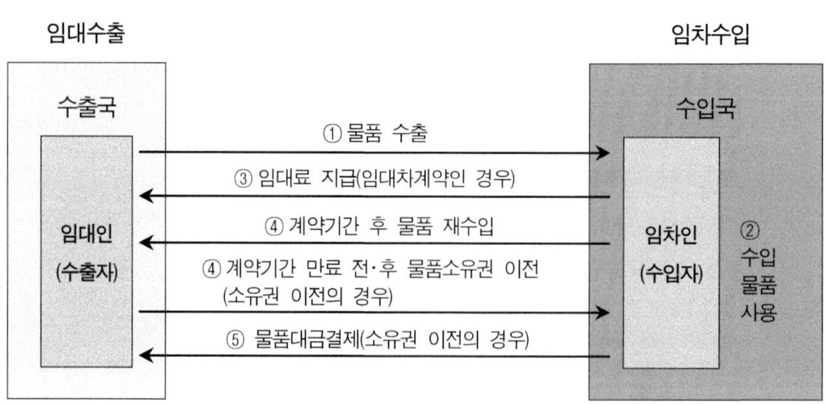

4 연계무역

연계무역이란 수출과 수입이 연계되어 이루어지는 수출입을 말하며, 물물교환(barter trade), 구상무역(compensation trade), 대응구매(counter purchase), 제품 환매(buy back) 등의 형태가 있다.

두 개 이상의 나라에 속하는 무역거래자들이 상호간에 수출과 수입을 연계하여 거래를 하는 형태로서 국가적으로 보면 거래당사국 간에 수출입의 균형을 유지하거나 통상협력의 수단으로 이용할 수 있기 때문에 연계무역에 대해서는 정부가 특별히 정책적으로 관리하는 경우가 많다.

1) 물물교환

물물교환(barter trade)은 수출과 수입거래가 하나의 계약서에 의해 작성되고 환거래의 발생 없이 수출입물품을 상호 교환하는 무역을 말한다. 물물교환방식은 가장 원시적인 거래형태로서 주로 화폐결제능력이 부족한 국가와의 거래에서 많이 이용된다.

그림 6-4 물물교환

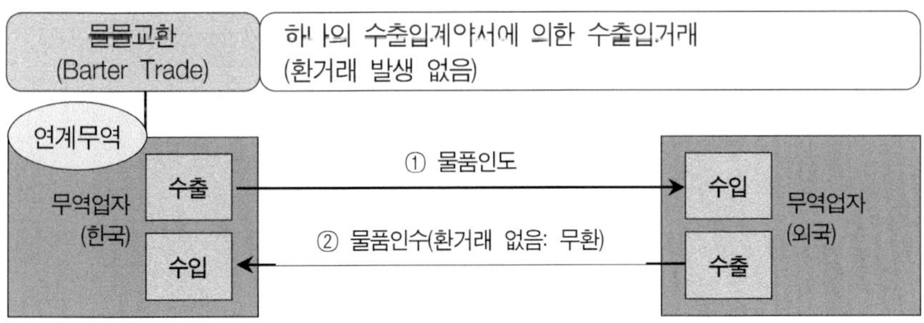

2) 구상무역

구상무역(compensation trade)은 환거래가 수반된 수출입거래가 하나의 계약서에 의해 작성되고 대응수입의무를 제3자에게 전가할 수 있는 거래를 말한다. 구상무역에서 사용하는 대금결제수단으로서는 동시개설신용장(back to back L/C), 기탁

신용장(Escrow L/C), 사후구매보증신용장(Tomas L/C) 등 특수한 신용장을 이용하여 거래하고, 대응수입이행기간은 통상 3년 이내이다. 대응수입의무를 제3국에 전가하는 경우 이를 삼각구상무역(triangular compensation trade)이라고 한다.

그림 6-5 구상무역

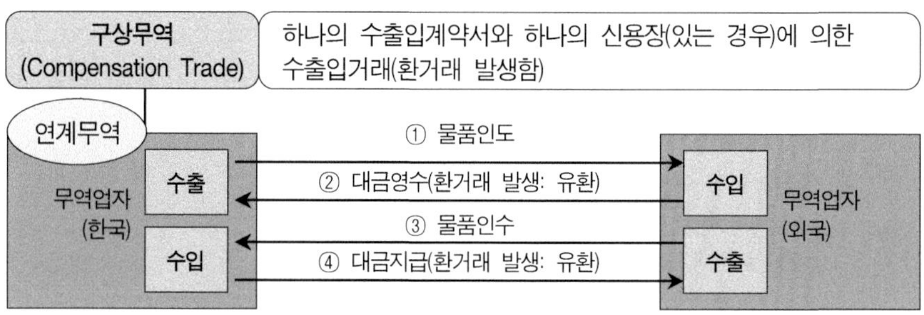

그림 6-6 동시개설신용장

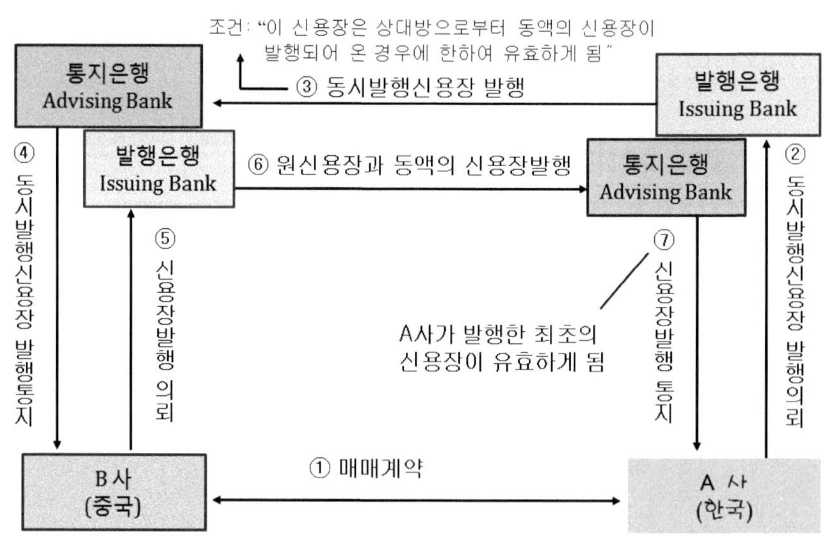

그림 6-7 토마스 신용장

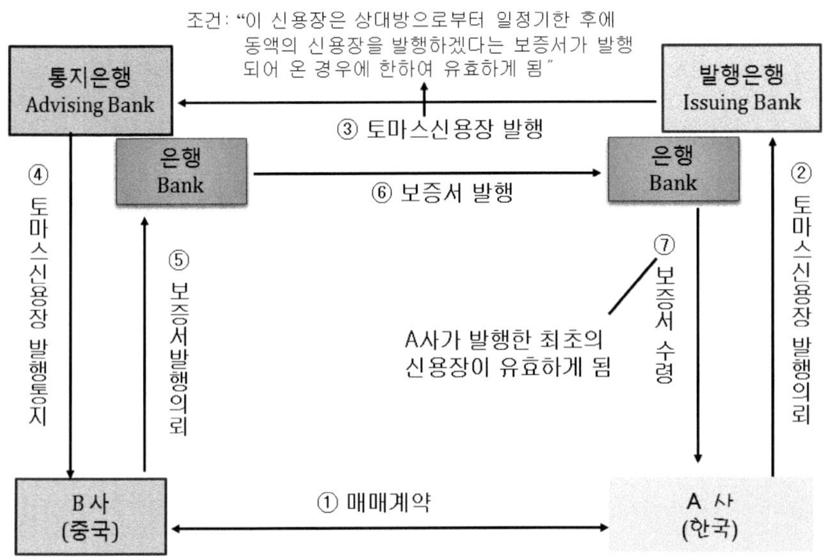

그림 6-8 기탁신용장

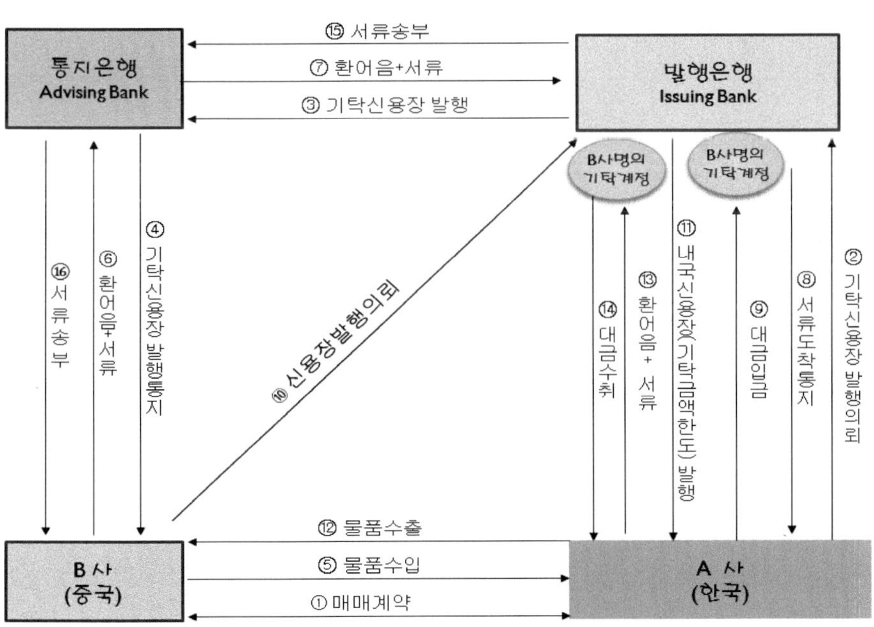

3) 대응구매

대응구매(counter purchase)는 환거래가 수반된 수출과 수입거래가 두 개의 계약서에 의해 작성되므로 형식상 분리된 두 건의 거래이다. 즉 수출액의 일정비율에 상응하는 대응구매를 보통 5년 이내에 이행해야 한다. 대응수입의무를 제3국으로 전가시킬 수도 있다. 대응구매는 한 건의 거래가 이루어질 때 일정기간 내에 그에 대응하는 거래를 이행하기로 하는 의무만 있을 뿐 사실상 독립된 두 개의 거래라는 점에서 구상무역과 차이가 있다.

그림 6-9 대응구매

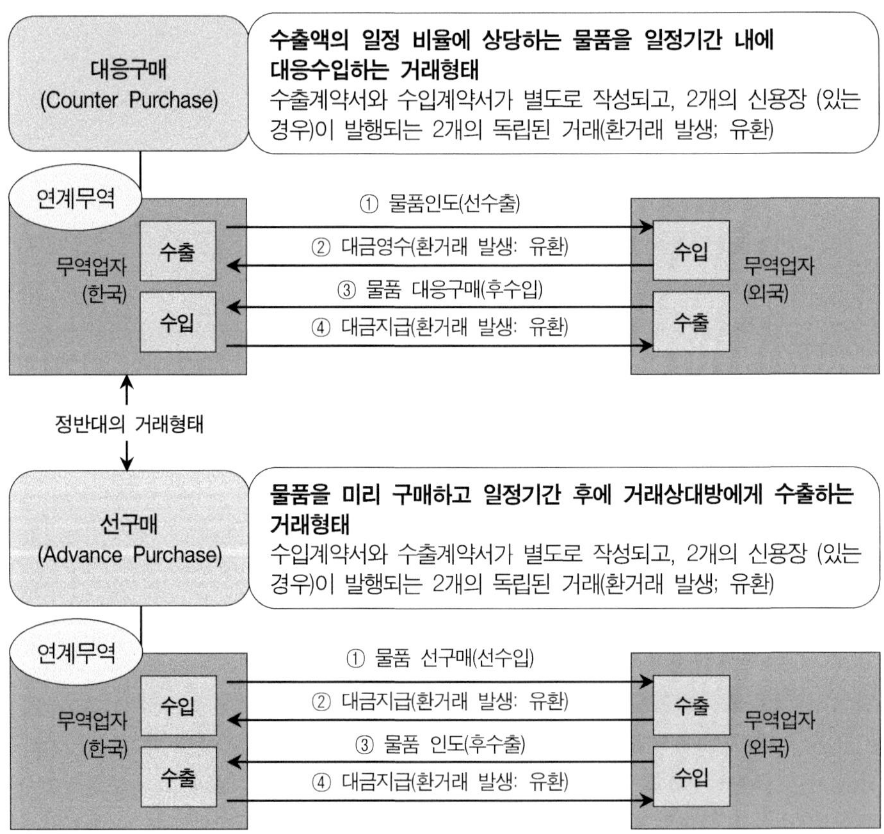

4) 절충교역거래

절충교역거래(off-set trade)는 대응구매의 변형된 형태로서 첨단 사회간접자본 구축산업, 방위산업, 또는 항공기산업분야에서 주로 이용된다. 이는 고속전철차량, 군수장비, 상업용 항공기 등 고도기술 물품을 구매할 경우에 거래상대방에게 이들 물품에 소요될 부품의 일부를 동제품의 수입국으로부터 구매하여 사용하게 하거나 기술이전 등을 요구하는 거래형태를 말한다.[6] 우리나라의 항공기산업, 고속철도산업 등도 이러한 거래에 의해 발전해 왔다고 볼 수 있다.

그림 6-10 절충교역거래

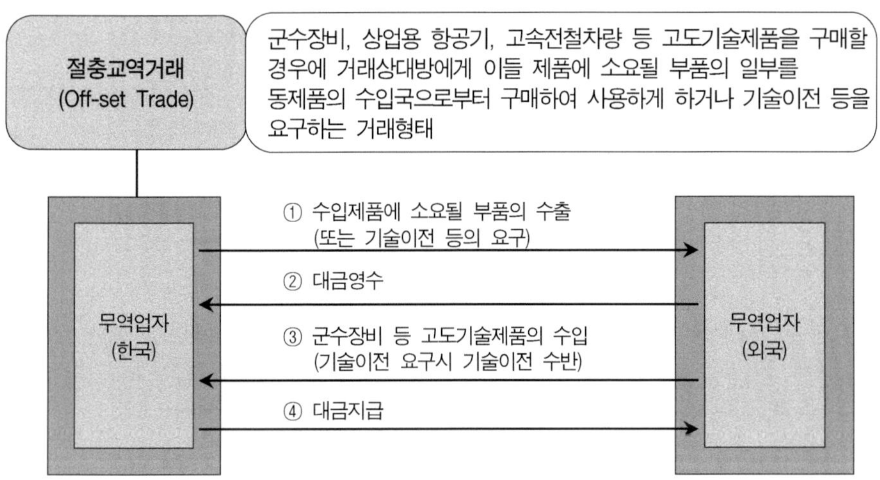

5) 제품환매

제품환매(buy back)는 플랜트수출이나 턴키베이스방식의 수출에 대해 그 플랜트나 기술로 생산되는 물품을 수입하는 형태를 말한다. 즉 플랜트나 기술의 수출업자는 수출한 플랜트나 기술에서 직접 파생되는 물품 또는 이를 이용하여 생산된 물품을 수입하는 거래방식이다. 특히 플랜트 수출에 기술이전이 수반되는 형태를 산업협력(industrial cooperation)이라고 한다.[7]

6) 전순환, 전게서, p.168.

그림 6-11 제품환매

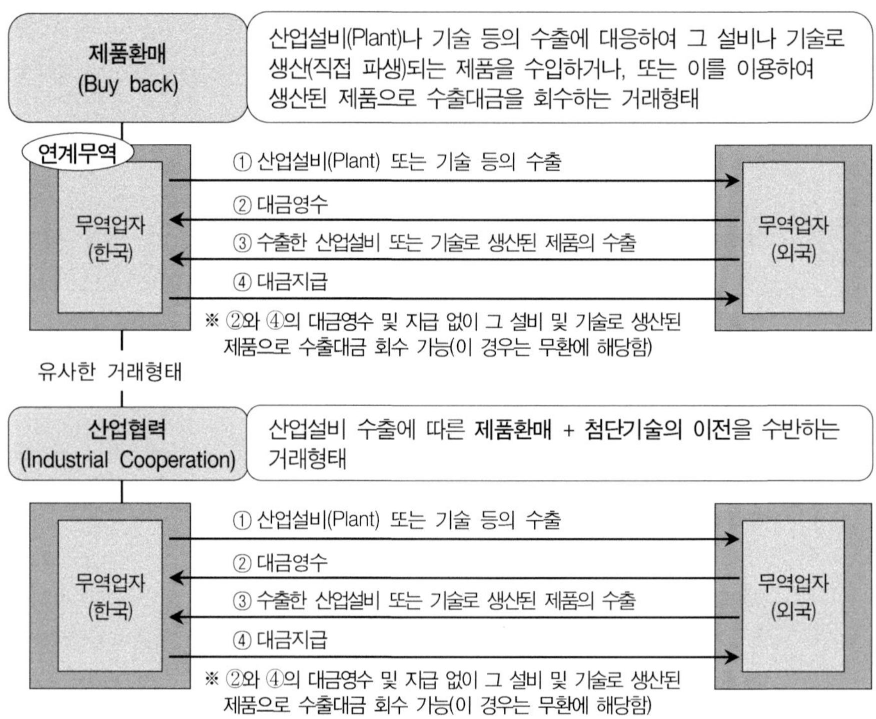

5 중계무역

중계무역(intermediate trade)은 수출할 것을 목적으로 물품 등을 수입하여, 보세구역[8] 및 보세구역 외 장치의 허가를 받은 장소,[9] 또는 자유무역지역[10] 이외의 국내에 반입하지 않고 수출하는 수출입이다.[11] 다시 말해서, 수출할 목적으로 수입하여 원상태를 변형시키지 않은 상태로 수출하여 지급받은 대금(FOB금액 기준)과 수입시 지급한 금액(CIF금액 기준) 간의 차액을 취득할 목적으로 하는 거래방식이다.

7) 전순환, 전게서, p.168.
8) 관세법 제154조.
9) 관세법 제156조.
10) 자유무역지역 지정 등에 관한 법률 제4조.
11) 관리규정 제2조 제11호.

중계무역에서 수출용으로 수입하는 물품은 반드시 우리나라로 반입될 필요가 없으며 외국에서 외국으로 직접 이동할 수도 있다. 대부분의 중계무역은 국내로 반입하지 않고 외국의 수출업자로부터 외국의 수입업자에게 직접 운송하는 경우가 많다.[12] 그러므로 외국에서 외국으로 물품이 이동되는 중계무역인 경우 그 거래형태면에서 외국인도수출과 외국인수수입처럼 물품의 이동구간이 우리나라를 배제한 외국 간에 일어나는 특수한 무역형태에 포함된다.

그림 6-12 중계무역

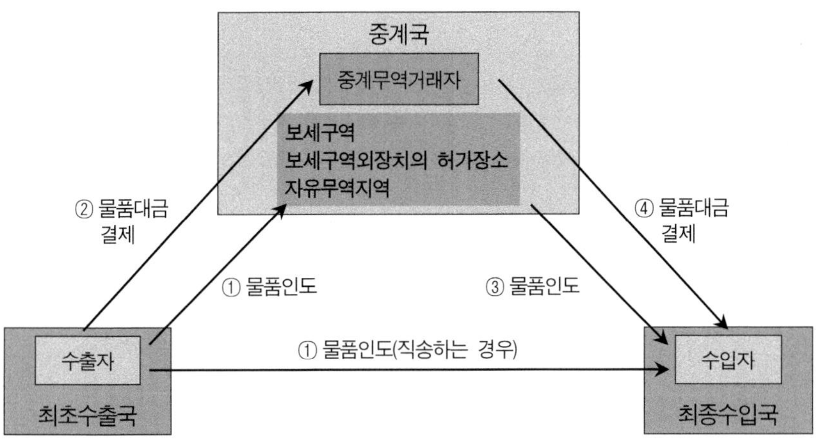

원칙	유상거래인 경우 중계무역으로 인정
예외	유상거래 중 수입은 무상이나 수출은 유상인 경우 중계무역에 해당되는 것으로 봄

이 거래방식은 중계무역업자가 물품의 소유권을 원수출업자로부터 인수한 후 수입업자에게 소유권을 인도하는 거래로서, 아래의 〈그림 6-13〉에서 보는 바와 같이 소유권의 인수와 인도가 없이 단순히 수출업자와 수입업자의 거래를 중개하고 중개수수료만 취득하는 중개무역(merchandising trade)과 구분해야 한다.

이러한 중계무역은 자본은 축적하였지만 자원과 제조업이 취약한 국가에서 많이 이용되는 거래형태로서 중계국상품의 공급능력에 한계가 있는 경우 부족한 상품을 제3국으로부터 수입하여 수출함으로써 지속적인 해외시장을 확보할 수 있다.

12) 북한과 제3국간의 중계무역의 경우에는 '남북교류협력에 관한 법률'에 의거하여 '반출입승인'을 받아야 한다.

한편 유상거래에 한하여 중계무역이 가능하도록 되어 있지만, 유상거래 중 수입은 무상이나 수출은 유상인 경우에는 중계무역으로 인정되고 있다. 왜냐하면 우리나라의 수출물품의 부족분을 제3국으로부터 수입하여 수출하는 것으로써 해외시장을 지속적으로 관리하는 경우나 중계차익을 남기는 것에 중계무역을 인정하는 실익이 있기 때문이다.[13] 또한 수출금액이 수입금액보다 적은 경우에도 중계무역으로 판단하여야 하는지 고려해 보아야 한다. 특히, 급격한 국내외 가격변동, 거래선과의 신용유지 등 거래특성상 불가피하게 수입가격을 수출가격보다 높게 할 경우도 있을 것이므로, 이 경우 은행은 대금지급, 영수시 해당 거래가 수출입 물품가격의 조작금지[14]를 위반한 거래인지 여부에 특히 유의하여야 한다.[15]

그림 6-13 중개무역

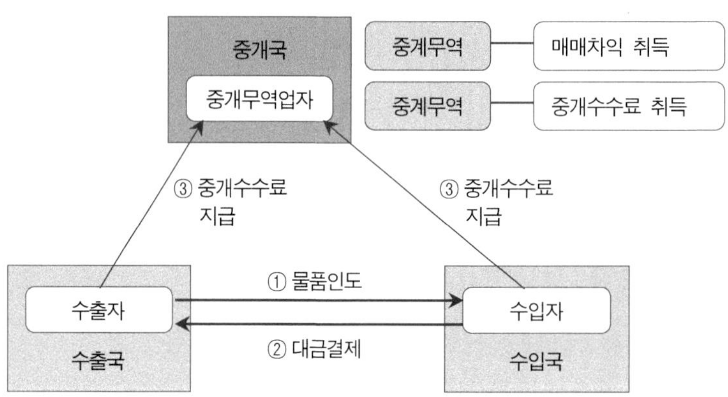

6 외국인수·도수출입

1) 외국인수수입

외국인수수입은 수입대금은 국내에서 지급되지만, 수입물품 등은 외국에서 인수하거나 제공받는 수입을 말한다.[16] 외국인수수입은 플랜트수출, 해외건설, 해외투자

13) 전순환, 전게서, p.173.
14) 대외무역법 제43조.
15) 전순환, 전게서, p.173.
16) 관리규정 제2조 제12호.

등 해외사업현장에서 필요한 기자재 등을 해외현장에 직접 송부하지만 수입대금은 국내에서 지급하는 경우이다. 또한 위탁가공무역방식에 의하여 외국의 수탁자가 필요로 하는 원자재를 수탁자의 공장에 직접 송부하고 수입대금은 국내에서 지급하는 경우도 이에 해당할 것이다.

해외에서 사업행위를 하는 국내업체가 기자재나 원자재를 국내로 수입하여 다시 외국으로 수출하기 위한 절차를 밟는다면 시간이나 경비의 지출이 증가되기 때문에 현지에서 직접 수입물품을 인수하여 현장에 투입할 수 있도록 하기 위한 거래형태이다.

2) 외국인도수출

외국인도수출이란 수출대금은 국내에서 영수하지만 국내에서 통관되지 아니한 수출물품 등을 외국으로 인도하거나 제공하는 수출을 말한다.[17] 외국인도수출은 외국인수수입의 반대개념으로서 플랜트수출, 해외건설, 해외투자 등 해외사업현장에서 필요한 기자재 등을 외국인수수입형태로 구매하여 사용한 후 국내로 반입하지 않고 현지에서 다시 매각하는 경우나 위탁가공무역방식에 의하여 외국의 수탁자에 의하여 가공된 물품을 국내로 반입하지 않고 외국에 수출하는 경우 등의 거래형태이다. 해외사업현장에서 사용한 기자재나 해외에서 생산된 위탁가공물품을 외국에서 판매하는 경우 이것을 국내로 반입한 후 다시 수출절차를 밟는다면 시간이나 경비가 증가하기 때문에 이를 절감하기 위한 거래형태이다.

그림 6-14 외국인수·도 수출입

17) 관리규정 제2조 제13호.

7 무환수출입

무환수출입이란 외국환거래가 수반되지 않는 물품 등의 수출입을 말한다.[18] 유상으로 외국에서 외국으로 물품 등을 인도하는 경우에는 대외무역법상 수출의 범위에 포함지만, 무상으로 물품 등을 외국에서 외국으로 인도하는 경우는 수출의 범위에 포함되지 않는다.[19] 즉, 대외무역법상 무환수출입은 무상으로 물품 등을 국내에서 외국으로 인도하는 것을 의미한다.

18) 관리규정 제2조 제14호.

19) 시행령 제2조 제3호.

대 외 무 역 법

CHAPTER 7

수출입실적

제 1절 수출입실적에 관한 관리

1 수출입실적의 의의

수출입실적은 일반적으로 무역업자가 일정한 기간 동안 법령에서 정한 기준에 따라 수출입을 이행한 결과로 나타나는 누적금액이라고 할 수 있다. 그러나 실제적으로 수출입실적에는 국내거래도 포함될 수 있다.

즉, 수출입실적은 대외무역법이나 관세법상의 수출입의 개념과는 다소 차이가 있다. 대외무역법상 수출입은 국내에서 외국으로, 외국에서 국내로, 또는 외국에서 외국으로의 물품의 이동을 의미하지만, 수출입실적은 "수출자 또는 수출물품 등의 제조업자에 대한 외화획득용 원료 또는 물품 등의 공급 중 수출에 공하여 지는 것으로서, 내국신용장(Local L/C)에 의한 공급, 구매확인서에 의한 공급, 산업통상자원부장관이 지정하는 생산자의 수출물품 포장용 골판지상자의 공급"[1], 즉 국내에서 물품의 이동도 포함한다.

또한 "외국인으로부터 외화를 영수하고 외화획득용 시설기재를 외국인과 임대차계약을 맺은 국내업체에 인도하는 경우"[2]도 수출실적으로 인정하고 있다. 대금은 외국

1) 관리규정 제25조 제1항 제3호.

으로부터 영수하지만 물품의 이동은 국내에서 일어나는 경우에도 외국에 본점을 두고 있는 해외법인과 해외법인의 국내지점 간에 주로 발생하고 있는 거래인 점을 감안하여 수출실적으로 인정하고 있다.[3]

그리고 무상수출입은 대외무역법상 수출입의 범위에는 포함되지만, 수출입실적으로는 인정되지 않는다. 즉, 대외무역법상의 수출입은 유상인지 무상인지의 여부를 불문하지만 수출실적에는 무상수출입을 포함하지 않는다. 다만, 「대외무역관리규정」 제25조 제1항 제2호 나목에서 "해외에서 투자, 건설, 용역, 산업설비수출, 그 밖에 이에 준하는 사업에 종사하고 있는 우리나라 업자(현지 합작법인 포함)에게 무상으로 송부하기 위하여 반출하는 시설기재, 원료, 근로자용 생활필수품 및 그 밖에 그 사업에 관련하여 사용하는 물품으로서 주무부장관 또는 주무부장관이 지정한 기관의 장이 확인한 물품(별표 3의 제2호 아목)에서 해당하는 물품 등의 수출 중 해외건설공사에 직접 공하여지는 원료·기재, 공사용 장비 또는 기계류의 수출(수출신고필증에 재반입하지 않는다는 조건이 명시된 분만 해당)은 수출실적으로 인정된다."고 규정하고 있다. 이와 같이 국내업체가 해외건설공사를 수행하기 위해서 국내기자재를 반출하여 사용하는 것이 자주 발생하기 때문에 이 경우에는 효율적인 건설공사의 수행을 지원하기 위해서 수출실적으로 인정하고 있다.

2 수출실적

1) 수출실적의 의의

수출실적이란 산업통상자원부장관이 정하여 고시하는 기준에 해당하는 수출통관액·입금액·가득액과 수출에 제공되는 외화획득용 원료·기재의 국내 공급액을 말한다.[4] 수출실적은 무역업을 영위하고 있는 자에게는 상당히 중요한 영향을 미칠 수 있다. 왜냐하면, 수출실적은 무역금융한도 결정 및 자금지원, 해외시장 개척기금의 지원, 무역의 날 포상, 자율관리기업의 지정 등과 같이 국가무역정책의 목표달성 및 원활한 무역거래의 촉진 등을 위한 기초자료로 활용되기 때문이다.

---

2) 관리규정 제25조 제1항 제4호.
3) 전순환, 전게서, p.78.
4) 시행령 제2조 제11호.

2) 수출실적의 인정범위

산업통상자원부장관이 정하고 있는 수출실적은 다음과 같다.[5)]

① 「대외무역법 시행령」 제2조 제3호에 따른 수출 중 유상으로 거래되는 수출(대북한 유상반출실적 포함)

② 수출승인이 면제되는 수출[6)] 중 다음 중 하나에 해당하는 수출

가. 외국에서 개최되는 박람회, 전람회, 견본시, 영화제 등에 출품하기 위하여 무상으로 반출하는 물품 등[7)]의 수출로서 현지에서 매각된 것

나. 해외에서 투자, 건설, 용역, 산업설비수출, 그 밖에 이에 준하는 사업에 종사하고 있는 우리나라 업자(현지 합작법인 포함)에게 무상으로 송부하기 위하여 반출하는 시설기재, 원료, 근로자용 생활필수품 및 그 밖에 그 사업에 관련하여 사용하는 물품으로서 주무부장관 또는 주무부장관이 지정한 기관의 장이 확인한 물품 등[8)]의 수출 중 해외건설공사에 직접 공하여지는 원료·기재, 공사용 장비 또는 기계류의 수출(수출신고필증에 재반입하지 않는다는 조건이 명시된 분만 해당)

③ 수출자 또는 수출 물품 등의 제조업자에 대한 외화획득용 원료 또는 물품 등의 공급 중 수출에 공하여 지는 것으로 다음의 어느 하나에 해당하는 경우

가. 내국신용장(Local L/C)에 의한 공급

나. 구매확인서에 의한 공급

다. 산업통상자원부장관이 지정하는 생산자의 수출 물품 포장용 골판지상자의 공급

④ 외국인으로부터 외화를 영수하고 외화획득용 시설기재를 외국인과 임대차계약을 맺은 국내업체에 인도하는 경우

⑤ 외국인으로부터 외화를 영수하고 자유무역지역(「자유무역지역의 지정 및 운영에 관한 법률」 제2조[9)])으로 반입 신고한 물품 등을 공급하는 경우

---

5) 관리규정 제25조.

6) 시행령 제19조 제2호.

7) 별표 3의 제2호 나목.

8) 별표 3의 제2호 아목.

9) 자유무역지역이란 관세법·대외무역법 등 관계 법률에 대한 특례와 지원을 통하여 자유로운 제조·물류·유통 및 무역활동 등을 보장하기 위한 지역으로 지정된 지역을 말한다.

3) 수출실적의 인정금액

수출실적의 인정금액은 다음의 경우를 제외하고는 수출통관액(FOB가격 기준)으로 한다. 「대외무역관리규정」 제25조 제1항 제1호 및 제2호에 따른 수출실적 인정금액은 다음의 경우를 제외하고는 수출통관액(FOB가격 기준)으로 한다.

① 중계무역에 의한 수출의 경우에는 수출금액(FOB가격)에서 수입금액(CIF가격)을 공제한 가득액
중계무역의 경우에는 수출입금액을 각각 수출입실적으로 인정하지 않고 가득액만을 수출금액으로 인정하고 있다. 왜냐하면 중계무역에 의한 수출입금액을 각각 수출입실적으로 인정한다면 외화가득액에 비해 수출입실적이 과다하게 계상되는 등의 불합리한 점이 있기 때문이다.

② 외국인도수출의 경우에는 외국환은행의 입금액(다만, 위탁가공된 물품을 외국에 판매하는 경우에는 판매액에서 원자재 수출금액 및 가공임을 공제한 가득액)
즉, 위탁가공된 물품을 외국인도수출하는 경우에는 판매액에서 원자재 수출금액 및 가공임을 공제한 가득액(기타 외국인도수출의 경우에는 외국환은행의 입금액)을 수출금액으로 인정하고 있다. 왜냐하면, 원자재 수출금액이나 가공임 해외지급액을 모두 수출실적으로 인정한다면 수출실적이 중복으로 계상되기 때문이다.

③ 외국에서 개최되는 박람회, 전람회, 견본시, 영화제 등에 출품하기 위하여 무상으로 반출하는 물품 등(별표 3의 제2호 나목)의 수출로서 현지에서 매각된 것은 외국환은행의 입금액

④ 원양어로에 의한 수출 중 현지경비사용분은 외국환은행의 확인분
원양어로에 의한 수출 중 현지경비사용분은 주로 원양어로작업을 수행하기 위해 현지에서 사용한 유류비, 원양어선 유지수선비, 소모품비 등의 경비가 포함된다.

⑤ 용역 수출의 경우에는 수출입확인서 발급기관의 장이 발급한 수출입확인서에 의해 외국환은행이 입금 확인한 금액

⑥ 전자적 형태의 무체물의 수출의 경우에는 한국무역협회장 또는 한국소프트웨어산업협회장이 발급한 수출입확인서에 의해 외국환은행이 입금 확인한 금액

⑦ 수출자 또는 수출 물품 등의 제조업자에 대한 외화획득용 원료 또는 물품 등의 공급 중 수출에 공하여지는 것으로서, 내국신용장(Local L/C)에 의한 공급, 구

매확인서에 의한 공급, 산업통상자원부장관이 지정하는 생산자의 수출물품 포장용 골판지상자의 공급에 의한 수출실적의 인정금액은 외국환은행의 결제액 또는 확인액

⑧ 외국으로부터 외화를 영수하고 외화획득용 시설기재를 외국인과 임대차계약을 맺은 국내업체에 인도하는 경우의 수출실적의 인정금액은 외국환은행의 입금액

⑨ 외국인으로부터 외화를 영수하고 '자유무역지역'으로 반입 신고한 물품 등을 공급하는 경우의 수출실적의 인정금액은 외국환은행의 입금액으로 한다.

4) 수출실적의 인정 시점

수출실적의 인정 시점은 수출신고수리일, 외화입금일 또는 결제일을 기준으로 각각 수출행위의 형태에 따라 다음과 같다.

(1) 수출신고수리일 기준

①「대외무역법시행령」 제2조 제3호에 의한 수출 중 유상으로 거래되는 수출

② 수출승인이 면제되는 물품 등 중 해외에서 투자, 건설, 용역, 산업설비수출, 그 밖에 이에 준하는 사업에 종하사고 있는 우리나라 업자(현지 합작법인 포함)에게 무상으로 송부하기 위하여 반출하는 시설기재, 원료, 근로자용 생활필수품 및 그 밖에 그 사업에 관련하여 사용하는 물품으로서 주무부장관 또는 주무부장관이 지정한 기관의 장이 확인한 물품 등의 수출 중 해외건설공사에 직접 공하여지는 원료·기재, 공사용 장비 또는 기계류의 수출(수출신고필증에 재반입하지 않는다는 조건이 명시된 분에 한함)

(2) 입금일 기준

① 수출 중 유상으로 거래되는 수출 중 용역 또는 전자적 형태의 무체물의 수출

② 수출승인이 면제되는 물품 등 중에서 외국에서 개최되는 박람회, 전람회, 견본시, 영화제 등에 출품하기 위하여 무상으로 반출하는 물품 등(별표 3의 제2호 나목)의 수출로서 현지에서 매각된 것

③ 중계무역

④ 외국인도수출

⑤ 외국으로부터 외화를 영수하고 외화획득용 시설기재를 외국인과 임대차계약을 맺은 국내업체에 인도하는 경우의 수출

⑥ 외국인으로부터 외화를 영수하고 자유무역지역으로 반입 신고한 물품 등을 공급하는 경우

(3) 결제일 기준

수출자 또는 수출물품 등의 제조업자에 대한 외화획득용 원료 또는 물품 등의 공급 중 수출에 공하여지는 것으로서, 내국신용장에 의한 공급, 구매확인서에 의한 공급, 산업통상자원부장관이 지정하는 생산자의 수출물품 포장용 골판지상자의 공급에 대한 수출실적의 인정시점은 외국환은행을 통하여 대금을 결제한 경우에는 그 결제일 또는 외국환은행을 통하지 않고 당사자 간에 결제하는 경우에는 당사자 간의 결제일로 한다.

3 수입실적

1) 수입실적의 의의

수입실적이란 산업통상자원부장관이 정하여 고시하는 기준에 해당하는 수입통관액 및 지급액을 말한다.[10]

2) 수입실적의 인정범위

수입실적의 인정범위는 수입의 정의(대외무역법시행령 제2조) 중 유상으로 거래되는 수입으로 한다.[11]

3) 수입실적의 인정금액

수입실적의 인정금액은 수입통관액(CIF가격 기준)으로 한다. 다만, 외국인수수입과 용역 또는 전자적 형태의 무체물의 수입의 경우에는 외국환은행의 지급액으로 한다.[12]

---

10) 시행령 제2조 제12호.
11) 관리규정 제25조 제2항.
12) 관리규정 제26조 제4항.

4) 수입실적의 인정 시점

수입 중 유상으로 거래되는 수입의 경우에는 수입신고수리일을 수입실적 인정시점으로 한다. 다만, 외국인수수입과 용역 또는 전자적 형태의 무체물의 수입의 경우에는 대금 지급일을 인정 시점으로 한다.[13]

4 수출입실적의 확인 및 증명발급기관

1) 물품의 수출입실적 확인 및 증명발급기관

다음의 경우 물품의 수출입실적에 대한 확인 및 증명은 대금을 영수한 외국환은행의 장이 행한다.[14]

① 중계무역에 의한 수출의 경우
② 외국인도수출의 경우
③ 수출승인면제대상물품 중 외국에서 개최되는 박람회, 전람회, 견본시, 영화제 등에 출품하기 위하여 무상으로 반출하는 물품 중 현지에서 매각된 경우
④ 원양어로에 의한 수출 중 현지경비사용분
⑤ 수출자 또는 수출물품 등의 제조업자에 대한 외화획득용 원료 또는 물품 등의 공급 중 수출에 공하여지는 것으로서, 내국신용장(Local L/C) 또는 구매확인서에 의한 공급,[15] 산업통상자원부장관이 지정하는 생산자의 수출물품 포장용 골판지상자의 공급의 경우
⑥ 외국으로부터 외화를 영수하고 외화획득용 시설기재를 외국인과 임대차계약을 맺은 국내업체에 인도하는 경우
⑦ 외국인으로부터 외화를 영수하고 자유무역지역으로 반입 신고한 물품 등을 공급하는 경우
⑧ 외국인수수입의 경우

---

13) 관리규정 제27조 제3항.
14) 관리규정 제28조.
15) 내국신용장 또는 구매확인서는 전자문서로 발급함을 원칙으로 규정하여 전자무역기반사업자도 확인 및 증명발급기관이 될 수 있다.

다만, 상기 ⑤항의 구매확인서에 의한 공급에 있어서 당사자 간에 대금을 결제한 경우에는 그 구매확인서를 발급한 외국환은행의 장 또는 전자무역기반사업자로 하며, 이 경우 외국환은행의 장 또는 전자무역기반사업자는 당사자 간에 대금결제가 이루어졌음을 증빙하는 서류를 확인하여야 한다.[16]

2) 용역 및 전자적 형태의 무체물의 수출입 확인 및 증명발급기관

산업통상자원부장관은 용역이나 전자적 형태의 무체물을 수출입한 자가 수출입 관련 지원을 받기 위하여 수출입사실의 확인을 신청할 수 있다.[17]

용역의 수출입 사실의 확인 및 증명발급 기관은 다음과 같다.

① 한국무역협회장

② 해운업의 경우 한국선주협회장

③ 관광사업의 경우 한국관광협회중앙회장 및 문화부장관이 지정하는 업종별 관광협회장[18]

전자적 형태의 무체물의 수출입사실 확인 및 증명발급 기관은 한국무역협회장 또는 한국소프트웨어산업협회장이 된다.

일반적으로 유형재인 물품은 수출입 통관절차를 거치므로 수출입 사실을 확인하는 것이 용이하지만 전자적 형태의 무체물은 정보통신망을 통하여 거래가 이루어지므로 수출입 사실을 확인하는 것이 상대적으로 어렵다. 따라서 산업통상자원부장관은 전자적 형태의 무체물의 수출입사실을 확인할 수 있는 기술능력을 갖추고 있는 한국무역협회와 한국소프트웨어산업협회에 수출입확인 업무를 위탁하였다. 무역거래자는 한국무역협회장 또는 한국소프트웨어산업협회장으로부터 발급받은 수출입확인서를 외국환은행에 제출함으로써 외국환은행이 입금 확인한 금액을 수출실적으로 인정받게 된다.

상기 1), 2)에서 언급한 외국환은행장, 용역 및 전자적형태의 무체물의 수출입사실 확인 및 증명발급기관 이외의 경우에는 한국무역협회장 또는 산업통상자원부장관이 지정하는 기관의 장이 수출입실적의 확인 및 증명발급기관이 된다.[19]

16) 관리규정 제28조 제1항.
17) 시행령 제23조 제1항.
18) 관리규정 제30조 제1항.

3) 수출입실적 확인 및 증명발급기관 지정

수출입실적의 확인 및 증명발급기관으로 지정받으려는 자는 수출입실적 확인 및 증명서 발급에 필요한 인력 및 시설 등을 갖추고 있음을 입증할 수 있는 서류를 첨부하여 산업통상자원부장관에게 신청하여야 하며, 동 신청을 받은 산업통상자원부장관은 필요한 인력 및 시설들을 갖추고 있는지를 확인하여 수출입실적의 확인 및 증명발급기관으로 지정하여야 한다.[20]

4) 수출입실적 확인 및 증명 신청

물품 등의 수출입실적 확인 및 증명 발급을 받으려는 자는 수출입실적 확인 및 증명발급 신청서, 수입실적의 확인 및 증명발급 신청서에 필요한 서류를 첨부하여 발급기관에 신청하여야 한다.[21]

발급기관의 장은 수출입사실의 확인이 가능하고 신청사실에 하자가 없다고 인정하는 경우에만 수출입실적의 확인 및 증명서를 발급하여야 한다. 발급기관은 수출입실적 확인 및 증명서를 발급한 때에는 발급대장을 각각 별도로 비치하고 발급상황을 기록하여야 한다.[22]

특히 용역 및 전자적 형태의 무체물의 수출입확인서 발급기관의 장은 수출입확인서의 발급현황 등에 관한 매분기 실적을 다음달 20일까지 산업통상자원부장관과 관세청장에게 보고하여야 한다.[23]

19) 관리규정 제28조 제1항 제4호.
20) 관리규정 제28조 제2항 및 제3항.
21) 관리규정 제29조 제1항.
22) 관리규정 제29조 제2항.
23) 관리규정 제30조 제3항 및 제4항.

표 4-2 수출입실적 인정과 확인

<table>
<tr><th>구분</th><th colspan="2">인정범위</th><th>인정금액</th><th>인정시점</th><th>실적확인</th><th>발급기관</th></tr>
<tr><td rowspan="13">수출</td><td rowspan="9">일반수출</td><td>유상거래수출(대북한 유상 반출실적 포함)</td><td>수출통관액(FOB가격)</td><td>수출신고 수리일</td><td colspan="2">한국무역협회</td></tr>
<tr><td>중계무역</td><td>가득액(수출액(FOB)−수입액(CIF))</td><td>입금일</td><td colspan="2" rowspan="6">외국환은행</td></tr>
<tr><td>외국인도수출</td><td>외국환은행 입금액</td><td>입금일</td></tr>
<tr><td>외국인도수출 중 위탁가공된 물품을 외국에 판매하는 경우</td><td>판매액(원자재수출금액+가공임)</td><td>입금일</td></tr>
<tr><td>원양어로에 의한 수출 중 현지 경비사용분</td><td>외국환은행 확인분</td><td>–</td></tr>
<tr><td>외국인으로부터 외화 영수 후 시설기재 국내공급</td><td>외국환은행 입금액</td><td>입금일</td></tr>
<tr><td>외국인으로부터 외화 영수 후 자유무역지역 내 물품 등 공급</td><td>외국환은행 입금액</td><td>입금일</td></tr>
<tr><td>용역의 수출</td><td>입금 확인액</td><td>입금일</td><td>한국무역협회장
한국선주협회장
한국관광협회중앙회장 등</td><td rowspan="2">외국환은행</td></tr>
<tr><td>전자적형태의 무체물 수출</td><td>입금 확인액</td><td>입금일</td><td>한국무역협회장
한국소프트웨어산업협회장</td></tr>
<tr><td rowspan="2">수출승인면세대상</td><td>박람회 등에 출품한 물품 중 현지매각분</td><td>외국환은행 입금액</td><td>입금일</td><td colspan="2">외국환은행</td></tr>
<tr><td>해외건설공사에 직접 공하여지는 원료, 기재, 공사용 장비 또는 기계류 수출</td><td>수출통관액(FOB)</td><td>수출신고 수리일</td><td colspan="2">한국무역협회장</td></tr>
<tr><td rowspan="2">외화획득용원료의 국내구매</td><td>내국신용장 및 구매확인서에 의한 공급</td><td rowspan="2">외국환은행 결제액 또는 확인액</td><td rowspan="2">결제일</td><td colspan="2" rowspan="2">외국환은행
전자무역기반사업자
(당사자 간 결제시 구매확인서 발급기관이 증빙서류 확인)</td></tr>
<tr><td>수출물품 포장용 골판지상자의 공급</td></tr>
<tr><td rowspan="4">수입</td><td colspan="2">유상거래수입</td><td>수입통관액(CIF)</td><td>수입신고 수리일</td><td colspan="2">한국무역협회</td></tr>
<tr><td colspan="2">용역의 수입</td><td rowspan="3">외국환은행 지급액</td><td rowspan="3">지급일</td><td>수출과 동일</td><td rowspan="3">외국환은행</td></tr>
<tr><td colspan="2">전자적 형태물의 수입</td><td>수출과 동일</td></tr>
<tr><td colspan="2">외국인수수입</td><td></td></tr>
</table>

[별지 제10호 서식]

수출실적의 확인 및 증명발급(신청)서

처리기간
즉 시

<table>
<tr><td colspan="3">① 신청인(상호, 주소, 성명)

(서명 또는 인)</td><td colspan="2">② 발급용도</td></tr>
<tr><td>③ 수출(입금)일자</td><td>④ 매입번호</td><td>⑤ 품명</td><td>⑥ 수출실적</td><td>⑦ 비고</td></tr>
<tr><td colspan="5">⑧ 증명발급번호</td></tr>
<tr><td colspan="5">대외무역관리규정 제29조에 따라 위의 사실을 확인합니다.

년 월 일

증 명 권 자 (인)</td></tr>
</table>

2812-281-02411민
'98.1.12. 승인

210㎜ × 297㎜
일반용지 60g/㎡

[별지 제11호 서식]

수입실적의 확인 및 증명발급(신청)서

처리기간
즉 시

① 신청인(상호, 주소, 성명) (서명 또는 인)		② 발급용도		
③ 수입(지급)일자	④ 품명	⑤ 수입실적	⑥ 수입용도	⑦ 비고
⑧ 증명발급번호				

대외무역관리규정 제29조에 따라 위의 사실을 확인합니다.

년 월 일

증 명 권 자 (인)

2812-281-05211민
'98.1.12. 승인

210㎜×297㎜
일반용지 60g/㎡

[별지 제24호 서식]

수출입확인 신청서

당사는 「대외무역법 시행령」 제23조에 따라 다음과 같이 용역에 대한 수출입사실의 확인을 신청합니다.

1. 회사 현황

<table>
<tr><td rowspan="2">회사개요</td><td>회사명</td><td colspan="3"></td><td>대표자명</td><td colspan="2"></td></tr>
<tr><td>주소</td><td colspan="3"></td><td>사업자
등록번호</td><td colspan="2"></td></tr>
<tr><td>기업형태</td><td>□ 개인
□ 법인</td><td colspan="2">□ 대기업 □ 중소기업</td><td colspan="2">□ 상장 □ 비상장</td><td colspan="2">□ S/W전업 □ 기타 겸업</td></tr>
<tr><td>담당자명</td><td></td><td></td><td>전화번호</td><td></td><td>E-mail</td><td colspan="2"></td></tr>
</table>

2. 수출입확인 사항

구 분 (수출입)	용 역 명	거래형태 (L/C, T/T)	확인금액 (외화표시)	대상국가	계약일자	거래외국환은행

* 확인 대상품목이 초과 시 [별지]의 자료를 이용하시기 바랍니다.

상기 수출입 확인은 틀림이 없으며 가격조작 등 부정사유가 발생하면 「대외무역법」에 따라 처벌을 받을 것을 서약합니다.

년 월 일

신청인__________(인)

확인기관의 장 귀하

첨부서류 : 1. 수출입계약서 사본 1부.
2. 사업자등록증사본 1부.
3. 기타 거래사실 증명서류.

[별지 제25호 서식]

수출입확인서

「대외무역법 시행령」 제23조에 따라 아래와 같이 용역에 대한 수출입을 확인합니다.

1. 회사개요

회사개요	회사명		대표자명	
	주 소		사업자등록번호	

2. 확인사항

구 분 (수출입)	용 역 명	확인금액 (외화표시)	대상국가	거래 외국환은행

년 월 일

확인권자(인)

210㎜ × 297㎜
일반용지 60g/㎡

[별지 제26호 서식]

수출입확인 신청서

당사는 「대외무역법 시행령」 제23조에 따라 다음과 같이 전자적 형태의 무체물에 대한 수출입사실의 확인을 신청합니다.

1. 회사 현황

회사개요	회사명				대표자명	
	주소				사업자등록 번호	
기업형태	□ 개인 □ 법인		□ 대기업 □ 중소기업	□ 상장 □ 비상장	□S/W전업 □기타 겸업	
담당자명			전화번호		E-mail	

2. 수출입확인 사항

구 분 (수출입)	품 목 명	거래형태 (L/C, T/T)	확인금액 (외화표시)	대상 국가	계약일자	거래외국환은행

* 확인 대상품목이 초과 시 [별지]의 자료를 이용하시기 바랍니다.

상기 수출입 확인은 틀림이 없으며 가격조작 등 부정사유가 발생하면 「대외무역법」에 따라 처벌을 받을 것을 서약합니다.

년 월 일

신청인____________(인)

확인기관의 장 귀하

첨부서류 : 1. 수출입계약서 사본 1부.
2. 사업자등록증사본 1부.
3. 기타 거래 및 인수·인도사실 증명서류.

210㎜ × 297㎜
일반용지 60g/㎡

[별지 제27호 서식]

수출입확인서

「대외무역법 시행령」 제23조에 따라 아래와 같이 전자적 형태의 무체물에 대한 수출입을 확인합니다.

1. 회사개요

회사개요	회사명		대표자명	
	주 소		사업자등록번호	

2. 확인사항

구 분 (수출입)	용 역 명	확인금액 (외화표시)	대상국가	거래 외국환은행

년 월 일

확인권자 (인)

210㎜ × 297㎜

일반용지 60g/㎡

CHAPTER 8 외화획득용 원료·기재의 거래

제 1 절 외화획득용 원료·기재의 의의

1 외화획득용 원료·기재 거래의 의의

외화획득용 원료·기재의 수입에 대한 규정은 외화획득용 원료·기재를 수입하거나 국내에서 구매하는 경우 외화획득에 사용될 원료 등의 조달을 원활하게 하여 외화획득의 이행을 촉진하기 위한 목적을 가지고 있다. 수입된 외화획득용 원료·기재는 이들을 제조·가공하여 생산된 완제품을 수출 및 국내 외화획득용 공급 등 외화를 획득하는데 기여하므로 외화획득용으로 수입하는 경우 다음과 같은 특별한 혜택을 적용하고 있다.

① 수출입공고상 게기된 품목의 수량제한 적용배제 – 외화획득용 원료의 수입은 외화획득 이행을 위하여 수입하는 것이므로 수출입공고에 의한 수입제한품목이라도 수량 등의 제한을 받지 않고 수입승인이 가능하다.

② 관세 환급 가능 – 외화획득용으로 수입한 원자재 등을 사용하여 생산한 물품을 수출할 경우 당초 원자재 수입통관시 납부한 관세 등을 환급받는다.

③ 무역금융을 지원받을 수 있다. 원자재수입대금 등을 무역금융에서 융자받을 수 있다.

④ 원산지 표시가 면제된다. 외화획득용 원료·기재의 수입시 원산지 표시가 면제된다.

④ 외화획득용 용역이란 외화획득에 제공되는 물품 등을 생산하는데 필요한 용역을 말한다.

⑤ 외화획득용 전자적 형태의 무체물이란 외화획득에 제공되는 물품 등을 생산하는데 필요한 전자적 형태의 무체물을 말한다.

2) 외화획득용 원료·기재의 수입승인

(1) 의의

대외무역법 제11조 제2항[8]에 따라 수입승인 대상으로 지정된 물품 등을 외화획득용 원료·기재로 수입하려는 자는 산업통상자원부장관이 정하여 고시하는 기준[9]에 따라 산업통상자원부장관의 승인을 받아야 한다.[10] 대외무역법 제11조 제6항에서 산업통상자원부장관은 필요하다고 인정하면 수입승인 대상 물품 등의 품목별 수량·금액·규격 및 수출 또는 수입지역 등을 한정할 수 있지만, 원료, 시설, 기재(機材) 등 외화획득을 위하여 사용되는 물품 등의 수입에 대하여는 적용하지 아니할 수 있다.[11] 다만, 국산 원료·기재의 사용을 촉진하기 위하여 필요한 경우에는 그러하지 아니하다. 다만, 산업통상자원부장관은 국산 원료·기재의 사용을 촉진하기 위하여 외화획득용 원료기재의 수입을 제한하려는 경우에는 그 제한하려는 품목 및 수입에 필요한 절차를 따로 정하여 고시하여야 한다.[12]

(2) 외화획득용 원료의 수입승인

외화획득용 원료의 수입 승인기관의 장은 외화획득용 원료의 수입에 대하여는 수량 제한을 받지 아니하고 승인할 수 있다. 다만, 농림수산물의 경우에는 해당 품목을 관장하는 중앙행정기관의 장 또는 그 중앙행정기관의 장이 지정하는 기관의 장이 정하는

---

8) 산업통상자원부장관이 헌법에 따라 체결·공포된 조약과 일반적으로 승인된 국제법규에 따른 의무의 이행, 생물자원의 보호, 교역상대국과의 경제협력 증진, 국방상 원활한 물자 수급, 과학기술의 발전, 그 밖에 통상·산업정책에 필요한 사항으로서 대통령령으로 정하는 사항 등에 따라 수출 또는 수입이 제한되는 물품 등을 수출하거나 수입하려는 자는 대통령령으로 정하는 바에 따라 산업통상자원부장관의 승인을 받아야 한다. 다만, 긴급히 처리하여야 하는 물품 등과 그 밖에 수출 또는 수입 절차를 간소화하기 위한 물품 등으로서 대통령령으로 정하는 기준에 해당하는 물품 등의 수출 또는 수입은 그러하지 아니하다.

9) 관리규정 제31조에 규정되어 있음.

10) 시행령 제24조 제1항.

11) 대외무역법 제16조.

12) 시행령 제24조 제2항.

품목은 해당 기관의 장이 정하는 수입승인요령에 따라 승인을 받아야 수입할 수 있다.[13]

또한 직접 외화획득을 이행하지 않는 유통업자가 구매확인서 또는 내국신용장을 근거로 수출품생산자에게 직접 공급하기 위하여 외화획득용 원료를 수입하려는 경우에도 외화획득용 원료의 수입승인규정을 준용하여 그 수입을 승인할 수 있다.[14]

(3) 외화획득용 원료 수입승인 시 확인

외화획득용 원료의 수입승인기관의 장은 외화획득용 원료의 수입승인을 할 때에는 외화획득용 원료 수입승인신청서[관리규정 별지 제12호 서식]에 외화획득 이행의무자의 사후관리기관(수입대행의 경우 실수요자의 사후관리기관)과 농림수산물의 수입승인요령(관리규정 제33조 제1항 단서)에 따른 수입승인 여부 등 기재사항이 적정한지를 확인하여야 한다.[15]

3) 외화획득용 원료의 수입승인 및 사후관리 기관

수출입승인 대상물품 등에 대한 외화획득용 원료·기재의 수입승인에 관한 권한과 산업통상자원부장관이 관장하는 외화획득용 원료·기재에 대한 사후관리에 관한 권한은 산업통상자원부장관이 지정하여 고시하는 관계 행정기관 또는 단체의 장이 위탁받아 승인 및 관리한다.[16]

2 외화획득의 이행의무

1) 외화획득의 이행의무자

외화획득용 원료·기재의 수입과 관련하여 다음의 행위를 한 자는 그 수입에 대응하는 외화획득을 하여야 한다.[17]

① 외화획득용 원료·기재를 수입한 자

② 외화획득용 원료·기재의 수입을 위탁한 자

③ 외화획득용 원료·기재 또는 그 원료·기재로 제조된 물품 등을 양수한 자

---

13) 관리규정 제33조 제1항 및 제34조.
14) 관리규정 제33조 제2항.
15) 관리규정 제35조.
16) 시행령 제91조 제7항.
17) 대외무역법 제16조 3항 및 제17조 제3항.

2) 외화획득의 이행 기간

외화획득의 이행 기간은 다음의 구분에 따른 기간의 범위에서 산업통상자원부장관이 정하여 고시하는 기간으로 한다.[18)]

① 외화획득용 원료·기재를 수입한 자가 직접 외화획득의 이행을 하는 경우 – 수입통관일 또는 공급일로부터 2년

② 외화획득용 원료·기재 또는 물품 등의 국내공급이나 다른 사람으로부터 외화획득용 원료·기재 또는 그 원료·기재로 제조된 물품 등을 양수한 자가 외화획득의 이행을 하는 경우 – 양수일로부터 1년

③ 외화획득을 위한 물품 등을 생산 또는 비축하는데 2년 이상의 기간이 소요되는 경우 – 생산 또는 비축하는데 걸리는 기간에 상당하는 기간

④ 수출이 완료된 기계류의 하자 및 유지보수를 위한 외화획득용 원료·기재인 경우 – 하자 및 유지 보수 완료일부터 2년[19)]

3) 외화획득의 이행 기간 연장

외화획득 이행의무자는 이행 기간 내에 외화획득의 이행을 할 수 없다고 인정되면 산업통상자원부장관이 정하는 다음의 서류를 갖추어 산업통상자원부장관(시·도지사에게 위임)에게 그 기간의 종료일 전에 연장을 신청하여야 하며, 산업통상자원부장관(시·도지사에게 위임)은 그 신청을 받은 경우 그 신청이 타당하다고 인정할 때에는 외화획득의 이행 기간을 연장할 수 있다.[20)]

① 외화획득 이행 기간 연장(신청)서[관리규정 별지 제14호 서식] 3부

② 이행기간연장의 사실을 인정할 수 있는 서류 각 1부

시·도지사는 다음 어느 하나에 해당하는 경우 1년의 범위 내에서 외화획득 이행 기간을 연장할 수 있으며, 외화획득 이행 기간을 연장을 승인한 때에는 그 사실을 신청자와 외화획득용 원료 등에 대한 사후관리기관의 장에게 알려야 한다.[21)]

① 생산에 장기간이 소요되는 경우

---

18) 시행령 제27조 및 관리규정 제39조 제1항.

19) 수출이 완료된 기계류(HS 84류부터 90류까지의 규정에 해당하는 품목)의 하자 및 유지보수용 원료등인 경우에는 10년(관리규정 제39조 제1항 제4호).

20) 시행령 제27조 제2항 및 제3항 및 관리규정 제39조 제2항.

21) 관리규정 제39조 제3항 및 제4항.

② 제품생산을 위탁한 경우 그 공장의 도산 등으로 인하여 제품 생산이 지연되는 경우

③ 외화획득 이행의무자의 책임 있는 사유가 없음에도 신용장 또는 수출계약이 취소된 경우

④ 외화획득이 완료된 물품의 하자보수용 원료 등으로서 장기간 보관이 불필요한 경우

⑤ 그 밖에 부득이한 사유로 외화획득 이행 기간 내에 외화획득이 불가능하다고 인정되는 경우

다만, 농림수산물의 경우 수입승인을 받은 원료 등의 외화획득 이행 기간 및 그 연장에 대하여는 해당 품목을 관장하는 중앙행정기관의 장 또는 그 중앙행정기관의 장이 지정하는 기관의 장이 정한다.[22]

4) 외화획득 이행의무 위반에 따른 벌칙

외화획득 이행의무를 행하지 아니한 자는 3년 이하의 징역 또는 3천만 원 이하의 벌금에 처한다.[23] 이 경우 법인의 대표자나 법인 또는 개인의 대리인, 사용인, 그 밖의 종업원이 그 법인 또는 개인의 업무에 관하여 외화획득 이행의무를 행하지 아니하면 그 행위자를 벌하는 외에 그 법인 또는 개인에게도 해당 조문의 벌금형을 과한다. 다만, 법인 또는 개인이 그 위반행위를 방지하기 위하여 해당 업무에 관하여 상당한 주의와 감독을 게을리 하지 아니한 경우에는 그러하지 아니하다.[24]

3 외화획득용 원료·기재의 목적 외 사용

1) 외화획득용 원료·기재의 목적 외 사용승인

원료·기재를 수입한 자는 그 수입한 원료·기재 또는 그 원료·기재로 제조된 물품 등을 다음과 같은 부득이한 사유로 인하여 당초의 목적 외의 용도로 사용하려면 대통령령으로 정하는 바에 따라 산업통상자원부장관의 승인을 받아야 한다.[25]

22) 관리규정 제40조.
23) 대외무역법 제54조.
24) 대외무역법 제57조.

① 우리나라나 교역상대국의 전쟁·사변, 천재지변 또는 제도 변경으로 인하여 외화획득의 이행을 할 수 없게 된 경우,

② 외화획득용 원료·기재로 생산된 물품 등으로서 그 물품 등을 생산하는 데에 고도의 기술이 필요하여 외화획득의 이행에 앞서 시험제품을 생산할 필요가 있는 경우

③ 외화획득 이행의무자의 책임이 없는 사유로 외화획득의 이행을 할 수 없게 된 경우

④ 그 밖에 산업통상자원부장관이 불가항력으로 외화획득의 이행을 할 수 없다고 인정한 다음과 같은 경우[26]

가. 화재나 천재지변으로 인하여 외화획득 이행이 불가능하게 된 경우

나. 기술혁신이나 유행의 경과로 새로운 제품이 개발되어 수입된 원료 등으로는 외화획득 이행물품 등의 생산에 사용할 수 없는 경우

다. 수입된 원료가 형질이 변화되어 외화획득 이행물품의 생산에 사용할 수 없게 된 경우

라. 그 밖에 수입 또는 구매한 자에게 책임을 돌릴 사유가 없이 외화획득을 이행할 수 없는 경우로서 사용목적 변경승인기관의 장이 인정하는 경우

2) 외화획득용 원료·기재의 목적 외 사용승인면제

다음과 해당하는 원료·기재 또는 그 원료·기재로 제조된 물품 등에 대하여는 승인 없이 용도외 사용할 수 있다.[27]

① 평균손모량에 해당하는 외화획득용 원료·기재 또는 그 원료·기재로 생산한 물품 등

② 해당 품목이 수입승인대상에서 제외됨으로써 그 수입에 대응하는 외화획득의 이행을 할 필요가 없는 경우 등 산업통상자원부장관이 사후관리를 할 필요성이 없어진 것으로 인정하는 경우에 해당하는 외화획득용 원료·기재

25) 대외무역법 제17조 제1항 및 시행령 제30조 제2항.
26) 관리규정 제49조 제2항.
27) 시행령 제30조 제3항.

4 외화획득용 원료·기재의 사용목적 및 사용자 변경

1) 외화획득용 원료·기재의 사용목적 변경승인 신청

외화획득용 원료·기재 또는 그 원료·기재로 제조된 물품 등의 사용목적 변경승인을 받으려는 자는 산업통상자원부장관이 정하는 다음의 서류를 첨부하여 외화획득 이행 기간의 만기일 이전에 관할 시·도지사 또는 사후관리 기관의 장에게 신청을 하여야 한다.[28)]

① 외화획득용 원료 사용목적 변경승인 신청서 4부

② 사용목적 변경신청 사유서

③ 변경하려는 물량을 확인할 수 있는 서류

④ 변경신청하려는 사유를 인정할 수 있는 서류

⑤ 그 밖에 사용목적 변경승인기관의 장이 필요하다고 인정하는 서류

2) 외화획득용 원료·기재의 사용목적 변경승인과 통지

산업통상자원부장관은 외화획득용 원료·기재의 사용목적 변경승인을 신청한 자에게 그 사유가 적절하다고 인정되면 변경승인을 할 수 있다. 이러한 외화획득용 원료·기재의 사용목적 변경승인에 대한 산업통상자원부장관의 권한은 다음의 기관에 위임 및 위탁되어 있다.[29)]

① 위임 : 자유무역지역 내 입주업체에 대하여는 자유무역관리원장, 기타 업체에 대하여는 시·도지사

② 위탁 : 농림수산물 중 국산 원료·기재의 사용을 촉진하기 위하여 제한하고자 하는 외화획득용 원료·기재에 대하여 그 제한되는 품목을 관장하는 중앙행정기관의 장 또는 중앙행정기관의 장이 지정하는 기관의 장

외화획득용 원료·기재의 사용목적 변경승인을 한 기관의 장은 승인서를 신청자 외화획득용 원료의 사후관리기관의 장, 신청자의 관할세무서장에게 각각 알려야 한다.[30)]

---

28) 관리규정 제49조 제1항.

29) 관리규정 제42조 및 제49조 제1항.

30) 관리규정 제49조 제3항.

3) 외화획득용 원료·기재의 양수도 승인

수입한 외화획득용 원료·기재 또는 그 원료·기재로 제조된 물품 등을 당초의 목적과 같은 용도로 사용하거나 수출하려는 자에게 양도(讓渡)하려는 때에는 양도하려는 자와 양수(讓受)하려는 자가 함께 산업통상자원부장관의 승인을 받아야 한다. 다만, 다음과 같이 사후관리대상에서 면제되는 외화획득용 원료·기재에 대해서는 승인을 받지 않아도 된다.[31]

① 품목별 외화획득 이행의무의 미이행률이 10% 이하인 경우
② 외화획득 이행의무자의 분기별 미이행률이 10% 이하이고 그 미이행 금액이 미화 2만 달러에 상당하는 금액 이하인 경우
③ 외화획득 이행의무자의 책임이 없는 사유로 외화획득의 이행을 하지 못한 경우로서 산업통상자원부장관이 인정하는 경우
④ 해당 품목이 수입승인대상에서 제외됨으로써 그 수입에 대응하는 외화획득의 이행을 할 필요가 없는 경우 등 산업통상자원부장관이 사후관리를 할 필요성이 없어진 것으로 인정하는 경우

외화획득용 원료·기재 또는 그 원료·기재로 제조된 물품 등의 양도·양수 승인을 받으려는 자는 산업통상자원부장관이 정하는 다음의 서류를 첨부하여 양도인 또는 양수인의 외화획득용 원료 등의 사후 관리기관의 장, 또는 중앙행정기관의 장 또는 중앙행정기관의 장이 지정하는 기관의 장에게 제출하여야 한다.[32]

① 외화획득용 원료 등 양도승인신청서[관리규정 별지 제19호 서식] 3부
② 양수·도 계약서
③ 수입신고필증 또는 기초원재료 납세증명서

5 외화획득용 원료·기재의 사후관리

1) 사후관리기관

외화획득용 원료·기재의 수입에 대하여는 일반 내수용 수입과 차별적으로 우대조

31) 대외무역법 제17조 제2항.
32) 시행령 제30조 제4항 및 관리규정 제50조.

치를 부여하고 있으므로 외화획득용 원료·기재를 수입한 자가 수입한 목적대로 외화획득을 성실히 이행하였는지 사후관리를 할 필요가 있다. 따라서 수입승인을 받아 수입한 외화획득용 원료·기재 및 그 원료·기재로 제조된 물품 등에 대하여는 산업통상자원부장관은 외화획득 이행의무자의 외화획득 이행 여부를 사후 관리하여야 한다.[33)]

산업통상자원부장관의 사후관리 권한은 기술품질원장에게 위임하거나 수입승인기관, 또는 대상물품의 품목에 따라 해당 물품을 관장하는 중앙행정기관의 장에게 위탁하고 있다.

2) 자율관리기업

산업통상자원부장관은 외화획득용 원료·기재의 사후 관리를 자율적으로 이행할 수 있는 기업을 선정할 수 있다. 자율관리기업으로 선정된 자가 수입승인을 받아 수입하거나 국내에서 구매 또는 양수한 외화획득용 원료·기재 등의 사후관리는 해당 자율관리기업의 장이 이행한다.[34)]

자율관리기업 선정요건은 전년도 수출실적이 미화 50만 달러 상당액 이상인 업체, 수출 유공으로 포상(훈·포장 및 대통령표창을 말함)을 받은 업체(84년도 이후 포상받은 업체만 해당) 또는 중견수출기업으로서 과거 2년간 미화 5천 달러 상당액 이상 외화획득 미이행으로 보고된 사실이 없는 업체로 규정하고 있다.[35)]

자율관리기업은 기술표준원장이 수시로 선정하는데, 선정되고자 하는 자는 ① 수출실적증명서, ② 외회획득용 원료의 승인기관의 장의 외화획득의무 성실이행확인서, ③ 자율관리규정, ④ 원료 등을 용도 외에 사용하지 아니할 것임을 약속하는 각서를 첨부하여 기술표준원장에게 신청하여야 한다. 기술표준원장은 자율관리기업을 선정한 때에는 산업통상자원부장관, 세관장에게 그 사실을 알려야 한다.

자율관리기업으로 선정된 자는 자율관리규정에 따라 사후 관리를 하여야 하고, 매반기 종료 다음 달 말일까지 [별지 제28호 서식]에 의한 대응 외화획득이행내역을 기술표준원장에게 보고하여야 한다. 기술표준원장은 자율관리기업으로 선정된 자가 다음의 어느 하나에 해당하는 경우에는 그 선정을 취소할 수 있다. 이때 취소된 기업은 취소한 날부터 3년 이내에는 재선정될 수 없다.

---

33) 시행령 제28조.

34) 관리규정 제42조.

35) 관리규정 제43조 제1항.

① 원료 등을 타 상사에 공급하고 공급이행내역을 알리지 아니하거나 승인 없이 원료 등을 사용목적 이외의 용도에 사용하거나 양도 또는 양수한 때
② 파산 등으로 사후 관리가 불가능할 때
③ 법 또는 법에 의한 명령이나 처분을 위반한 때

3) 사후관리 대상 원료의 분류

원료 등의 사후관리를 다음의 경우를 제외하고는 외화획득 이행의무자별로 원료 등의 품목분류번호(HS 10단위)별로 분기마다 수입 및 구매한 총량을 대상으로 한다.[36]

① 품목분류번호(HS 10단위)가 다르더라도 원료 등의 성질상 같은 품목이거나 유사한 품목은 품목단위별로 분기마다 수입 및 구매한 총량을 대상으로 관리한다.
② 의류 및 가방 등의 부재료로 사용되는 지퍼는 품목분류번호(HS 10단위)별로 분기마다 수입 및 구매한 총길이로 관리한다.

4) 사후관리방법

(1) 외화획득용 원료 등의 구매내역 신고

사후관리대상품목을 구매한 자는 분기 중에 구매한 원료 등의 건별 내역을 '사후관리대상 원료의 분류 등'에 따라 품목을 분류하여 '외화획득용 원료 구매내역신고서' [별지 제15호 서식]에 작성하여 분기 종료 후 다음 달 20일까지 외화획득용 원료 등의 사후관리기관의 장에게 신고하여야 한다.[37]

(2) 사후관리 카드정리

외화획득용 원료의 사후관리기관의 장은 '구매내역신고서' 및 '신고 받은 공급이행신고서'를 외화획득 이행의무자별로 수입신고수리일 또는 원료 등의 구매일 순으로 관리하여야 한다.

외화획득용 원료의 사후관리기관의 장은 수입 승인된 원료 등과 구매내역으로 신고된 원료 등에 대하여 품목분류번호(HS 10단위)별로 분기마다 수입 또는 구매한 총량과 금액 등을 '외화획득용 원료 사후관리이행 정리카드'[별지 제29호 서식]에 기재하여야 한다.[38]

---
36) 관리규정 제44조.
37) 관리규정 제45조.

(3) 외화획득 이행신고

수입제한품목을 수입한 외화획득 이행의무자는 외화획득을 이행하고 외화획득이행신고서[별지 제16호 서식], 수출신고필증(또는 외화입금증명서) 원본, 자율소요량계산서, 그리고 외화획득 이행신고자와 수출신고필증의 명의가 상이한 경우에는 내국신용장, 구매확인서, 수출대행계약서 또는 물품 등의 구매계약서 등 거래관계를 입증하는 서류를 제출하여야 한다.[39] 또한 외화획득용 원료의 사후관리기관의 장은 외화획득의 이행신고가 있을 때에는 지체 없이 외화획득 이행신고서에 표시된 원료 등의 양을 '외화획득용 원료 사후관리이행 정리카드'[별지 제29호 서식]에서 차감하여 정리하고 해당 수출신고필증(또는 외화입금증명서) 원본의 뒷면에 사후관리 사실을 확인 표시하여야 한다.[40]

(4) 공급이행 신고

사후관리대상품목을 원료 등으로 국내에서 공급한 자는 ① 인수자의 날인 또는 물품 등 수령증 등을 받은 외화획득용 원료 공급이행신고서[별지 제17호 서식] 3부(공급자 외화획득용 원료의 사후관리기관용, 인수자 외화획득용 원료의 사후관리기관용, 인수자용), ② 내국신용장 또는 구매확인서, ③ 자율소요량계산서(공급자가 유통업자인 경우 면제)를 첨부하여 공급일로부터 3개월 이내에 외화획득용 원료의 사후관리기관의 장에게 신고하여야 한다.[41] 그리고 공급자 외화획득용 원료의 사후관리기의 장은 공급이행을 정리하고 내국신용장 등의 원본서류 뒷면에 사후관리 사실을 확인 표시하여야 한다.[42]

공급자 외화획득용 원료의 사후관리기관의 장은 외화획득용 원료 공급이행신고서에 확인날인한 후 1부는 인수자 외화획득용 원료의 사후관리기관의 장, 1부는 인수자에게 통보하여야 한다.[43]

한편, 원료 등을 보세공장에 반입한 자는 세관장이 발행한 반입확인서를 외화획득용 원료의 사후관리기관의 장에게 제출하여야 하며, 제출받은 반입확인서를 외화획

38) 관리규정 제46조.
39) 관리규정 제47조 제2항.
40) 관리규정 제47조 제3항.
41) 관리규정 제48조 제1항.
42) 관리규정 제48조 제2항.
43) 관리규정 제48조 제3항.

득용 원료의 사후관리기관의 장은 공급이행정리를 하여야 한다.44)

그리고 자율관리기업이 사후관리대상기업에 원료 등을 공급한 경우에는 공급이행신고서 2부를 작성, 공급일로부터 3개월 이내에 1부는 인수자 외화획득용 원료의 사후관리기관의 장에게, 1부는 인수자에게 통보하여야 한다. 다만, 자율관리기업이 공급하는 경우에는 인수자에게만 알린다.45)

5) 사후관리 면제

산업통상자원부장관은 승인을 받아 수입한 외화획득용 원료·기재 및 그 원료·기재로 제조된 물품 등에 대하여는 외화획득 이행의무자의 외화획득의 이행 여부에 대한 사후관리를 하여야 한다. 그러나 다음의 어느 하나에 해당하는 경우에는 사후관리를 하지 않을 수도 있다.46)

① 품목별 외화획득 이행의무의 미이행률이 10% 이하인 경우
② 외화획득 이행의무자의 분기별 미이행률이 10% 이하이고 그 미이행 금액이 미화 2만 달러에 상당하는 금액 이하인 경우
③ 외화획득 이행의무자의 책임이 없는 사유로 외화획득의 이행을 하지 못한 경우로서 산업통상자원부장관이 인정하는 경우
④ 해당 품목이 수입승인대상에서 제외됨으로써 그 수입에 대응하는 외화획득의 이행을 할 필요가 없는 경우 등 산업통상자원부장관이 사후관리를 할 필요성이 없어진 것으로 인정하는 경우

6) 사후관리에 대한 지도감독 및 보고

(1) 지도감독

기술표준원장은 시·도지사, 외화획득용 원료의 사후관리기관의 장 및 자율기업관리기업의 장에 대하여 사후관리업무담당자의 교육, 사후관리대장 정리실태, 공급이행신고서 통보실태, 미이행 보고실태, 그 밖에 제 규정 이행실태 등의 지도감독을 하여야 한다.47)

---

44) 관리규정 제48조 제4항.
45) 관리규정 제48조 제5항.
46) 시행령 제29조.
47) 관리규정 제51조.

(2) 보고

사후관리기관의 장은 원료 등을 수입 또는 구매한 후 외화획득이행 만기일까지 외화획득을 미이행한 자에 대하여 그 내역을 '대응외화획득 미이행내역'[별지 제30호 서식]에 따라 해당 만기일 경과 후 20일까지 미이행자에게 알려야 한다.[48]

외화획득 미이행자에게 통보한 날로부터 30일 이내에 외화획득 이행신고가 없는 경우 외화획득용 원료의 사후관리기관의 장은 그 내역을 '대응외화획득 미이행내역' [별지 제30호 서식]에 따라 기술표준원장에게 보고하여야 한다. 다만, 수입 승인된 농림수산물(관리규정 제34조)은 해당 중앙행정기관의 장에게 보고하여야 한다.[49]

외화획득용 원료의 사후관리기관의 장은 정기보고 이외에 사후관리 대상 업체의 파산 등으로 사후관리가 불가능하다고 판단되는 경우에는 즉시 그 내역을 기술표준원장에게 보고하여야 한다. 다만, 외화획득용 원료로 수입 승인된 농수산물의 보고는 해당 중앙행정기관의 장에게 보고하여야 한다.[50]

(3) 제재

기술표준원장 또는 중앙행정기관의 장은 수입에 대응하는 외화획득을 하지 아니한 자, 승인을 받지 아니하고 목적 외의 용도로 원료·기재 또는 그 원료·기재로 제조된 물품 등을 사용한 자, 승인을 받지 아니하고 원료·기재 또는 그 원료·기재로 제조된 물품 등을 양도한 자에 대하여는 3년 이하의 징역 또는 3천만 원 이하의 벌금에 해당하는 제제조치를 하여야 한다.[51]

제 3 절 외화획득용 원료·기재 또는 물품의 국내구매

1 외화획득용 원료·기재 또는 물품의 국내구매의 의의

외화획득용 원료 또는 물품 등을 외국으로부터 수입하지 아니하고 국내에서 구매

48) 관리규정 제52조 제1항.
49) 관리규정 제52조 제2항.
50) 관리규정 제52조 제3항.
51) 대외무역법 제54조 제2호~제4호 및 관리규정 제53조 제1항.

하는 것은 국내 산업의 발전을 도모하고 수출물품의 외화가득률을 높이는 효과가 있다. 그러므로 이에 대하여는 무역금융상의 혜택 등 여러 가지 면에서 우대를 하고 있다.

산업통상자원부장관은 외화획득용 원료·기재를 구매하고자 하는 자가 부가가치세법[52]에 의한 영세율 적용 등을 받기 위해서 그 확인을 신청하는 경우에는 외화획득용 원료·기재를 구매하는 것임을 확인하는 서류(이하 구매확인서라 함)를 발급할 수 있다. 이 때 구매확인서를 발급받은 자에 대하여는 외화획득용 원료 또는 물품 등의 구매 여부에 대하여 사후관리를 하여야 한다. 구매확인서의 신청·발급절차 및 사후관리 등에 필요한 사항은 대통령령으로 정하고 있다.[53]

따라서 국내에서 외화획득용 원료 또는 물품을 구매하고자 하는 자는 외국환은행의 장에게 내국신용장(Local L/C)의 개설을 의뢰하거나 구매확인서의 발급을 신청할 수 있다. 내국신용장과 구매확인서를 통한 국내거래절차는 아래 〈그림 7-1〉과 같다.[54]

그림 7-1 내국신용장과 구매확인서를 통한 국내거래절차

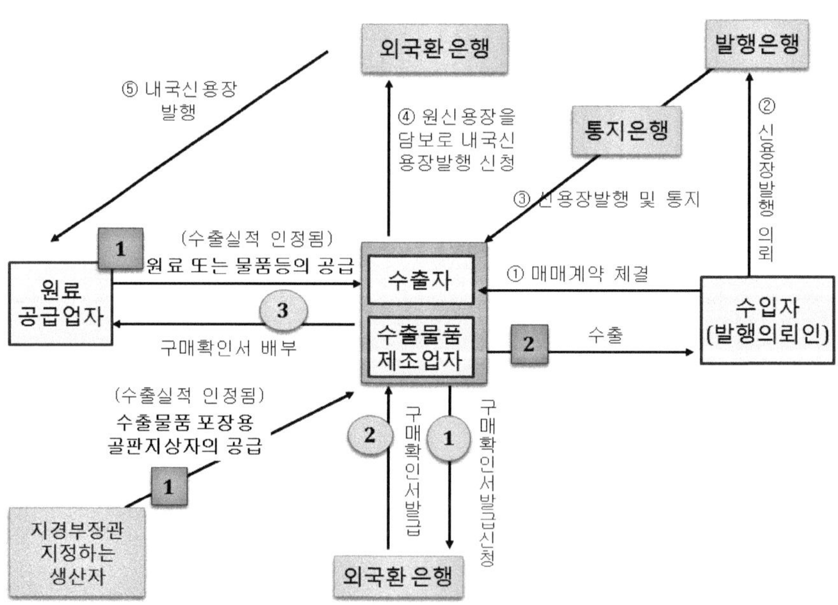

52) 부가가치세법 제11조 제1항 제4호 영세율의 적용.
53) 대외무역법 제18조.
54) 전순환, 전게서, pp.213-214.

2 구매확인서

1) 구매확인서의 의의

구매확인서란 외화획득용으로 사용될 원료, 용역, 전자적 형태의 무체물 또는 물품 등을 국내에서 구매하려는 경우 또는 구매한 경우 외국환은행의 장 및 전자무역기반사업자[55]가 내국신용장에 준하여 발급하는 증서를 말한다.[56] 즉, 구매확인서는 단순송금방식의 수출, 무역금융 한도부족 등으로 내국신용장을 사용할 수 없는 경우 국내에서 구매되는 원료 또는 물품 등이 외화획득용으로 구매될 것이거나 구매한 것이라는 사실을 외국환은행의 장 또는 전자무역기반사업자가 확인해 주는 증서를 말한다.

표 7-1 내국신용장과 구매확인서의 차이점

구분	내국신용장	구매확인서
대금결제	신용장 (지급확약)	현금·어음 (지급확약 없음)
발급대상	수출용 원료 및 물품 등	외화획득용 원료 및 물품 등
발급 시기	사전발급	사전 및 사후발급 (VAT 신고기한)
받급신청자	구매자	구매자
발급조건	원신용장 또는 무역금융융자 한도 내 개설	제한 없음
발급제한	차수 제한 없이 발급	차수 제한 없이 순차적 발급
발급기관	외국환은행, 전자무역기반사업자	외국환은행, 전자무역기반사업자
혜 택	부가가치세 영세율, 수출실적 인정, 관세 환급	

55) 「전자무역촉진에 관한 법률」 제6조에 따라 산업통상자원부장관이 지정한 전자무역기반사업자를 말한다.
56) 관리규정 제2조 제18호.

구매확인서를 통한 외화획득용 원료 또는 물품 등의 국내공급자도 ① 대외무역법상 수출실적으로 인정받을 수 있기 때문에 정부의 각종 수출지원혜택이나 포상의 대상자가 되어 기업의 대외홍보 및 이미지 고취에 긍정적인 영향을 줄 수 있으며, ② 부가가치세 영세율을 적용받아 기업의 자금 부담이 완화될 수 있고, ③ 국내 공급분을 제조 또는 구매하기 위한 원료 등을 수입한 경우 수입시 납부한 관세를 환급받을 수 있고, ④ 한국은행총액한도대출 관련 무역금융취급세칙에 따른 무역금융 융자대상 수출실적으로 인정받아 정부특혜 저리의 금융융자 수혜를 받을 수 있는 등 다양한 혜택을 받을 수 있다.[57]

2) 구매확인서의 신청

구매확인서를 발급받고자 하는 자는 구매확인신청서를 「전자무역 촉진에 관한 법률」 제12조에서 정하는 바에 따른 전자무역문서로 작성하고 다음의 서류를 첨부하여 산업통상자원부장관이 위탁한 외국환은행의 장 및 전자무역기반사업자에게 제출(구매한 자는 구매확인신청서에 세금계산서 번호, 작성일자, 공급가액 등을 기재하여 「부가가치세법 시행규칙」에서 정한 기한 내에 구매확인서를 발급받으려고 신청한 경우에 한함)하여야 한다.[58]

① 구매자·공급자 및 외화획득용 원료·기재의 가격·수량 등에 관한 서류, 즉, 외화획득용 원료·기재구매확인신청서[관리규정 별지 13호 서식]

② 외화획득용 원료·기재임을 입증하는 서류(다음의 서류 중 어느 하나)

가. 수출신용장

나. 수출계약서(품목·수량·가격 등에 합의하여 서명한 수출계약 입증서류)

다. 외화매입(예치)증명서(외화획득 이행 관련 대금임이 관계 서류에 의해 확인되는 경우에만 해당)

라. 내국신용장

마. 구매확인서

바. 수출신고필증(외화획득용 원료·기재를 구매한 자가 신청한 경우에만 해당)

사. 외화획득의 범위(시행령 제26조)에 따른 외화획득에 제공되는 물품 등을 생산하기 위한 경우임을 입증할 수 있는 서류

57) 전순환, 전게서, p.207.

58) 관리규정 제37조 제2항.

3) 구매확인서의 발급

(1) 발급

외국환은행의 장 또는 전자무역기반사업자는 구매확인서 발급을 신청 받은 경우 신청인이 구매하려는 원료·기재가 외화획득의 범위에 해당하는지와 신청시 첨부한 서류를 확인한 후 구매확인서를 발급에 문제가 없으면 [별지 제13-1호 서식]에 의한 외화획득용 원료·기재구매확인서를 전자무역문서로 발급하여야 한다.[59] 외국환은행의 장 또는 전자무역기반사업자가 신청한 자에게 발급사실을 알릴 때 승인번호, 개설 및 통지일자, 발신기관 전자서명 등 최소한의 사항만 알릴 수 있다.

(2) 사전발급과 사후발급

구매확인서의 발급은 외화획득용 원료 또는 물품 등의 구매시점에 따라 사전발급과 사후발급으로 구분되는데, 사전발급은 그 원료 또는 물품을 구매하려는 자가 그 원료 또는 물품 등을 구매하기 전에 발급 신청하여 발급받는 것이다.

사후발급은 그 원료 또는 물품 등을 구매한 자가 구매한 후에 구매확인서를 발급 신청하여 발급받는 것을 말한다.

「부가가치세법 시행규칙」[60]에서 구매확인서는 물품공급시기가 속하는 과세기간이 끝난 후 20일 이내에 발급받는 확인서로 규정하고 있다. 부가가치세의 과세기간은 제1기 1월 1부터 6월 30일까지, 제2기 7월 1일부터 12월 31일까지이다.[61] 따라서 사후발급은 외화획득용 원료·기재를 제1기의 기간 내에 구매하였다면 제1기의 과세기간이 끝난 후 20일 내에 구매확인서를 발급받는 것을 말한다.

(3) 2차 구매확인서의 발급

외국환은행의 장 또는 전자무역기반사업자는 발급된 구매확인서에 의하여 2차 구매확인서를 근거로 발급할 수 있으며 외화획득용 원료·기재의 제조·가공·유통(완제품의 유통 포함)과정이 여러 단계일 경우에는 각 단계별로 순차적으로 발급할 수 있다.[62]

---

59) 시행령 제31조 제2항 및 관리규정 제37조 제1항.
60) 부가가치세법 시행규칙 제21조.
61) 부가가치세법 제5조.
62) 관리규정 제37조 제4항.

(4) 재발급

구매확인서를 발급한 후 발급근거 서류의 외화획득용 원료·기재의 내용 변경 등으로 이미 발급받은 구매확인서와 내용이 상이하여 재발급을 요청하는 경우에는 이미 발급된 구매확인서를 회수하고 새로운 구매확인서를 발급할 수 있다.[63]

(5) 발급신청 대행

구매확인서를 발급받으려는 자가 전산설비를 갖추지 못하였거나 기타 부득이한 사유로 전자문서를 작성하지 못하는 때에는 전자무역기반사업자에게 위탁하여 신청할 수 있다.[64]

4) 사후관리

구매확인서 발급기관의 장은 구매확인서를 발급받은 자에 대하여 외화획득용 원료·기재의 구매 여부를 사후관리 하여야 한다.[65]

5) 수출실적 인정금액의 확인 및 증명 발급기관

구매확인서에 의한 공급에 대한 수출실적 인정금액의 확인 및 증명 발급기관은 대금을 영수한 외국환은행의 장으로 하며, 당사자 간에 대금을 결제한 경우에는 그 구매확인서를 발급한 외국환은행장 또는 전자무역기반사업자로 하며, 이 경우 외국환은행의 장 또는 전자무역기반사업자는 당사자 간에 대금결제가 이루어졌음을 증빙하는 서류를 확인하여야 한다.[66]

63) 관리규정 제37조 제5항.
64) 관리규정 제38조.
65) 대외무역법 제18조 제2항.
66) 관리규정 제28조 제1항 제1-2호.

제 4 절 소요량계산제도

1 소요량계산제도

1) 소요량계산제도의 의의

외화획득용 원료의 수입이나 구매 시에 여러 가지 혜택을 주는 만큼 그 원료는 외화획득을 이행하는데 반드시 사용되어야 하며 그 사용된 양(생산량과 생산과정에서 발생한 손실량의 합산량)에 한해서 외화획득의 이행이 되었기 때문에 그 소요량에 해당하는 만큼만 혜택을 받아야 한다. 그러므로 외화획득용 물품 등의 제조에 사용된 원료·기재의 양을 정확히 산출하기 위해 도입된 제도가 소요량계산제도이다.

소요량은 수출입물량의 확대, 생산업체간의 시설 및 기술수준의 격차 등으로 인하여 정확한 산출과 적용이 사실상 어려우므로 이를 보다 간소화, 완화하는 방법으로 개편되었다. 2000년대 들어와서는 외화획득용 물품의 생산업체에서 자체적으로 원자재의 소요량을 계산하는 자율소요량제도가 시행되었다.

수입제한품목으로서 수입승인기관의 소요량 관리가 부득이하게 필요한 품목은 수입승인기관 또는 업체의 신청에 의하여 기술표준원장이 기준소요량을 고시하여 이를 기준으로 소요량을 산정토록 하고, 이 이외의 수입제한품목에 대하여는 외화획득용 물품의 생산업체에서 자체적으로 원료의 사용량을 계산하는 자율소요량계산서로 전환되었다.[67]

2) 용어의 정의

① 평균손모량이란 외화획득용 물품 등을 생산하는 과정에서 생기는 원자재의 손모량(손실량 및 불량품 생산에 소요된 원자재의 양을 포함)의 평균량을 말한다.

② 손모율이란 평균 손모량을 백분율로 표시한 값을 말한다.

③ 단위실량이란 외화획득용 물품 등 1단위를 형성하고 있는 원자재의 양을 말한다.

---

67) 이병학, 「대외무역법규 주요개정내용 해설」, 산업통상자원부, 전순환, 전게서, p.232, 재인용.

④ 기준소요량이란 외화획득용 물품 등의 1단위를 생산하는 데에 소요되는 원자재의 양을 고시하기 위한 것으로서 단위실량과 평균 손모량을 합한 양을 말한다.

⑤ 단위자율소요량이란 기준 소요량이 고시되지 아니한 품목에 대하여 외화획득용 물품 등 1단위를 생산하는데 소요된 원자재의 양을 해당 기업이 자율적으로 산출한 것으로서 단위실량과 평균 손모량을 합한 양을 말한다.

⑥ 소요량이란 외화획득용 물품 등의 전량을 생산하는데 소요된 원자재의 실량과 손모량을 합한 양을 말한다.

⑦ 자율소요량계산서란 외화획득을 이행하는데 소요된 원자재의 양을 해당 기업이 자체 계산한 서류를 말한다.

3) 외화획득용 원료·기재의 품목 및 수량[68)]

외화획득용 원료·기재의 수량은 외화획득을 위한 물품 등의 1단위를 생산하기 위하여 제공되는 외화획득용 원료·기재의 기준소요량을 말한다.

산업통상자원부장관은 외화획득용 원료·기재의 기준소요량을 정하는 경우에는 해당 물품 등을 생산하는 데에 필요한 실제 수량 외에 생산 공정에서 생기는 평균 손모량(損耗量)을 포함시킬 수 있다.

2 기준소요량의 고시

1) 기준소요량의 고시

외화획득용 물품 등의 생산을 관장하는 중앙행정기관의 장(산업통상자원부장관이 관장하는 품목 중 목재가구는 국립산림과학원장, 그 밖의 품목은 기술표준원장)은 소관 품목 중 사후관리대상원료에 대하여 기준소요량 책정방법에 따라 책정한 기준소요량을 고시할 수 있다.[69)]

만약 고시되지 않은 품목이 지속적으로 수출될 것으로 예상되는 등 기준소요량의 고시가 필요하다고 판단되는 때에는 외화획득용 원료의 사후관리기관 또는 수출업체는 해당 품목에 대하여 기준소요량 책정방법에 따른 기준소요량 책정자료를 첨부하

68) 시행령 제25조.

69) 관리규정 제55조 제1항.

여 고시 기관에 기준소요량 고시를 요청할 수 있으며 고시기관은 이를 가능한 한 고시하여야 한다. 다만, 기준소요량이 빈번히 바뀌거나 농산물인 경우에는 고시하지 아니할 수도 있다.[70)]

수출물품 등의 생산을 관장하는 중앙행정기관의 장(산업통상자원부장관이 관장하는 품목 중 목재가구는 국립산림과학원장, 그 밖의 품목에 대하여는 기술표준원장)은 기준소요량을 고시하기 위하여 필요한 자료를 해당 외화획득 행위를 하는 자에게 제출할 것을 요구할 수 있다.[71)]

2) 기준소요량 책정 방법

기준소요량은 다음의 어느 하나의 방법에 따라 책정하며 「부가가치세법 시행령」 제104조 제1항, 「소득세법 시행령」 제105조 제1항, 「법인세법 시행령」 제105조 제1항에 따른 생산수율[72)]을 감안하여 책정할 수 있다.[73)]

① 현장조사
② 문헌조사
③ 실물 및 카탈로그 조사
④ 신청자 제시 자료에 의한 조사
⑤ 유사품의 소요량 적용

기준 소요량을 책정할 때에는 ① 제조공정 및 공정도, ② 공정별 손모율·손모상태 및 그 발생원인, ③ 원료 등의 배합비율의 세 가지 중 필요한 최소한의 사항만을 조사하여야 한다.[74)]

3 자율소요량제도

1) 의의

자율소요량제도[75)]는 기존의 중앙행정기관의 장이 고시하던 기준소요량 고시를 외

70) 관리규정 제55조 제2항.
71) 관리규정 제55조 제3항.
72) 생산수율이란 원재료투입량에 대한 물품생산량을 의미하며 과세표준의 근거자료가 된다.
73) 관리규정 제54조 제1항.
74) 관리규정 제54조 제2항.

화획득을 이행하는 업체가 [별지 제20호의 서식]에 의한 자율소요량계산서에 따라 자율적으로 소요량을 작성하는 제도이다.

2) 표시

자율소요량계산서는 단위자율소요량 또는 기준소요량에 외화획득용 물품 등의 수량을 곱한 물량으로 표시하며 단위자율소요량의 산출근거를 품목 및 규격별로 명확히 표시하여야 한다.

3) 자율소요량계산서 우선 적용

기준소요량이 고시된 품목이라 하더라도 수출계약서 등의 관련 서류에 소요원료의 품명·규격 및 수량 등이 표시된 경우에는 수출계약서 등 관련 서류에 근거하여 자율소요량계산서를 작성할 수 있다.

4) 지도 감독

기술표준원장은 자율소요량계산서의 작성 및 운용 등과 관련하여 ① 자율소요량계산서 작성업무에 대한 교육, ② 자율소요량계산서의 작성 및 운용실태 조사, ③ 자율소요량계산서 제도와 관련한 제 규정 이행실태의 사항을 지도·감독할 수 있다. 이 경우 필요한 때에는 기준소요량을 고시한 중앙행정기관의 장과 합동으로 지도·감독할 수 있다.

제 5 절 외화획득용 제품의 수입

1 외화획득용 제품의 범위

외화획득용 제품이란 수입한 후 생산과정을 거치지 아니한 상태로 외화획득에 제공되는 물품 등을 말하며, 그 범위는 다음과 같다.

75) 관리규정 제56조.

① 주식회사 한국관광용품센터(이하 "관광용품센터"라 함)가 수입하는 식자재 및 부대용품

② 「항만운송사업법」에 따라 수입 물품 공급업의 등록을 하고 세관장에 등록한 자(이하 "수입물품 공급업자"라 함)가 수입하는 선용품,

③ 군납업자가 수입하는 군납용 물품

2 외화획득용 제품의 수입승인기관

외화획득용 제품(단, 수출입공고에 의하여 제한되는 품목만 해당)의 승인기관은 다음과 같다.

1) 문화체육관광부장관

관광용품센터가 관광호텔 등에 공급하기 위하여 수입하는 물품 중 수입승인대상물품으로서 주방용품, 소모성기계, 기자재류 및 객실 또는 부대업장용 소모성 물품에 대하여 문화체육관광부장관이 승인한다.

2) 수입승인기관의 장

군납업자가 주한 국제연합군 그 밖에 외국군기관에 공급하는 군납용 물품에 대하여 수출입공고상의 수입승인기관의 장이 승인한다.

3 외화획득용 물품의 공급과 관리

1) 관광호텔용 물품의 공급과 관리

(1) 관광호텔용 물품의 공급

관광용품센터는 관광호텔용 물품을 다음 각 호의 어느 하나에 해당하는 자에게만 공급할 수 있는데, 해당 구매자의 시설규모 및 식자재 구입실적 등을 감안하여 적정량을 공급하여야 한다.[76)]

---

76) 관리규정 제62조.

① 관광숙박업 중 「관광진흥법」에 따라 등록된 호텔업 및 명의이용허가를 득한 식음료업장
② 문화체육관광부장관의 허가를 받아 설립된 외신기자클럽, 서울클럽 및 한국언론회관 내 멤버스클럽과 기자클럽
③ 외화획득 및 관광 진흥에 기여도가 높은 관광시설 중 문화체육관광부장관의 추천에 의하여 산업통상자원부장관이 지정한 [별표 7]에 열거한 시설
④ 「청소년기본법」에 따라 문화체육관광부장관에 신고된 서울올림픽파크텔
⑤ 올림픽, 아시안게임 등 대규모 국제대회의 선수촌, 기자촌, 프레스센터 등 관련 시설로서 산업통상자원부장관의 협의를 거쳐 문화체육관광부장관이 기간을 정하여 지정하는 급식장(다만, 문화체육관광부장관이 정하는 기간 이후의 잔여물량은 관광용품센터 또는 판매대상업소에 같은 기간 종료 후부터 30일 이내에 양도하고 문화체육관광부장관에게 이를 보고하여야 함)
⑥ 「관세법」에 따라 설영특허를 받은 외교관 면세매점

(2) 관광호텔용 물품의 관리

관광호텔용 물품의 관리를 위해 다음과 같이 이행하여야 한다.[77]

① 관광용품센터는 보관 중인 관광호텔용 물품에 대하여 연 2회 이상 정기재고조사를 실시하여야 하며, 그 결과를 승인권자에게 보고하여야 한다.
② 관광용품센터는 관광호텔용 물품의 운송, 보관 및 공급과정에서 파손 등으로 해당 물품의 용도에 사용하기 곤란한 물품은 손망실품대장에 기재하고 그 사실을 입증할 수 있는 서류 등을 첨부하여 보관하여야 한다.
③ 관광용품센터는 관광호텔용 물품의 수입, 재고 및 판매현황에 대한 대장을 비치하고 기록·보관하여야 하며 관광용품센터로부터 관광호텔용 물품을 구매한 자는 구매 및 소비현황에 대한 대장을 비치하고 기록 보관하여야 한다.
④ 관광용품센터는 분기별 관광호텔용 물품의 수입 및 판매현황을 작성하여 분기 종료 후 10일 이내에 승인권자에게 보고하여야 한다.
⑤ 관광용품센터로부터 관광호텔용 물품을 구매한 자는 월별 구입 및 소비현황을 다음 달 10일까지 관광용품센터에 제출하여야 한다.

77) 관리규정 제63조.

(3) 관광호텔용 물품의 용도외 사용 금지

관광용품센터로부터 관광호텔용 물품을 구매한 자는 해당 사업 이외의 용도에 사용하거나 유출하여서는 안되고, 관광호텔용 물품을 용도 외에 사용하거나 유출한 자에 대하여 관광용품센터는 문화체육관광부장관에게 이를 보고하여야 한다.[78]

2) 선용품의 공급과 관리

수입 물품 공급업자는 수입 선용품을 국내 항구에 정박 중인 외항선박(원양어선을 포함)이나 신조선박 및 수리선박 이외의 자에게 공급하거나 유출하여서는 안된다.[79]

선용품의 관리를 위해 수입 물품 공급업자는 선용품의 수입, 재고 및 공급현황에 대한 대장을 비치하고 기록·보관하여야 한다. 그리고 수입 물품 공급업자는 선용품의 수입, 공급(외화 및 국내통화 구분) 및 재고현황을 작성하여 매분기 종료 후 10일 이내에 관세청장에게 제출하여야 한다.[80]

3) 군납용 물품의 공급과 관리

군납업자는 수입되는 물품을 군납외의 용도에 사용하거나 유출하여서는 안된다.[81]

4 외화획득용 물품의 사후관리

1) 관광호텔용 물품의 사후관리

관광호텔용 물품(관광용품센터가 수입한 식자재 및 부대용품)은 승인권자의 사후관리를 받아야 하며, 승인권자가 사후관리에 필요한 세부지침을 정하려는 경우에는 산업통상자원부장관과 협의하여야 한다.[82] 승인권자는 관광호텔용 물품을 수입한 자가 승인 없이 당초 용도에 사용하지 않았을 경우 3년 이하의 징역 또는 3천만 원 이하의 벌금에 처하도록 하는 제재를 요청하거나 「관광진흥법」 제2장 제6절에 따른 행정처분을(또는 문화체육관광부장관에게 행정처분을 요청)하여야 한다.

78) 관리규정 제64조.
79) 관리규정 제66조 제2항.
80) 관리규정 제67조.
81) 관리규정 제69조 제1항.
82) 관리규정 제61조.

2) 선용품의 사후관리

수입 물품 공급업자가 수입하는 선용품의 사후관리는 관세청장이 행한다.[83] 관세청장은 수입 물품 공급업자가 수입 선용품을 국내 항구에 정박 중인 외항선박(원양어선을 포함)이나 신조선박 및 수리선박 이외의 자에게 공급하거나 유출할 경우에 3년 이하의 징역 또는 3천만 원 이하의 벌금에 처하도록 하는 제재를 요청하여야 한다.[84]

3) 군납용 물품의 사후관리

군납업자는 수입되는 물품을 양도 또는 폐기하려면 미리 승인기관의 장의 승인을 받아야 한다. 수입된 군납용 물품에 의한 군납계약 이행 후 15일 이내에 외화획득 상황을 군납대금회수증명서를 첨부하여 승인기관의 장에게 보고하여야 한다.[85] 승인기관의 장은 군납 외의 용도로 사용하거나 유출한 군납업자에게 3년 이하의 징역 또는 3천만 원 이하의 벌금에 처하도록 하는 제재를 요청한다.[86]

---

83) 관리규정 제66조 제1항.
84) 관리규정 제68조.
85) 관리규정 제69조 제2항 및 제3항.
86) 관리규정 제69조 제4항.

[별지 제12호 서식]

외화획득용 원료 수입승인[신청]서

Import for Re-Export License(Application)

처리기간 : 1일 Handling Time : 1 Day

<table>
<tr><td>① 수입자 (Exporter) 무역업고유번호 (Trade Business Code)
상호, 주소, 성명
(Name of Firm, Address, Name of Rep.)
(서명 또는 인)
(Signature)</td><td colspan="2">⑥ 송하인 (Consignor)
상호, 주소, 성명
(Name of Firm, Address, Name of Rep.)</td></tr>
<tr><td rowspan="2">② 위탁자 (Requester) 사업자등록번호 (Business No.)
상호, 주소, 성명
(Name of Firm, Address, Name of Rep.)
(서명 또는 인)
(Signature)</td><td colspan="2">⑦ 금액 (Total Amount)</td></tr>
<tr><td colspan="2">⑧ 결제기간(Period of Payment)</td></tr>
<tr><td>③ 원산지(Origin)</td><td>④ 선적항(Port of Loading)</td><td>⑨ 가격조건(Terms of Payment)</td></tr>
<tr><td>⑤ 사후관리 기관명</td><td colspan="2"></td></tr>
</table>

⑩ HS부호 (HS Code)	⑪ 품명 및 규격 (Description/Size)	⑫ 단위 및 수량 (Unit/Quantity)	⑬ 단 가 (Unit Price)	⑭ 금 액 (Amount)

⑮ 승인기관 기재란(Remarks to be filled out by an Approval Agency)
⑯ 유효기간(Period of Approval)
⑰ 승인번호(Approval No.)
⑱ 승인기관 관리번호(No. of an Approval Agency)
위의 신청사항을 「대외무역법」 제11조제2항 및 동법 시행령 제24조제1항에 따라 승인합니다. (The undersigned hereby approves the above-mentioned goods in accordance with Article 11(2) of the Foreign Trade Act and Article 24(1) of the Enforcement Decree of the said Act.) 년 월 일 승 인 권 자 (인)
※이 서식에 의한 승인과는 별도로 대금결제에 관한 사항에 대하여는 외국환거래법령이 정하는 바에 따라야 합니다.

2812-281-01911민 210㎜ × 297㎜
'98.1.12. 승인 일반용지 60g/㎡

[별지 제13호 서식]

외화획득용 원료·기재구매확인신청서

① 구매자	(상호) (주소) (성명) (사업자등록번호)
② 공급자	(상호) (주소) (성명) (사업자등록번호)

1. 구매원료·기재의 내용

③ HS부호	④ 품명 및 규격	⑤ 단위 및 수량	⑥ 구매일	⑦ 단가	⑧ 금액	⑨ 비고

2. 외화획득용 원료·기재라는 사실을 증명하는 서류

⑩ 서류명 및 번호	⑪ HS부호	⑫ 품명 및 규격	⑬ 금액	⑭ 선적기일	⑮ 발급기관명

3. 세금계산서(외화획득용 원료·기재를 구매한 자가 신청하는 경우에만 해당)

⑯ 세금계산서 번호	⑰ 작성일자	⑱ 공급가액	⑲ 세액	⑳ 품목	㉑ 규격	㉒ 수량

㉓ 구매원료·기재의 용도명세 : 원자재구매, 원자재 임가공위탁, 완제품 임가공위탁, 완제품구매, 수출대행 등 해당 용도를 표시하되, 위탁가공무역에 소요되는 국산원자재를 구입하는 경우는 “(위탁가공)” 문구를 추가 표시

* 한국은행 총액한도대출 관련 무역금융 취급절차상의 용도표시 준용

위의 사항을 대외무역법 제18조에 따라 신청합니다.

신청일자 년 월 일
신 청 자
전자서명

* ③은 HS부호 또는 자사관리코드 중 어느 하나를 반드시 기재하여야 합니다.
⑳ 내지 ㉒은 1. 구매원료·기재의 내용과 금액이 다른 경우에는 반드시 기재하여야 합니다.

210㎜ × 297㎜
일반용지 60g/㎡

1/총페이지수

[별지 제13-1호 서식]

외화획득용 원료·기재구매확인서

※ 구매확인서번호 :

① 구매자	(상호) (주소) (성명) (사업자등록번호)
② 공급자	(상호) (주소) (성명) (사업자등록번호)

1. 구매원료·기재의 내용

③ HS부호	④ 품명 및 규격	⑤ 단위 및 수량	⑥ 구매일	⑦ 단가	⑧ 금액	⑨ 비고

2. 세금계산서(외화획득용 원료·기재를 구매한 자가 신청하는 경우에만 해당)

⑩ 세금계산서 번호	⑪ 작성일자	⑫ 공급가액	⑬ 세액	⑭ 품목	⑮ 규격	⑯ 수량

⑰ 구매원료·기재의 용도명세 : 원자재구매, 원자재 임가공위탁, 완제품 임가공위탁, 완제품구매, 수출대행 등 해당 용도를 표시하되, 위탁가공무역에 소요되는 국산원자재를 구입하는 경우는 "(위탁가공)" 문구를 추가표시

* 한국은행 총액한도대출 관련 무역금융 취급절차상의 용도표시 준용

위의 사항을 대외무역법 제18조에 따라 확인합니다.

확인일자 년 월 일

확인기관

전자서명

이 전자무역문서는「전자무역 촉진에 관한 법률」에 따라 전자문서교환방식으로 발행된 것으로서 출력하여 세관 또는 무역유관기관 등 제3자에게 제출하려는 경우 업체는 동 법률 시행규정 제12조제3항에 따라 적색고무인을 날인하여야 합니다.

210㎜ × 297㎜
일반용지 60g/㎡

1/총페이지수

[별지 제14호 서식]

외화획득이행기간연장(신청)서

처리기간
7일

<table>
<tr><td colspan="3">① 신청인(상호, 주소, 성명)

(서명 또는 인)</td><td colspan="3">② 사후관리기관·단체</td></tr>
<tr><td colspan="6">기간연장승인신청 내역</td></tr>
<tr><td>③HS부호</td><td>④품명 및 규격</td><td>⑤단위 및 수량</td><td>⑥금액</td><td>⑦당초만기일</td><td>⑧연장기간 및 연장 후 만기일</td></tr>
<tr><td colspan="6">소요원자재 수입내역</td></tr>
<tr><td>⑨HS부호</td><td>⑩품명 및 규격</td><td>⑪단위 및 수량</td><td>⑫금액</td><td>⑬수입신고세관</td><td>⑭수입신고일자 및 신고필증번호</td></tr>
<tr><td colspan="6">대응수출 이행내역</td></tr>
<tr><td>⑮HS부호</td><td>⑯품명 및 규격</td><td>⑰단위 및 수량</td><td>⑱금액</td><td>⑲L/C번호</td><td>⑳수입신고일자</td></tr>
<tr><td colspan="6">원자재 사용내역</td></tr>
<tr><td>㉑HS부호</td><td>㉒품명 및 규격</td><td>㉓단위 및 수량</td><td>㉔금액</td><td></td><td></td></tr>
<tr><td colspan="6">㉕ 승인조건</td></tr>
<tr><td colspan="6">㉖ 승인번호</td></tr>
<tr><td colspan="6">위의 신청사항을 대외무역관리규정 제38조에 따라 승인합니다.
년 월 일
승 인 권 자 (인)</td></tr>
</table>

2812-281-02711민
'98.1.12. 승인

210㎜ × 297㎜
일반용지 60g/㎡

[별지 제15호 서식]

외화획득용 원료 구매내역신고서

① HS(10단위)부호 및 원자재명

② 구매근거번호	③ 구매일	④ 규격	⑤ 구매단위 및 수량	⑥ 금액	⑦ 비고

대외무역관리규정 제45조에 따라 신고합니다.

년 월 일

신고인 상호 :

주소 :

성명 :

외화획득용 원료 수입 사후관리기관의 장 귀하

2812-281-03111민
'98.1.12. 승인

210㎜ × 297㎜
일반용지 60g/㎡

[별지 제16호 서식]

외화획득이행신고서

<table>
<tr><td colspan="7">외화획득용 원료(물품 등) 수입 및 구매명세 (근거서류명 및 번호 :)</td></tr>
<tr><td>①수입(구매)일</td><td>②HS부호</td><td>③품명 및 규격</td><td>④단위 및 수량</td><td>⑤단가</td><td>⑥금액</td><td>⑦비고</td></tr>
<tr><td></td><td></td><td></td><td></td><td></td><td></td><td></td></tr>
<tr><td colspan="7">외화획득 이행 내역 (근거서류명 및 번호 :)</td></tr>
<tr><td>⑧외화획득이행일</td><td>⑨HS부호</td><td>⑩품명 및 규격</td><td>⑪단위 및 수량</td><td>⑫단가</td><td>⑬금액</td><td>⑭비고</td></tr>
<tr><td></td><td></td><td></td><td></td><td></td><td></td><td></td></tr>
<tr><td colspan="7">대외무역관리규정 제47조에 따라 신고합니다.

년 월 일

외화획득용원료수입 사후관리기관의 장 귀하</td></tr>
</table>

210㎜ × 297㎜
일반용지 60g/㎡

[별지 제17호 서식]

외화획득용 원료 공급이행신고서

<table>
<tr><td colspan="3">① 신청인(상호, 주소, 성명)

(서명 또는 인)</td><td colspan="3">② 인수자(상호, 주소, 성명)

(서명 또는 인)</td></tr>
<tr><td colspan="3">③ 비고</td><td colspan="3">④인수자 사후관리기관명</td></tr>
<tr><td colspan="6">공급물품내역</td></tr>
<tr><td>⑤공급일자
(인수일자)</td><td>⑥내국신용장등
번호</td><td>⑦HS부호 및
수입제한구분</td><td>⑧품명 및 규격</td><td>⑨단위 및 수량</td><td>⑩금액</td></tr>
<tr><td></td><td></td><td></td><td></td><td></td><td></td></tr>
<tr><td colspan="6">기초원료 소요내역</td></tr>
<tr><td>⑪HS부호 및 수입제한구분</td><td>⑫품명 및 규격</td><td>⑬단위 및 수량</td><td>⑭금액</td><td colspan="2">⑮비고</td></tr>
<tr><td></td><td></td><td></td><td></td><td colspan="2"></td></tr>
<tr><td colspan="3">대외무역관리규정 제48조에 따라 위와 같이 외화획득용 원료의 공급이행사항을 신고합니다.

년 월 일

신고인 (서명 또는 인)</td><td colspan="3">위의 사항을 확인합니다.

년 월 일

외화획득용 원료 수입 사후관리기관의 장(인)</td></tr>
</table>

2812-281-03411민
'98.1.12. 승인

210mm × 297mm
일반용지 60g/m²

[별지 제18호 서식]

외화획득용 원료 사용목적변경승인(신청)서

처리기간
7일

① 신청인 무역업고유번호 (상호, 주소, 성명) (서명 또는 인)	②사후관리기관·단체명
	③비고

사용목적 변경승인 신청내역

④HS부호	⑤품명 및 규격	⑥단위 및 수량	⑦금액	⑧수입승인일자 및 번호

소요원자재 수입내역

⑨HS부호	⑩품명 및 규격	⑪단위 및 수량	⑫금액	⑬수입신고세관	⑭수입신고일자 및 신고필증번호

외화획득이행내역

⑮HS부호	⑯품명 및 규격	⑰단위 및 수량	⑱금액	⑲수출일자	⑳L/C번호

외화획득을 위한 원료사용내역

㉑HS부호	㉒품명 및 규격	㉓단위 및 수량	㉔금액	㉕비고

㉖ 승인조건

㉗ 승인번호

위의 신청사항을 대외무역관리규정 제49조에 따라 승인합니다.

년 월 일

승 인 권 자 (인)

2812-281-03511민 '98.1.12. 승인

210㎜ × 297㎜ 일반용지 60g/㎡

[별지 제19호 서식]

외화획득용 원료 양도승인(신청)서

처리기간
7일

①양도자(상호, 주소, 성명) (서명 또는 인)	②양수자(상호, 주소, 성명) (서명 또는 인)
③양도자사후관리기관·단체명	④양수자사후관리기관·단체명

양도원료내역

⑤HS부호 및 수입제한구분	⑥품명 및 규격	⑦단위 및 수량	⑧금액	⑨비고

원료수입내역

⑩ HS부호 및 수입제한구분	⑪품명 및 규격	⑫단위 및 수량	⑬금액	⑭수입신고일자 (구매일자)	⑮수입신고번호	⑯수입승인일자 및 번호

⑰ 승인요건

⑱ 승인번호

위의 신청사항을 대외무역관리규정 제50조에 따라 승인합니다.

년 월 일

승인권자 (서명 또는 인)

2812-281-03611민
'98.1.12. 승인

210㎜ × 297㎜
일반용지 60g/㎡

[별지 제20호 서식]

자율소요량계산서

외화획득이행 물품 등 명세 (관련 서류명 및 번호 :)					
①HS부호	②품명 및 규격	③단위 및 수량	④가격조건 및 단가	⑤금액	⑥비고

자율소요량 명세					
⑦HS부호 (10단위)	⑧품명 및 규격	⑨단위당기준소요량, 단위자율소요량	⑩단위 및 수량	⑪자율소요량 (⑨X⑩)	⑫비고

자율소요량 계산근거 및 내역

대외무역관리규정 제56조에 따라 위와 같이 자율소요량계산서를 작성하여 제출합니다.

년 월 일

업체명 :
주 소 :

작성업체 대표 (인)

수입승인 기관·단체의 장 귀하

210㎜ × 297㎜
일반용지 60g/㎡

CHAPTER 9 전략물자의 수출입

제 1 절 전략물자 수출허가

1 전략물자의 고시 및 허가

1) 전략물자의 정의

일반적으로 전략물자란 국제평화 및 안전유지를 위하여 거래에 대한 통제가 필요하다고 인정되는 것으로 전략물자수출입고시에서 말하는 이중용도 품목 및 군용물자 품목에 해당하는 물품(물질, 시설, 장비, 부품, 소프트웨어 및 기술 포함) 등을 말한다. 이러한 품목들에 대해서는 국제적인 공조에 의한 통제체제가 갖추어져 있지 않으면 전지구상에 중대한 위험을 초래할 수 있기 때문에 지금까지 다양한 국제통제체제가 마련되고 있다.

2) 전략물자의 고시

산업통상자원부장관은 관계 행정기관의 장과 협의하여 대통령령으로 정하는 다자간 국제수출통제체제의 원칙에 따라 국제평화 및 안전유지와 국가안보를 위하여 수출허가 등 제한이 필요한 물품 등(대통령령으로 정하는 기술 포함)을 지정하여 고시(전략물자 수출입고시)하여야 한다.

표 8-1 전략물자 수출입고시상의 통제물자

전략물자 수출입고시			해당 물자
별표 2	이중용도품목 및 기술	1부	특별수재 및 관련 장비
		2부	소재가공
		3부	전자
		4부	컴퓨터
		5부	정보통신 및 정보보안
		6부	센서 및 레이저
		7부	항법 및 항공전자
		8부	해양
		9부	항공우주 및 추진
	원자력전용품목 및 기술	10부	핵물질, 시설 및 장비
별표 3	군용품목	ML1~ML22	군용물자 및 기술

여기서 '대통령령으로 정하는 다자간 국제수출통제체제'란 다음을 말한다.[1)]

① 바세나르체제(Wassenaar Arrangement: WA)[2)]

② 핵공급국그룹(Nuclear Supplier Group: NSG)[3)]

③ 미사일기술통제체제(Missile Technology Control Regime: MTCR)[4)],

④ 오스트레일리아그룹(Australia Group: AG)[5)]

---

1) 시행령 제32조.

2) 바세나르 협약은 『재래식 무기와 전략 물자 및 기술(conventional arms and dual-use goods and technologies)』의 수출을 통제하기 위해 결성된 다국적 협의체이다. 대공산권 수출통제기구(코콤)가 해체되자 이를 대신해서 세계평화를 위협하는 나라에 무기 및 기술의 수출을 금지할 목적으로 설립된 국제기구로서 무기와 전략물자, 관련 기술에 대한 수출을 통제하기 위해 1996년 맺어졌다. 한국을 포함한 40개국이 회원국으로 가입했다.

3) 인도와 파키스탄의 핵실험 이후 쟁거위원회만으로는 미흡하다는 판단 아래 보다 강력한 통제체제의 필요성이 확산되었고, 이에 따라 1978년 1월 미국·영국 주도로 7개국이 런던지침을 발표하고 국제원자력수출통제체제(NSG)를 설립하였다. 여기서는 핵 관련 물질의 수출조건으로 수출품에 대한 IAEA 전면안전조치 적용, 제3국으로 재이전(수출)시 원공급국의 사전 동의, 물리적인 방호조치 및 평화적 목적 사용 서약을 제시하고 있다.

4) 미사일 확산을 막기 위한 일종의 자발적인 수출규제에 대한 약속으로서 MTCR은 미사일 수출통제 지침(Guidelines)과 통제 대상이 되는 항목을 리스트화한 부속서(Annex)를 만들어 놓고, 회원국이 이를 각자 자국의 법률에 반영해 실행하도록 하고 있다.

⑤ 화학무기의 개발·생산·비축·사용 금지 및 폐기에 관한 협약(CWC)[6)]

⑥ 세균무기(생물무기) 및 독소무기의 개발·생산·비축·사용 금지 및 폐기에 관한 협약(BWC)[7)]

⑦ 무기거래조약(ATT)[8)]

또한 '대통령령으로 정하는 기술'이란, 다자간 국제수출통제체제에서 정하는 물품의 제조·개발 또는 사용 등에 관한 기술로서 산업통상자원부장관이 관계 행정기관의 장과 협의하여 고시하는 기술을 말한다.[9)]

다시 말하면, 전략물자란 대량살상무기(Weapon of Mass Destruction: WMD) 또는 재래식 무기와 그 운반수단의 개발·제조·사용·보관에 직·간접적으로 사용될 수 있는 물품, 소프트웨어 및 기술을 의미한다. 그러므로 일상생활에서 흔히 사용되는 밸브, 낚싯대, 테니스라켓, 샴푸나 화장품도 재질에 따라 전략물자로 분류되어 수출통제 대상이 될 수 있다.[10)] 즉, 순수한 민간용도 및 산업용도 물자 중에 무기에 쓰일 수 있는 물품이나 기술이 전략물자로 분류된다.

---

5) 화학무기용 화학제의 수출 관리를 목적으로 오스트레일리아가 주도해 결성한 조직으로 주요 기능은 수출 관리대상 품목의 리스트 합의와 참가국 간의 정보 교환이다.

6) 화학무기의 개발과 생산·사용을 금지한 국제조약(Convention on the Prohibition of the Development Production Stockpiling and Use of Chemical Weapons and on Their Destruction: CWC)은 민간의 화학산업시설에 대한 불시 사찰도 인정하는 등 감시 시스템이 다른 군축조약에 비해 엄격한 조약이다.

7) 세균무기(생물무기) 및 독소무기의 개발, 생산 및 비축의 금지와 그 폐기에 관한 협약(Convention on the Prohibition of the Development Production and Stockpiling of Bacteriological (Biological) and Toxin Weapons and on Their Destruction, BWC)은 각 협상 당사국이 보유하고 있는 생물무기의 완전 폐기를 목표로 하는 다자간 군축·비확산조약이다.

8) 무기거래조약(Arms Trade Treaty: ATT)은 재래식 무기의 국제 거래 규제 또는 규제 개선에서 가능한 한 최고 수준의 공통된 국제 기준을 마련하고, 재래식 무기의 불법거래를 방지 및 근절하며, 그 전용을 방지하는 것을 목적으로 맺은 조약이다.

9) 시행령 제32조의2.

10) 전순환, 전게서, p.259.

표 8-2 다자간 전략물자 수출통제체제[11)]

구분	국제수출통제체제				비확산조약		
	바세나르 체제 (WA)	핵공급국 그룹 (NSG)	미사일기술 수출통제체제 (MTCR)	호주그룹 (AG)	화학무기 금지협약 (CWC)	생물무기 금지협약 (BWC)	무기거래 조약 (ATT)
설립	1996	1974	1987	1985	1997	1975	2014
회원국	42개국	48개국	35개국	43개국	193개국	183개국	130개국
한국 가입	1996	1995	2001	1996	1997	1987	2017
통제 대상	재래식 물기 및 이중용도품목	원자력 전용물자 및 이중용도품목	미사일 관련 물품	생화학 무기 원료 및 제조장치	1,2,3종 독성 화학물질 및 원료	국제적으로 규정한 품목은 없으나 국내 화학생물무기금지법에 67종의 생물작용제 규정	유엔 7대 재래식 무기(전차, 장갑차, 대구경야포, 전투기, 공격용헬기, 전함, 미사일 및 발사대, 소형무기와 경화기, 탄약, 부품
국제수출통제체제에서 수출통제를 위한 기본원칙과 품목의 성능 및 규격을 정하고 회원국 정부가 구체적인 절차와 기준 등을 자국의 법에 반영하여 집행							

표 8-3 일반산업용도 물품 및 전략물자와의 관계[12)]

물품명	일반용도	전략물자 용도
동결건조기	인스턴트 커피 제조용	생물무기 제조장치
탄소섬유	테니스라켓, 낚싯대	미사일 동체
트리에탄올아민	샴푸, 화장품, 농약	화학무기 원료

11) 전략물자관리시스템(yestrade.go.kr) 참조.

12) 전략물자관리제도 및 수출통제의 현황과 향후 전망, 계간 관세사, 통권 제146호, 2007년 가을호, 전순환, 전게서, p.237, 재인용.

2 전략물자 수출허가 및 상황허가

1) 전략물자의 수출허가

전략물자를 수출하려는 자는 대통령령으로 정하는 바에 따라 산업통상자원부장관이나 관계행정기관의 장의 허가를 받아야 한다. 다만, 「방위사업법」 제57조 제2항[13]에 따라 허가를 받은 방위산업물자 및 국방과학기술이 전략물자에 해당하는 경우에는 그러하지 아니하다.[14]

2) 전략물자의 상황허가

전략물자에는 해당하지 아니하나 대량파괴무기와 그 운반수단인 미사일의 제조·개발·사용 또는 보관 등의 용도로 전용될 가능성이 높은 물품 등을 수출하려는 자는 해당 물품 등의 수입자나 최종 사용자가 그 물품 등을 대량파괴무기 등의 제조·개발·사용 또는 보관 등의 용도로 전용할 의도가 있음을 알았거나 그 수출이 다음의 어느 하나에 해당되어 그러한 의도가 있다고 의심되면 대통령령으로 정하는 바에 따라 산업통상자원부장관이나 관계행정기관의 장의 상황허가를 받아야 한다.[15]

① 수입자가 해당 물품 등의 최종 용도에 관하여 필요한 정보제공을 기피하는 경우
② 수출하고자 하는 물품 등이 최종 사용자의 사업 분야에 해당되지 아니하는 경우
③ 수출하려는 물품 등이 수입국가의 기술수준과 현저한 격차가 있는 경우
④ 최종 사용자가 해당 물품 등이 활용될 분야의 사업경력이 없는 경우
⑤ 최종 사용자가 해당 물품 등에 대한 전문적 지식이 없음에도 불구하고 해당 물품 등의 수출을 요구하는 경우
⑥ 최종 사용자가 해당 물품 등에 대한 설치·보수 또는 교육훈련 서비스를 거부하는 경우
⑦ 해당 물품 등의 최종 수하인이 운송업자인 경우

---

13) "방산물자 및 국방과학기술을 국외로 수출하거나 그 거래를 중개하고자 하는 경우에는 대통령령이 정하는 바에 따라 방위사업청장의 허가를 받아야 한다. 다만, 방산물자 및 국방과학기술을 국외로 수출하는 경우로서 해외에 파병된 국군에 제공하는 등 대통령령으로 정하는 경우에는 그러하지 아니하다."
14) 대외무역법 제19조 제2항.
15) 대외무역법 제19조 제3항.

⑧ 해당 물품 등에 대한 가격 및 지불 조건이 통상적인 범위를 벗어나는 경우
⑨ 특별한 이유 없이 해당 물품 등의 납기일이 통상적인 기간을 벗어난 경우
⑩ 해당 물품 등의 수송경로가 통상적인 경로를 벗어난 경우
⑪ 해당 물품 등의 수입국내 사용 또는 재수출 여부가 명백하지 아니한 경우
⑫ 해당 물품 등에 대한 정보 또는 목적지 등에 대하여 통상적인 범위를 벗어나는 보안을 요구하는 경우
⑬ 그 밖에 국제정세의 변화 또는 국가안전보장을 해치는 사유의 발생 등으로 산업통상자원부장관이나 관계행정기관의 장이 상황허가를 받도록 정하여 고시하는 경우

3) 전략물자의 수출허가기관

이중용도품목(별표 2)과 군용물자품목에 해당되는 전략물자(「방위사업법 시행령」 제39조 제2항에 따른 일반방산물자 제외) 및 기술의 수출허가기관은 다음과 같으며, 그 세부사항은 허가기관별 소관품목(별표 5)에서 정한다.[16]

① 산업통상자원부장관 : 이중용도품목의 제1부부터 제9부까지에 해당되는 전략물자, 군용물자품목 중 「방위사업법 시행령」 제39조 제2항에 따른 일반방산물자 및 기술
② 원자력안전위원회 위원장 : 이중용도품목 원자력 전용품목(제10부)에 해당되는 물품 등
③ 방위사업청장 : 군용물자품목에 해당되는 물품 등과 이중용도품목에 해당되는 물품 등 가운데 수입국정부가 군사목적으로 사용할 경우

상기 ①의 규정에도 불구하고 기술이 전략물자와 함께 수출되는 경우에는 해당 전략물자의 수출허가기관이 수출허가를 한다.[17]

상황허가는 산업통상자원부장관이 한다. 다만, 「관세법 시행령」 제98조의 관세·통계통합품목분류표(HSK)상의 제28류 중 방사성동위원소의 유기 또는 무기화합물, 제84류 중 원자로 및 이들의 부분품에 대한 상황허가는 교육과학기술부장관이 하며, 최종사용자가 수입국의 국방 및 군 관련 기관에 해당하는 군수품에 대한 상황허가는 방위사업청장이 한다.[18]

---

16) 전략물자 수출입고시 제4조 제1항.
17) 전략물자 수출입고시 제4조 제2항.

표 8-4 전략물자 수출 및 상황 허가기관[19]

구분	대상품목	수출승인(허가)기관	사전판정기관
전략 물자 · 기술	기술	산업통상자원부 무역안보과	전략물자관리원
	원자력 전용품목 (관련 S/W 및 기술 포함)	원자력안전위원회 원자력통제과	원자력안전위원회 원자력통제과
	산업용물품	산업통상자원부 무역안보과	전략물자관리원
	원자력 일반산업용 물품 (관련 S/W 포함)		
	군용물자(관련 S/W 포함)	방위사업청 수출협력과	–
상황허가	상황허가 대상일반산업용 물자	산업통상자원부 무역안보과	–
	방사성동위원소의유기 또는 무기화합물	원자력안전위원회 방사선 안전과	–
	원자로 및 이들의 부분품과 관련 기술	원자력안전위원회 원자력 통제과	–
	상황허가 대상품목 관련 기술	산업통상자원부 무역안보과	–

4) 전략물자의 허가 신청

(1) 허가의 신청

전략물자 또는 전략물자에는 해당되지 아니하나 대량파괴무기와 그 운반수단인 미사일의 제조·개발·사용 또는 보관 등의 용도로 전용될 가능성이 높은 물품 등을 수출하려는 자는 전략물자수출허가신청서나 상황허가신청서에 다음의 서류를 첨부하여 산업통상자원부장관이나 관계 행정기관의 장에게 제출하여야 한다.[20]

① 수출계약서, 수출가계약서 또는 이에 준하는 서류

② 수입국의 정부가 발행하는 수입목적확인서 또는 이에 준하는 서류

③ 수출하는 물품 등의 용도와 성능을 표시하는 서류

18) 전략물자 수출입고시 제4조 제3항.

19) https://www.yestrade.go.kr 참조.

20) 시행령 제33조 제1항.

④ 수출하는 물품 등의 기술적 특성에 관한 서류

⑤ 수출하는 물품 등의 용도 등에 관한 최종 사용자의 서약서

⑥ 그 밖에 수출허가나 상황허가에 필요한 서류로서 산업통상자원부장관이 정하여 고시하는 서류

(2) 허가의 기준

산업통상자원부장관이나 관계 행정기관의 장은 수출허가 신청이나 상황허가 신청을 받으면 국제평화와 안전유지와 국가안보 등 다음의 기준에 따라 수출허가나 상황허가를 할 수 있다.[21)]

① 해당 물품 등이 평화적 목적에 사용되는지 여부

② 해당 물품 등의 수출이 안전유지와 국가안보에 영향을 미치는지 여부

③ 해당 물품 등의 수입자와 최종 사용자 등이 거래에 적합한 자격을 가졌는지 여부 및 그 사용 용도를 믿을 수 있는지 여부

④ 그 밖에 국제수출통제체제의 원칙 중 산업통상자원부장관이 정하여 고시하는 사항을 지키는지 여부

(3) 허가의 처리와 유효기간

수출허가신청이나 상황허가신청을 받은 산업통상자원부장관이나 관계 행정기관의 장은 15일 이내에 수출허가나 상황허가의 여부를 결정하고 그 결과를 신청인에게 알려야 한다.[22)] 다만 수출허가나 상황허가를 신청한 물품 등에 대하여 별도의 기술 심사, 관계 행정기관과의 협의 또는 현지조사가 필요한 경우에는 그 협의나 현지조사를 하는 데에 걸리는 기간은 본문에 따른 기간에 산입하지 아니한다.

전략물자 수출(상황, 경유 및 환적, 중개 포함)허가의 유효기간은 1년이다. 다만, 다음에 해당하는 경우 허가의 유효기간을 달리할 수 있다.

① 대외무역법 제19조 제2항에 따른 전략물자 중 동법 제19조 제1항에 따른 기술을 수출하려는 경우

② 동법 제25조 제2항에 따른 자율준수무역거래자(법 제19조 제2항 및 시행령 제32조의3에 따른 기술이전 행위의 전부 또는 일부를 위임하거나 기술이전 행위를 하는 자 포함)에 대하여 동법 제19조 제2항에 따른 수출허가를 하는 경우

---

21) 대외무역법 제19조 제4항.

22) 시행령 제33조 제2항.

③ 상기 ①과 ② 외에 전략물자 등의 인도 조건, 대금 결제의 기간이나 조건, 경유 또는 환적이나 중개 등과 관련된 거래의 특성 등을 고려하여 산업통상자원부장관이나 관계 행정기관의 장이 필요하다고 인정하는 경우

허가 유효기간을 달리 설정할 경우 관련된 세부적인 사항은 산업통상자원부장관이 관계 행정기관의 장과 협의하여 고시할 수 있다.[23)]

(4) 허가의 면제

산업통상자원부장관이나 관계 행정기관의 장은 다음의 경우에는 전략물자의 수출허가 또는 상황허가를 면제할 수 있다.[24)] 수출자는 수출 후 7일 이내에 산업통상자원부장관 또는 관계 행정기관의 장에게 수출거래에 관한 보고서를 제출하여야 한다.

① 재외공관, 해외에 파견된 우리나라 군대 또는 외교사절 등에 사용될 공용물품을 수출하는 경우

② 선박 또는 항공기의 안전운항을 위하여 긴급 수리용으로 사용되는 기계, 기구 또는 부분품 등을 수출하는 경우

③ 그 밖에 수출허가 또는 상황허가의 면제가 필요하다고 인정하여 산업통상자원부장관이 관계 행정기관의 장과 협의하여 고시(전략물자 수출입고시 제26조)하는 경우

제 2 절 전략물자의 판정 등

1 전략물자 판정 신청

1) 판정의 신청

물품 등의 무역거래자는 대통령령으로 정하는 바에 따라 산업통상자원부장관이나 관계 행정기관의 장에게 수출하려는 물품 등이 전략물자 또는 상황허가 대상인 물품 등에 해당하는지에 대한 판정을 신청할 수 있다.[25)]

---

23) 시행령 제42조의2.
24) 시행령 제35조.

2) 서류의 제출

해당 물품이 전략물자 또는 상황허가 대상인 물품 등에 해당하는지에 대하여 판정을 받으려는 자는 판정신청서에 다음의 서류를 첨부하여 산업통상자원부장관이나 관계 행정기관의 장에게 제출하여야 한다.[26)]

① 물품 등의 용도와 성능을 표시하는 서류
② 물품 등의 기술적 특성에 관한 서류
③ 그 밖에 전략물자 또는 상황허가 대상인 물품 등의 판정에 필요한 서류로서 산업통상자원부장관이 정하여 고시하는 서류

3) 판정기관

산업통상자원부장관이나 관계 행정기관의 장은 전략물자관리원장 또는 「원자력안전법」에 따른 한국원자력통제기술원에 판정을 위임하거나 위탁할 수 있다.[27)]

4) 판정의 절차

신청을 받은 산업통상자원부장관이나 관계 행정기관의 장은 15일 이내에 신청한 물품 등이 전략물자 또는 상황허가 대상인 물품 등에 해당하는지를 판정하여 신청인에게 알려야 한다.[28)] 다만, 판정을 신청한 물품 등에 대하여 별도의 기술 심사나 다른 관계행정기관과의 협의가 필요한 경우 그 기술 심사나 협의를 하는 데에 필요한 기간은 산입하지 아니한다.

5) 판정의 유효기간

전략물자 판정의 유효기간은 2년으로 한다.

---

25) 대외무역법 제20조 제2항.
26) 시행령 제36조 제1항.
27) 시행령 제37조.
28) 시행령 제36조 제2항.

2 전략물자 수입목적확인서의 발급

1) 전략물자 수입목적확인서의 정의

전략물자 수입목적확인서란 수입자가 해당 전략물자·기술을 수입하여 사용하고자 하는 목적과 그 전략물자·기술을 제3국으로 전송, 환적 또는 수출하지 않을 것임을 서약한 사실을 정부가 확인해 주는 서류를 말한다.[29]

2) 전략물자 수입목적확인서의 발급 신청

전략물자를 수입하려는 자는 대통령령으로 정하는 바에 따라 산업통상자원부장관이나 관계 행정기관의 장에게 수입목적 등의 확인을 내용으로 하는 수입목적확인서의 발급을 신청할 수 있다.[30] 따라서, 전략물자 수입목적확인서를 발급받으려는 자는 전략물자 수입목적확인서 발급신청서에 그 전략물자의 최종 사용자 및 사용목적을 증명할 수 있는 서류 등 전략물자의 수입목적을 확인하는데 필요한 서류로서 산업통상자원부장관이나 관계 행정기관의 장이 정하여 고시하는 서류를 첨부하여 산업통상자원부장관이나 관계 행정기관의 장에게 제출하여야 한다.[31] 수입목적확인서 발급기관은 '전략물자·기술의 수출허가(상황허가)기관'과 같다.[32]

3) 전략물자 수입목적확인서의 발급

산업통상자원부장관과 관계 행정기관의 장은 수입목적 등의 확인 신청 내용이 사실인지 확인한 후 수입목적확인서를 발급할 수 있다.[33] 따라서, 전략물자 수입목적확인서의 발급신청을 받은 산업통상자원부장관이나 관계 행정기관의 장은 7일 이내에 전략물자 수입목적확인서를 발급하여야 한다. 다만, 수입목적 확인을 신청한 물품 등에 대하여 별도의 기술 심사나 관계 행정기관과의 협의가 필요한 경우 그 기술 심사나 협의를 하는데 필요한 기간은 본문에 따른 기간에 산입하지 아니한다.[34]

---

29) 전략물자 수출입고시 제2조 제8호.
30) 대외무역법 제 22조.
31) 시행령 제40조 제1항.
32) 전략물자 수출입고시 제6조.
33) 대외무역법 제22조.
34) 시행령 제40조 제2항.

3 전략물자 등에 대한 이동중지명령 등

1) 전략물자 등의 이동중지명령

산업통상자원부장관과 관계 행정기관의 장은 전략물자나 상황허가 대상인 물품 등(이하 이 조에서 "전략물자 등"이라 한다)이 허가를 받지 아니하고 수출되거나 거짓이나 그 밖의 부정한 방법으로 허가를 받아 수출되는 것(이하 "불법수출"이라 한다)을 막기 위하여 필요하면 적법한 수출이라는 사실이 확인될 때까지 전략물자 등의 이동중지명령을 할 수 있다.[35]

산업통상자원부장관과 관계 행정기관의 장은 전략물자 등의 불법수출을 막기 위하여 긴급하게 그 이동을 제한할 필요가 있으면 적법한 수출이라는 사실이 확인될 때까지 직접 그 이동을 중지시킬 수 있다.[36]

이러한 이동중지명령 및 이동중지조치의 기간과 방법은 전략물자 등의 국가 간 불법수출을 막기 위하여 필요한 최소한도에 그쳐야 한다.[37]

2) 전략물자 등의 경유 또는 환적의 허가

전략물자 등을 국내 항만이나 공항을 경유하거나 국내에서 환적(換積)하려는 자로서 대통령령으로 정하는 자는 대통령령으로 정하는 바에 따라 산업통상자원부장관이나 관계 행정기관의 장의 허가를 받아야 한다.[38]

여기서 "대통령령으로 정하는 자"란 다음의 어느 하나에 해당하는 자를 말한다.

① 대량파괴무기 등의 제조·개발·사용 또는 보관 등의 용도로 전용되거나 전용될 가능성이 있다고 인정되는 전략물자나 상황허가 대상인 물품 등을 경유하거나 환적하려는 자

② 산업통상자원부장관 또는 관계 행정기관의 장으로부터 경유 또는 환적 허가를 받아야 하는 것으로 통보받은 자

경유 또는 환적 허가를 받으려는 자는 그 허가신청서에 경유 또는 환적 허가에 필요한 서류로서 산업통상자원부장관이 정하여 고시하는 서류를 첨부하여 산업통상자

---

35) 대외무역법 제23조 제1항.
36) 대외무역법 제23조 제2항.
37) 대외무역법 제23조 제6항.
38) 대외무역법 제23조 제3항.

원부장관 또는 관계 행정기관의 장에게 제출하여야 한다.[39)]

3) 전략물자 등의 이동조치에 대한 협조요청

산업통상자원부장관 또는 관계 행정기관의 장은 이동중지조치나 경유 또는 환적의 허가를 하기가 적절하지 아니하면 다른 행정기관에 협조를 요청할 수 있다.

이 경우 협조를 요청받은 행정기관은 국내 또는 외국의 전략물자 등의 국가 간 불법수출을 막을 수 있도록 협조하여야 한다.[40)]

4) 공무원의 권한표시의 제시의무

이동중지조치를 하는 공무원은 그 권한을 표시하는 증표를 지니고 이를 관계인에게 내보여야 한다.[41)]

4 전략물자의 중개허가

1) 전략물자의 중개허가

국내에 거주하는 대한민국 국민(국내법에 따라 설립된 법인 포함)이 전략물자를 제3국에서 다른 제3국으로 이전하거나 매매하기 위한 중개를 하려면 대통령령으로 정하는 바에 따라 산업통상자원부장관이나 관계 행정기관의 장의 허가를 받아야 한다.

2) 전략물자의 중개허가 신청

전략물자를 중개하려는 자는 전략물자 중개허가신청서에 다음의 서류를 첨부하여 산업통상자원부장관이나 관계 행정기관의 장에게 제출하여야 한다.[42)]

① 거래계약서, 거래가계약서(去來假契約書) 또는 이에 준하는 서류

② 해당 중개에 관련된 수출자, 수입자, 중개자 등에 관한 서류

③ 중개하는 전략물자의 용도와 성능을 표시하는 서류

39) 시행령 제40조 제2항.

40) 대외무역법 제23조 제4항.

41) 대외무역법 제23조 제5항.

42) 시행령 제41조 제1항.

④ 중개하는 전략물자의 기술적 특성에 관한 서류
⑤ 중개하는 전략물자의 용도 등에 관한 최종 사용자의 서약서
⑥ 그 밖에 전략물자의 중개허가에 필요한 서류로서 산업통상자원부장관이 정하여 고시하는 서류

3) 전략물자의 중개허가 기준

산업통상자원부장관과 관계 행정기관의 장은 중개허가 신청을 받으면 국제평화 및 안전유지와 국가안보 등 대통령령으로 정하는 다음의 기준에 따라 중개허가를 할 수 있다.[43)]

① 해당 물품 등이 평화적 목적에 사용되는지 여부
② 해당 물품 등의 중개가 안전유지와 국가안보에 영향을 미치는지 여부
③ 해당 물품 등의 수출자, 수입자, 최종 사용자 등이 거래에 적합한 자격을 가졌는지 여부 및 그 사용 용도를 믿을 수 있는지 여부
④ 그 밖에 다자간 국제수출통제체제의 원칙 중 산업통상자원부장관이 정하여 고시하는 사항을 지키는지 여부

4) 전략물자의 중개허가 통보

중개허가 신청을 받은 산업통상자원부장관이나 관계 행정기관의 장은 15일 이내에 중개허가 여부를 결정하고 그 결과를 신청인에게 알려야 한다. 다만, 중개허가를 신청한 물품 등에 대하여 별도의 기술 심사, 관계 행정기관과의 협의 또는 현지조사가 필요한 경우 이를 하는데 필요한 기간은 본문에 따른 기간에 산입하지 아니한다.[44)]

5) 전략물자의 중개허가의 면제

전략물자의 이전·매매가 수출국으로부터 다자간 국제수출통제체제의 원칙에 따른 수출허가를 받은 경우 등 대통령령으로 정하는 다음 중 어느 하나에 해당하는 때에는 중개허가를 받지 않아도 된다.

① 법 제19조 제1항의 다자간 국제수출통제체제의 원칙에 따라 수출국으로부터 수출허가를 받은 때

43) 대외무역법 제24조 제2항 및 시행령 제42조.
44) 시행령 제41조 제2항.

② 산업통상자원부장관이 고시하는 지역에서 중개에 따른 수출이나 수입이 이루어지는 때

5 자율준수무역거래자

1) 자율준수체제의 의의

(1) 자율준수무역거래자의 특례

자율준수체제라 함은 무역거래자가 독립적인 수출거래심사기구(자율수출관리기구)를 갖추고 「전략물자수출관리업무에 대한 운영규정」(자율수출관리규정)에 따라 수출거래를 심사한 후 수출거래를 거부하거나 전략물자 및 상황허가 대상물품의 수출허가기관의 장에게 전략물자 사전판정 수출허가 등을 신청하는 일련의 절차 및 제도를 말한다.[45] 이러한 제도의 도입에 따라 자율준수무역거래자로 지정된 자는 다음의 특례가 부여된다.[46]

① 포괄수출허가 신청자격 부여

② 개별수출허가 신청 시 첨부서류 사후제출 가능(수출 후 7일 이내)

③ 전략물자 수출통제 관련 법규 위반 시 고의가 아닐 경우, 행정제재 경감 가능

④ 개별과 포괄수출허가 시 허가실적이 있는 업체에 동일 품목을 동일 수하인에게 보내는 경우에 첨부서류 전체 또는 일부 면제

2) 포괄수출허가

(1) 사용자포괄수출허가

사용자포괄수출허가라 함은 허가기관의 장이 자율준수무역거래자로 지정된 수출자(이하 '자율준수무역거래자'라 한다)에게 별표8에 속하는 품목(기술 제외)을 그 구매자, 목적지국가, 최종 수하인을 지정하여 일정한 기간 동안 수출하도록 허가하는 것으로서, 그 기간 동안 해당 품목의 수출 여부 및 수출수량은 수출자가 최종 사용자의 사용 용도를 고려하여 자율적으로 결정할 수 있는 것을 말한다.[47]

---

45) 전략물자 수출입고시 제70조 제1항.

46) http://www.yestrade.go.kr 참조.

47) 전략물자 수출입고시 제28조 제1항.

자율준수무역거래자는 별표 8에 속하는 품목이 다음의 어느 하나에 해당하는 경우 그 구매자, 목적지국가, 최종수하인 및 대상 품목을 정하여 허가기관의 장에게 사용자포괄수출허가를 신청할 수 있다.

① 대상품목의 목적지국가가 별표 6의 "가" 지역에 해당하는 경우

② 사용자포괄수출허가 신청일로부터 최근 2년간 외국의 동일 구매자에게 대상 품목을 3건 이상 수출한 경우

③ 향후 외국의 동일 구매자에 대하여 대상 품목의 수출량이 급격히 증가할 것이 예상되거나 기타 사업의 특성상 사용자포괄수출허가의 필요성이 있다고 인정되는 경우

(2) 품목포괄수출허가

품목포괄수출허가라 함은 허가기관의 장이 자율준수무역거래자에게 별표 8에 속하는 품목을 특정한 구매자, 최종목적지국가, 최종수하인, 최종사용자, 최종사용용도에 따라 일정한 기간 동안 수출하도록 허가하는 것으로서, 그 기간 동안 수출자가 대상 품목 및 그 수출 여부와 수출량을 자율적으로 결정할 수 있는 것을 말한다.[48]

자율준수무역거래자는 별표 8에 속하는 품목이 다음에 해당하는 경우 그 구매자, 최종 목적지국가, 최종 수하인, 최종 사용자, 사용용도를 정하여 허가기관의 장에게 품목수출허가를 신청할 수 있다.

① 제72조에 따른 해당 자율준수무역거래자의 등급이 AA 이상(다만, 최종목적지국가가 별표 6의 "나" 지역에 해당하는 경우에는 AAA)인 경우

② 플랜트건설계약 등 동일한 목적을 위하여 다양한 품목이 장기간 공급될 것으로 예상되거나 기타 사업의 특성상 품목포괄수출허가의 필요성이 있다고 인정되는 경우

2) 자율준수무역거래자

(1) 자율준수무역거래자의 지정

산업통상자원부장관은 기업의 자율적인 전략물자 관리능력을 높이기 위하여 전략물자 여부에 대한 판정능력, 수입자 및 최종 사용자에 대한 분석능력 등 다음과 같이 대통령령으로 정하는 능력을 갖춘 무역거래자를 자율준수무역거래자로 지정할 수 있다.[49]

---

48) 전략물자 수출입고시 제34조.

① 전략물자 해당 여부에 대한 판정능력

② 수입자 및 최종 사용자에 대한 분석능력

③ 자율관리조직의 구축 및 운용 능력

(2) 자율준수무역거래자의 지정신청과 지정 여부 통보

자율준수무역거래자로 지정받으려는 자는 다음의 서류를 첨부하여 산업통상자원부장관에게 제출하여야 한다.[50)]

① 자율준수무역거래자 지정신청서

② 대통령령으로 정하는 능력을 갖추었음을 증명하는 서류

③ 자율적인 수출통제 업무 관리를 위한 업무규정 및 조직도

④ 그 밖에 자율준수무역거래자의 지정에 필요한 서류로서 산업통상자원부장관이 정하여 고시하는 서류

자율준수무역거래자 지정 신청을 받은 산업통상자원부장관은 접수일부터 40일 이내에 그 지정 여부와 그 등급을 신청인에게 알려야 한다.[51)]

(3) 자율준수무역거래자의 자율관리업무의 범위

산업통상자원부장관은 지정을 받은 자율준수무역거래자에게 대통령령으로 정하는 바에 따라 전략물자의 수출허가에 관하여 다음의 수출통제업무를 자율적으로 관리하게 할 수 있다.[52)]

① 수출허가를 받은 물품 등의 최종 사용자에 관한 관리 업무

② 수출허가를 받은 물품 등의 최종 용도에 관한 관리 업무

③ 그 밖에 전략물자 수출허가 제도를 효율적으로 운용하기 위하여 산업통상자원부장관이 정하고 고시하는 업무

(4) 자율준수무역거래자의 보고

자율준수무역거래자는 다음의 사항 별로 해당기간 내에 자율적으로 관리하는 전략물자의 현황 및 수출실적 등을 산업통상자원부장관에게 보고하여야 한다.[53)]

49) 대외무역법 제25조 제1항.

50) 시행령 제43조 제3항.

51) 시행령 제43조 제5항.

52) 시행령 제44조 제1항.

53) 대외무역법 제25조 제3항 및 시행령 제45조.

① 전략물자 수출허가의 반기별(半期別) 실적 : 다음 반기의 1개월 이내
② 자율준수무역거래자의 능력에 관한 연간 현황 : 다음 해의 1개월 이내

(5) 자율준수무역거래자의 지정취소

산업통상자원부장관은 다음의 어느 하나에 해당하는 경우에는 자율준수무역거래자의 지정을 취소할 수 있다.[54]

① 자율준수무역거래자에게 요구되는 능력을 유지하지 못하는 경우
② 고의나 중대한 과실로 수출허가를 받지 아니하고 전략물자를 수출한 경우
③ 고의나 중대한 과실로 상황허가를 받지 아니하고 상황허가 대상인 물품 등을 수출한 경우
④ 고의나 중대한 과실로 서류보관의무를 이행하지 아니한 경우
⑤ 고의나 중대한 과실로 중개허가를 받지 아니하고 전략물자를 중개한 경우
⑥ 자율준수무역거래자가 자율적으로 관리하는 수출실적 등의 보고의무를 이행하지 아니한 경우

제 3 절 전략물자 수출입관리 체계

1 전략물자 수출입고시

산업통상자원부장관은 관계 행정기관의 장과 협의하여 전략물자 또는 상황허가등의 수출입에 관한 요령을 고시하여야 한다.[55]

2 비밀준수 의무

전략물자의 수출입통제업무와 관련된 공무원, 전략물자관리원의 임직원과 판정 업무와 관련된 자는 전략물자 수출입통제업무의 수행과정에서 알게 된 영업상 비밀을 그 업체의 동의 없이 외부에 누설하여서는 아니 된다.[56]

54) 대외무역법 제25조 제4항.
55) 대외무역법 제26조.

3 전략물자 수출입관리 정보시스템

산업통상자원부장관은 다음의 업무를 수행하기 위하여 관계 행정기관의 장 및 전략물자관리원과 공동으로 전략물자 수출입관리 정보시스템을 구축·운영할 수 있으며, 이에 대한 필요한 사항은 대통령령으로 정한다.[57]

① 수출허가, 상황허가, 전략물자에 대한 판정, 수입목적확인서의 발급 등에 관한 업무

② 전략물자의 수출입통제에 필요한 정보의 수집·분석 및 관리 업무

4 전략물자관리원

전략물자의 수출입 업무와 관리 업무를 효율적으로 지원하기 위하여 전략물자관리원을 법인으로 설립하며 다음과 같은 업무를 수행한다.[58]

① 전략물자에 대한 판정 업무

② 전략물자 수출입관리 정보시스템의 운영 업무

③ 전략물자의 수출입자에 대한 교육 업무

④ 그 밖에 대통령령으로 정하는 다음의 업무

ⓐ 전략물자 수출입관리에 관한 조사·연구 및 홍보 지원 업무

ⓑ 전략물자 수출입통제와 관련된 국제협력 지원 업무

ⓒ 전략물자 자율준수무역거래자의 지정 및 관리에 대한 지원 업무

ⓓ 전략물자의 판정 및 통보에 관하여 산업통상자원부장관이 위탁하는 업무

이러한 업무에 관하여 이용자들에게 수수료를 징수할 수 있으며, 정부는 전략물자관리원의 설립 및 운영에 필요한 경비를 예산의 범위에서 출연하거나 지원할 수 있다.

56) 대외무역법 제27조.

57) 대외무역법 제28조.

58) 대외무역법 제29조 제5항.

5 전략물자 수출입통제 협의회

1) 전략물자 수출입통제 협의회의 구성 및 운영

산업통상자원부장관과 관계 행정기관의 장은 전략물자의 수출입통제와 관련된 부처간 협의를 위하여 공동으로 전략물자 수출입통제 협의회(이하 "협의회"라 한다)를 구성할 수 있다.

협의회의 회의는 관계 행정기관의 소관 업무별로 그 소관 관계 행정기관의 장이 주재하고, 협의회의 안건에 관하여 필요하면 대통령령으로 정하는 정보수사기관(국가정보원, 검찰청, 경찰청, 해양경찰청, 군사안보지원사령부)의 장 또는 관세청장에게 조사·지원을 요청할 수 있다. 협의회의 구성과 운영에 필요한 사항은 대통령령으로 정한다.

2) 전략물자 수출입통제 협의회 위원장

전략물자 수출입통제 협의회의 위원장은 다음의 사항별로 소관 행정기관의 장이 되고, 협의회의 위원장은 소관 사항별로 참석 행정기관의 범위를 정하여 협의회를 소집한다.[59)]

① 과학기술정보통신부 : 과학기술 및 정보통신기술 중 전략물자 관련 기술의 수출입통제에 관한 사항

② 외교부 : 외교에 영향을 주는 사항 및 전략물자의 수출입통제와 관련된 국제규범에 관한 사항

③ 통일부 : 「남북교류협력에 관한 법률」에 따른 반출·반입 승인 대상 품목 중 전략물자에 관한 사항 및 남북 교류·협력에 영향을 미치는 사항

④ 국방부 : 「방위사업법」에 따른 방위산업물자·국방과학기술의 수출입통제에 관한 사항 및 국가안보에 영향을 미치는 사항

⑤ 산업통상자원부 : 전략물자(원자력 전용 품목은 제외)의 수출입통제 및 통상교섭에 영향을 주는 사항

⑥ 원자력안전위원회 : 전략물자 중 원자력 전용 품목의 수출입통제에 관한 사항

---

59) 시행령 제47조.

⑦ 관세청: 전략물자 등 통관 및 통관과정 중 전략물자 등 불법수출입에 관한 사항

⑧ 정보수사기관: 국내외 전략물자 등 관련 정보협력, 국가안보에 영향을 미치는 전략물자 등 수출입, 불법수출입에 관한 사항

3) 전략물자 수출입통제 협의회의 위원

협의회의 위원은 소집되는 행정기관의 고위공무원단에 속하는 공무원으로서 전략물자의 수출입통제 관련 업무를 담당하는 자로 한다.

4) 실무협의회의 설치와 운영

협의회를 효율적으로 운영하기 위하여 필요하면 실무협의회를 둘 수 있으며, 실무협의회의 운영에 필요한 사항은 관계 행정기관의 장이 협의하여 정한다.

6 전략물자기술자문단

산업통상자원부장관은 다음의 사항에 관한 자문을 하기 위하여 전략물자기술자문단을 구성하여 운영할 수 있으며, 자문단의 구성·운영 등에 필요한 사항은 산업통상자원부장관이 정하여 고시한다.[60]

① 해당 물품 등이 대량파괴무기등의 제조, 개발, 사용 또는 보관 등의 용도로 전용될 가능성에 관한 사항

② 다자간 국제수출통제체제의 통제대상 물품 등에 대한 평가·분석에 관한 사항

③ 전략물자 해당 여부의 판정에 관한 사항

7 전략물자의 수출입 제한 등

1) 전략물자의 수출입 제한[61]

산업통상자원부장관 또는 관계 행정기관의 장은 다음의 어느 하나에 해당하는 자

60) 대외무역법 시행령 제49조.

61) 대외무역법 제31조.

에게 3년 이내의 범위에서 일정 기간 동안 전략물자 등의 전부 또는 일부의 수출이나 수입을 제한할 수 있다.

① 수출허가를 받지 아니하고 전략물자를 수출하거나 수출신고한 자
② 상황허가를 받지 아니하고 상황허가 대상인 물품 등을 수출하거나 수출신고한 자
③ 전략물자 등의 수출이나 수입에 관한 국제수출통제체제의 원칙을 위반한 자로서 대통령령으로 정하는 자

관계 행정기관의 장은 수출입 제한 사유의 어느 하나에 해당하는 자가 있음을 알게 되면 즉시 산업통상자원부장관에게 통보하여야 한다.

산업통상자원부장관 또는 관계 행정기관의 장은 전략물자 등의 수출입을 제한한 자와 외국 정부가 자국의 법령에 따라 전략물자 등의 수출입을 제한한 자의 명단과 제한 내용을 공고할 수 있다.

2) 교육명령

산업통상자원부장관 또는 관계 행정기관의 장은 다음의 어느 하나에 해당하는 자에게 전략물자관리원, 한국원자력통제기술원, 그 밖에 산업통상자원부장관이 정하여 고시하는 기관이 8시간 이내로 교육을 실시하도록 명령할 수 있다.[62]

① 수출허가 또는 상황허가를 받지 아니하고 수출한 자
② 거짓이나 그 밖의 부정한 방법으로 수출허가 또는 상황허가를 받은 자

8 전략물자의 보고와 검사

1) 전략물자 등의 보고

산업통상자원부장관 또는 관계 행정기관의 장은 전략물자 수출허가나 상황허가를 받지 아니하고 수출하거나 수출하려고 한 자에게 다음의 사항에 관한 보고 또는 자료의 제출을 명할 수 있다.[63]

① 수입국
② 수입자·최종사용자 또는 그의 위임을 받은 자 및 그 소재지, 사업 분야, 주요

62) 대외무역법 제49조.
63) 대외무역법 제48조 제1항.

거래자 및 사용 목적

③ 수입자와 최종 사용자 또는 그의 위임을 받은 자를 확인하기 위한 수입국의 권한 있는 기관이 발급한 납세증명서 등 관련 자료 또는 대외 공표 자료

④ 그 밖에 운송 수단, 환적국(換積國), 대금 결제방법 등 산업통상자원부장관이 정하여 고시[64]하는 사항

2) 전략물자 등의 검사

산업통상자원부장관 또는 관계 행정기관의 장은 이 법의 시행을 위하여 필요하다고 인정하면 그 소속 공무원에게 보고자의 사무소, 영업소, 공장 또는 창고 등에서 장부·서류나 그 밖의 물건을 검사하게 할 수 있으며, 검사를 하는 공무원은 그 권한을 표시하는 증표를 지니고, 이를 관계인에게 내보여야 한다.[65]

9 전략물자와 관련된 벌칙

1) 7년 이하의 징역 또는 물품가격 5배 이하의 벌금

전략물자의 국제적 확산을 꾀할 목적으로 다음의 어느 하나에 해당하는 위반행위를 한 자는 7년 이하의 징역 또는 수출·중개하는 물품 등의 가격의 5배에 해당하는 금액 이하의 벌금에 처한다.[66]

① 수출허가를 받지 아니하고 전략물자를 수출한 자

② 상황허가를 받지 아니하고 상황허가 대상인 물품 등을 수출한 자

③ 경유 또는 환적 허가를 받지 아니하고 전략물자 등을 경유 또는 환적한 자

④ 중개허가를 받지 아니하고 전략물자를 중개한 자

2) 5년 이하의 징역 또는 물품가격 3배 이하의 벌금형

다음의 어느 하나에 해당하는 자는 5년 이하의 징역 또는 수출·수입·경유·환적·중개하는 물품 등의 가격의 3배에 해당하는 금액 이하의 벌금에 처한다.[67]

---

64) 전략물자 수출입고시 제70조 참조.

65) 대외무역법 제48조 제2항 및 제3항.

66) 대외무역법 제53조 제1항.

67) 대외무역법 제53조 제2항.

① 수출허가를 받지 아니하고 전략물자를 수출한 자 또는 미수범
② 거짓이나 그 밖의 부정한 방법으로 전략물자 수출허가를 받은 자
③ 상황허가를 받지 아니하고 상황허가 대상인 물품 등을 수출한 자
④ 거짓이나 그 밖의 부정한 방법으로 상황허가를 받은 자
⑤ 경유 또는 환적 허가를 받지 아니하고 전략물자 등을 경유 또는 환적한 자
⑥ 거짓이나 그 밖의 부정한 방법으로 경유 또는 환적 허가를 받은 자
⑦ 중개허가를 받지 아니하고 전략물자를 중개한 자
⑧ 거짓이나 그 밖의 부정한 방법으로 중개허가를 받은 자

또한 상기의 수출허가, 상황허가, 중개허가를 받지 않고 수출하거나 중개하려 한 미수범에게도 본죄에 준하여 처벌한다.[68]

3) 양벌규정

법인의 대표자나 법인 또는 개인의 대리인, 사용인, 그 밖의 종업원이 그 법인 또는 개인의 업무에 관하여 상기의 벌칙규정(제53조, 제53조의2 또는 제54조부터 제56조까지)의 어느 하나에 해당하는 위반행위를 하면 그 행위자를 벌하는 외에 그 법인 또는 개인에게도 해당 조문의 벌금형을 부과한다. 다만, 법인 또는 개인이 그 위반행위를 방지하기 위하여 해당 업무에 관하여 상당한 주의와 감독을 게을리하지 아니한 경우에는 그러하지 아니하다.[69]

4) 1천만 원 이하의 과태료

전략물자에 관한 서류보관의무를 위반한 무역거래자[70]나 교육명령을 이행하지 않은 자에게는 1천만 원 이하의 과태료를 부과한다.[71]

---

68) 대외무역법 제55조.
69) 대외무역법 제57조 및 시행령 제43조 제1항.
70) 대외무역법 제20조 제3항.
71) 대외무역법 제59조 제2항 제1호.

[별표 6]

전략물자 수출지역 구분

제1조 전략물자 수출지역은 아래 표와 같이 "가"지역과 "나"지역으로 구분한다.

"가" 지역	아르헨티나, 호주, 오스트리아, 불가리아, 벨기에, 캐나다, 체코, 덴마크, 핀란드, 프랑스, 독일, 그리스, 헝가리, 아일랜드, 이탈리아, 일본, 룩셈부르크, 네덜란드, 뉴질랜드, 노르웨이, 우크라이나, 폴란드, 포르투갈, 스페인, 스웨덴, 스위스, 터키, 영국, 미국(29개국) * 상기 국가들은 바세나르체제(Wassenaar Arrangement : WA), 핵공급국그룹(Nuclear Suppliers Group : NSG), 오스트레일리아그룹(Australia Group : AG) 및 미사일기술통제체제(Missile Technology Control Regime : MTCR) 등 4개 국제수출통제체제에 모두 가입한 국가
"나" 지역	북한(제3국을 경유하여 재수출되는 경우에 한함), 나우루, 네팔, 말레이시아, 몰디브, 몽골, 바누아투, 방글라데시, 베트남, 스리랑카, 싱가포르, 아프가니스탄, 인도네시아, 인도, 중국, 대만, 마카오, 홍콩, 태국, 파키스탄, 파푸아뉴기니, 라오스, 캄보디아, 브루나이, 필리핀, 동티모르, 마샬군도, 미얀마, 미크로네시아, 부탄, 서사모아, 솔로몬, 키리바시, 통가, 투발루, 휘지, 팔라우, 가이아나, 그레나다, 니카라과, 도미니카(연), 멕시코, 바베이도스, 바하마, 베네수엘라, 벨리즈, 세인트루시아, 세인트 빈센트, 세인트 키츠 네비스, 안티구아바브다, 자메이카, 칠레, 콜롬비아, 트리니다드 토바고, 페루, 수리남, 브라질, 과테말라, 도미니카(공), 볼리비아, 아이티, 에콰도르, 엘살바도르, 온두라스, 우루과이, 코스타리카, 파나마, 파라과이, 쿠바, 라트비아, 러시아, 루마니아, 리투아니아, 몰도바, 몰타, 벨로루시, 슬로바키아, 슬로베니아, 아르메니아, 아이슬란드, 아제르바이잔, 알바니아, 우즈베키스탄, 세르비아-몬테네그로, 카자흐스탄, 크로아티아, 키르기스스탄, 타지키스탄, 투르크메니스탄, 그루지야, 사이프러스, 보스니아, 리히텐슈타인, 교황청, 에스토니아, 안도라, 산마리노, 마케도니아, 모나코, 레바논, 수단, 예멘, 오만, 요르단, 이란, 카타르, 이집트, 쿠웨이트, 바레인, 사우디아라비아, 아랍에미리트, 이라크, 이스라엘, 시리아, 가나, 가봉, 감비아, 기네, 기네비소, 나미비아, 나이지리아, 니제르, 라이베리아, 지부티, 르완다, 리비아, 마다가 스칼, 말라위, 말리, 모로코, 모리셔스, 모리타니와, 베냉, 보츠와나, 부룬디, 부르키나파소, 상투메프린시페, 세네갈, 소말리아, 시에라리온, 알제리, 앙골라, 에리트레아, 우간다, 에티오피아, 콩고민주(구자이리), 잠비아, 적도기니, 중앙아프리카공화국, 차드, 카메룬, 케냐, 코모로, 코트디부아르, 콩고, 토고, 탄자니아, 튀니지, 카보베르데, 모잠비크, 짐바브웨, 세이셸, 남아공, 레소토, 스와질란드 등 "가"지역에 해당하지 않는 국가 및 지역

제2조 수출지역의 구분은 최종목적지를 기준으로 한다. 다만 최종목적지가 "가"지역이라 하더라도 "나"지역을 경유하는 경우에는 "나"지역으로 전략물자를 수출하는 것으로 간주한다.

[별표 9]

서약서 양식 (최종수요자가 확정된 경우)

(1) 최종사용자의 서약서

① 수입자 및 최종사용자의 명칭 소재지

② 당해 화물 및 그 복제품 또는 기술의 설치 / 사용장소 및 사용목적

③ 당해 화물 및 그 복제품 및 기술을 대량파괴병기(핵병기, 생물병기, 화학병기, 미사일)의 개발·제조에는 사용하지 않는다는 보장

④ 화물 및 기술, 그 복제품을 국외로 재제공 하지 않는다는 보장·불가피하게 당해 화물 및 그 복제품의 재수출 또는 기술을 국외로 재제공을 하는 경우에는 수출자의 사전동의를 얻는다는 보장

⑤ 대표자에 의한 사인, 직함, 날짜

(2) 수출자의 서약서

① 수입자 및 최종 사용자의 신원 또는 사용용도에 대해 의문이 생길 경우에는 수출허가 후에도 수출 중단 후 당해 허가기관의 장과 협의함

② 최종사용자로부터 재수출 또는 국외로의 재제공을 위해 사전동의를 요구받은 경우 당해 허가기관의 장과 협의함

③ 최종사용자 및 수입자로부터 각각의 소재지, 사업내용, 조직, 자본관계, 주요 판매선 등에 관한 설명서

④ 최종사용자의 존재확인에 도움이 되는 회사안내 등 기업내용에 관한 대외공표 자료 또는 등기, 납세증명서 등 공식문서

⑤ 최종사용자로부터 당해 화물·기술의 사용목적, 사용방법, 설치장소 등에 관한 설명서

[별표 10]

서약서 양식 (최종수요자가 확정되지 않은 경우)

(1) 수입자의 서약서

① 수입자의 명칭 및 소재지

② 당해 화물 및 그 복제품의 보관장소(당해 화물을 당해 보관장소에서 엄중하게 관리한다.)

③ 예정된 화물의 재판매처 또는 기술의 재제공처(국명, 기업명 등을 기입. 또한 특정할 수 없는 경우에는 예상되는 재판매처 또는 재제공처를 국명, 기업명 등 가능한 범위에서 예시)

④ 당해 화물 및 그 복제품 또는 기술을 대량파괴병기(핵병기, 생물병기, 화학병기, 미사일)의 개발·제조에 관여한 자에게는 판매하지 않는다는 보장

⑤ 최종사용자의 대량파괴병기개발, 제조관여의 유무에 관해서 의문이 생긴 경우에는 최종 사용자의 개요 설명 등을 수출자에게 제공하여 그 판매 등에 관해서 수출자의 사전동의를 얻는다는 보장

⑥ 용도한정(해당 화물 및 그 복제품 또는 기술을 대량파괴병기(핵병기, 생물병기, 화학병기, 미사일)의 개발·제조에는 사용하지 않는다.)

⑦ 화물 및 그 복제품의 재수출 또는 기술의 국외로의 재제공을 하지 않는다는 보장. 불가피하게 당해 화물의 재수출 또는 기술의 국외로의 재제공을 하는 경우에는 수출자의 사전동의를 얻는다는 약속

⑧ 대표자에 의한 사인, 직함, 날짜

(2) 수출자의 서약서

① 수입자의 신원 또는 사용용도에 대해 의문이 생긴 경우에는 수출허가 후에도 수출중단 후 당해 허가기관의 장과 협의함

② 당해 화물 및 그 복제품의 재수출 또는 기술의 국외로의 재제공을 하지 않는다는 보장. 불가피하게 당해 화물의 재수출 또는 기술의 국외로의 재제공을 하는 경우에는 당해 허가기관의 장과 협의함

③ 수출허가를 받고 수출한 화물을 다시 반송할 경우 그로 인한 배상책임을 수출허가기관에게 묻지 않음

④ 수입자로부터 자기의 소재지, 사업내용, 조직, 자본관계, 주요한 판매선 등에 관한 내용

⑤ 수입자의 존재확인에 도움이 되는 회사안내 등 기업내용에 관한 대외공표자료 또는 등기, 납세증명서 등의 공식문서 첨부

⑥ 수입자로부터 당해 화물·기술의 보관방법, 보관장소 등에 관한 설명

[별표 11]

최종사용자 확인서 양식

(1) 수입자 및 최종사용자의 명칭 및 소재지

(2) 당해 화물의 종류와 양 등 명세

(3) 당해 화물의 사용용도 및 목적

(4) 당해 화물을 화학무기의 개발·제조에는 사용하지 않는다는 보장

(5) 당해 화물을 국외로 재제공하지 않는다는 보장

(6) 최종사용자에 의한 확인(사인, 직함, 날짜)

(7) 관련 국가기관의 확인(사인, 직함, 날짜)

[별지 제1호 서식]

Annexed paper No. 1 (앞면)

전략물자 수출 허가(신청)서
Export License (Application)

(용)

처리기간 : 15일
Process Due : 15 days

사업자등록번호 Business Registration No. 1. 수출자(상호, 주소, 성명, 전화번호) Exporter(Company Name, Address, Representative, Telephone)				5. 최종수하인(상호, 주소, 성명, 전화번호) Ultimate Consignee(Company Name, Address, Representative, Telephone) ※ 3과 같을시 "3과 동"으로 기재 ※ If Item 5 is the same as Item 3, write "the same as Item 3"			
2. 수출자의 실무담당자(성명, 전화번호, 전자우편주소) Contact Person(Name, Telephone, Email address)				6. 신용장 또는 계약서 번호 Letter of credit No. or Contract No.			
3. 수입자(상호, 주소, 성명, 전화번호) Importer(Company Name, Address, Representative, Telephone) 4. 제조자(상호, 주소, 성명, 전화번호) Manufacturer(Company Name, Address, Representative, Telephone)				7. 최종사용자 End-User ※ 5와 같을시 "5와 동"으로 기재 ※ If Item 7 is the same as Item 5, write "the same as Item 5" ※ 최종사용자의 수가 2인 이상인 경우 "별지 제출"로 기재하고, 별지에 일련번호, 최종사용자의 상호, 주소, 성명, 전화번호 ※ If there are two or more End-Users, write "refer to the annex" and provide in the Annex all the end-users information (Name of firm, Address, Representative, Telephone)			
8. 허가신청 사유 (해당란에 v표) Type of Application (mark v on the box)	◻ 수출 Export ◻ 재수출 Reexport (수입목적확인서번호 Import Certificate No.: 발급일자 Date of Issue:) ◻ 미반입 전략물자의 수출 Export from bonded area (수입목적확인서번호 Import Certificate No.: 발급일자 Date of Issue:)						
9. 원산지 Country of Origin		10. 최종 목적지국가 및 도착항 Country of Ultimate Destination/Port of Destination			11. 가격조건 Terms of Price		
12. 사전판정 발급번호 Classification Issue No.	13. HS 번호 HS Code	14. 통제번호 Control Classification No.	15. 품명 및 규격 (기술명 및 내용) Item/Specifications	16. 단위 및 수량 Unit/Quantity	17. 단 가 Unit Price	18. 가 액 Total Price	
19. 최종사용용도 End-Use							
20. 결제조건 Terms of Payment							
21. 허가조건 Terms of License				22. 허가번호 License No.			
23. 허가유효기간 Term of Validity of License				24. 사후관리은행 Beneficiary's Bank			
25. 기 타 Additional Information							

「대외무역법」 제19조 제2항 및 동법 시행령 제33조 제1항의 규정에 의하여 위와 같이 전략물자의 (재)수출허가를 신청합니다.

I hereby apply for export license pursuant to Section 2, Article 19 of the 「Foreign Trade Act」 and Section 1, Article 33 of the Enforcement Decree of the Foreign Trade Act.

20 . . . 신 청 인 Applicant 서명 또는 날인 Signature or Seal

제3항의 수입자, 제5항의 최종수하인 또는 제7항의 최종사용자가 제10항의 최종 목적지국가가 아닌 국가나 지역으로 허가받은 전략물자를 재수출하지 않는다는 조건하에 「대외무역법 시행령」 제33조의 규정에 의하여 위와 같이 전략물자의 (재)수출을 허가합니다.

On condition that the importer (Item 3), the Ultimate Consignee (Item 5) or the End-User (Item 7) would not re-export the approved items to countries or regions other than the country of Ultimate Destination (Item 10) stated above, the undersigned hereby approves the above items to be exported in accordance with Article 33 of the Enforcement Decree of the Foreign Trade Act.

20 . . . 장 관 Minister of 인 Official Stamp

210mm×297mm(일반용지 60g/㎡(재활용품))

(뒤면)

※ 이 신청서는 아래와 같이 처리됩니다.

신 청 인	경 유 기 관	처 리 기 관
		ㅇ 산업통상자원부 – 별표 2(이중용도품목)의 제1부부터 제9부의 전략물자 – 별표 3(군용물자품목) 중 방위사업법에 의한 일반방산물자 – 방위사업법에 따른 국방과학기술을 제외한 기술 ㅇ 원자력안전위원회 – 별표 2의 제10부(원자력 전용품목)의 전략물자 ㅇ 방위사업청 – 별표 3(군용물자품목)의 전략물자 단, 일반방산물자 제외 – 방위사업법에 따른 국방과학기술 – 수입국이 별표 2에 열거한 전략물자를 군사목적으로 수입할 경우

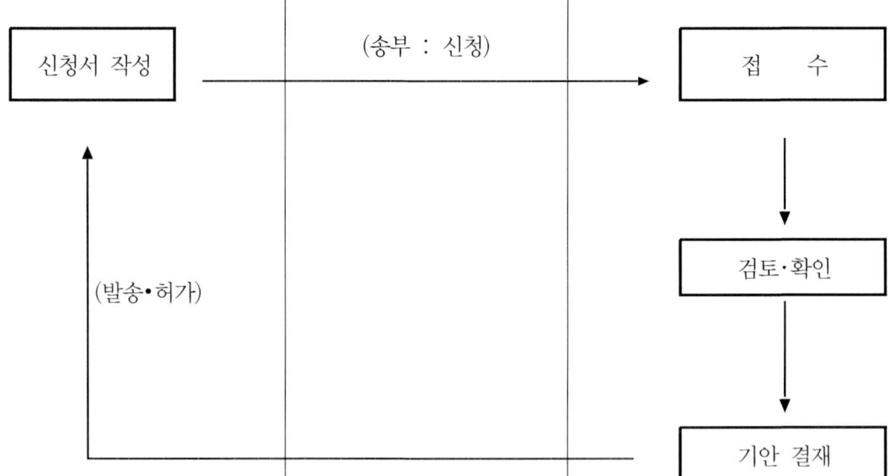

[별지 제1호의2 서식]

(앞면)

전략물자(기술) 수출 허가(신청)서

<table>
<tr><td rowspan="4">①기술수출자
Exporter</td><td>수 출 자 성명
Name of the Exporter</td><td></td><td>국 적
Nationality</td><td></td></tr>
<tr><td rowspan="2">대 표 자 성 명
Name of the Representative</td><td rowspan="2"></td><td>상 호
Company Name</td><td></td></tr>
<tr><td>사업자등록번호
Business Registration No.</td><td></td></tr>
<tr><td>주 소
Address</td><td></td><td>전 화 번 호
Phone No.</td><td></td></tr>
<tr><td rowspan="3">② 기술도입자
Importer</td><td>수 령 자 성명
Name of the Importer</td><td></td><td>국 적
Nationality</td><td></td></tr>
<tr><td>대 표 자 성 명
Name of the Representative</td><td></td><td>상 호
Company Name</td><td></td></tr>
<tr><td>주 소
Address</td><td></td><td>전 화 번 호
Phone No.</td><td></td></tr>
<tr><td colspan="2">③ 기술명 Item</td><td colspan="3"></td></tr>
<tr><td colspan="2">④ 기술내용 Specifications</td><td colspan="3"></td></tr>
<tr><td colspan="2">⑤통 제 번 호
Control Classification No.</td><td colspan="3"></td></tr>
<tr><td colspan="2">⑥사 전 판 정 발 급 번 호
Classification Issue No.</td><td colspan="3"></td></tr>
<tr><td colspan="2" rowspan="2">⑦대 가 및 수 취 방 법
(대 가 가 있 는 경 우)
Cost and Route of Reception
(if applicable)</td><td>금 액
Cost</td><td>수 취 방 법
Route of Reception</td><td>수 취 기 간
Reception period</td></tr>
<tr><td></td><td></td><td></td></tr>
<tr><td colspan="2">⑧계 약 기 간
(계 약 이 있 는 경 우)
Term of Contract (if applicable)</td><td colspan="3"></td></tr>
<tr><td colspan="2">⑨ 사용용도 End-use</td><td colspan="3"></td></tr>
<tr><td colspan="3">⑩ 허가조건 Terms of License</td><td colspan="2">⑪ 허가번호 License No.</td></tr>
<tr><td colspan="3">⑫허가유효기간 Term of Validity of License</td><td colspan="2">⑬ 기 타 Additional Information</td></tr>
<tr><td colspan="5">「대외무역법」 제19조 제2항 및 동법 시행령 제33조 제1항의 규정에 의하여 위와 같이 전략물자(기술)의 수출허가를 신청합니다.
I hereby apply for export license pursuant to Section 2, Article 19 of the 「Foreign Trade Act」 and Section 1, Article 33 of the Enforcement Decree of the Foreign Trade Act.
20 . . . 신 청 인 서명 또는 날인
Applicant Signature or Seal</td></tr>
<tr><td colspan="5">제2항의 기술도입자가 허가 받은 전략물자(기술)를 재수출하지 않는다는 조건하에 「대외무역법 시행령」 제33조의 규정에 의하여 위와 같이 전략물자(기술)의 수출을 허가합니다.
On condition that the importer (Item 2) would not re-export the approved items to countries, the undersigned hereby approves the above items to be exported in accordance with Article 33 of the Enforcement Decree of the Foreign Trade Act.
20 . . . 장 관 인
Minister of Official</td></tr>
<tr><td colspan="5">※ 주의 제10항, 제11항, 제12항은 관계 행정기관에서 입력할 내용임
※ Attention : Item 10, Item 11, Item 12 should be filled in by the head of the relevant administrative agency</td></tr>
</table>

(뒷면)

신 청 인	경 유 기 관	처 리 기 관
		ㅇ 산업통상자원부 – 별표 2(이중용도품목)의 제1부부터 제9부의 전략물자 – 별표 3(군용물자품목) 중 방위사업법에 의한 일반방산물자 – 방위사업법에 따른 국방과학기술을 제외한 기술 ㅇ 원자력안전위원회 – 별표 2의 제10부(원자력 전용품목)의 전략물자 ㅇ 방위사업청 – 별표 3(군용물자품목)의 전략물자 단, 일반방산물자 제외 – 방위사업법에 따른 국방과학기술 – 수입국이 별표 2에 열거한 전략물자를 군사목적으로 수입할 경우

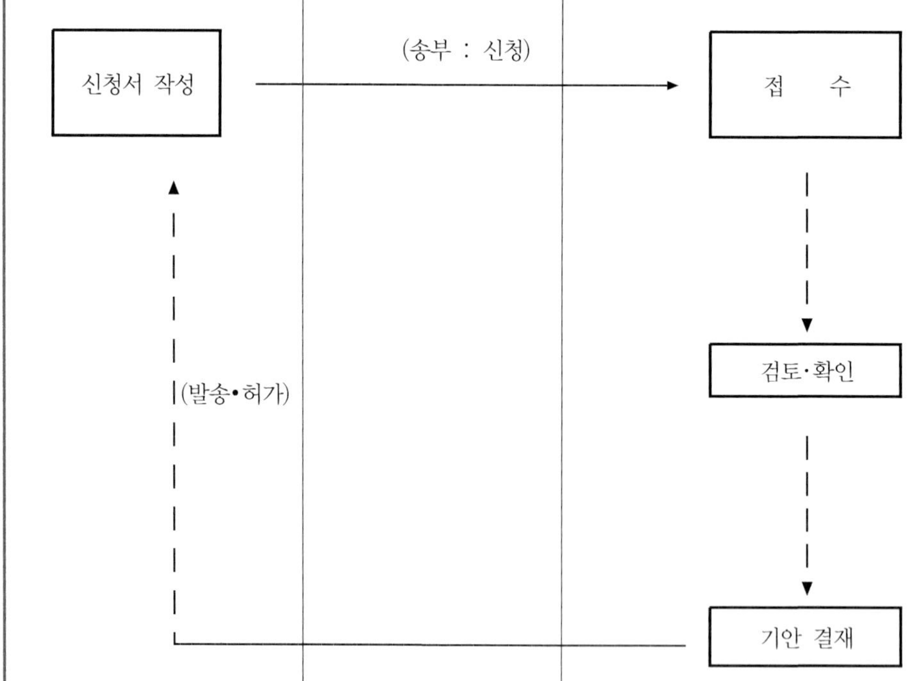

[별지 제1호의4 서식]
Annexed paper No 1-4

(앞면)

상황허가(신청)서

Catch-all License(Application)

(용)

처리기간 : 15일
Process Due : 15 days

사업자등록번호 Business Registration No. 1. 수출자(상호, 주소, 성명, 전화번호) Exporter(Company Name, Address, Representative, Telephone)	5. 최종수하인(상호, 주소, 성명, 전화) Ultimate Consignee (Company Name, Address, Representative, Telephone) ※ 3과 같을시 "3과 동"으로 기재 ※ If Item 5 is the same as Item 3, write "the same as Item 3"
2. 수출자의 실무담당자(성명, 전화번호, 전자우편주소) Contact Person(Name, Telephone, Email address)	6. 신용장 또는 계약서 번호 Letter of credit No. or Contract No.
3. 구매자(상호, 주소, 성명, 전화번호) Purchaser(Company Name, Address, Representative, Telephone) 4. 제조자(상호, 주소, 성명, 전화번호) Manufacturer(Company Name, Address, Representative, Telephone)	7. 최종사용자 End-User ※ 5와 같을시 "5와 동"으로 기재 ※ If Item 7 is the same as Item 5, write "the same as Item 5" ※ 최종사용자의 수가 2인 이상인 경우 "별지 제출"로 기재하고, 별지에 일련번호, 최종사용자의 상호, 주소, 성명, 전화번호 ※ If there are two or more End-Users, write "refer to the annex" and provide in the Annex all the end-users information (Name of firm, Address, Representative, Telephone)

8. 원산지 Country of Origin	9. 최종 목적지국가 및 도착항 Country of Ultimate Destination/Port of Destination	10. 가격조건 Terms of Price

11. HS 번호 HS Code	12. 품명 및 규격 Item/Specifications	13. 단위 및 수량 Unit/Quantity	14. 단 가 Unit Price	15. 가 액 Total Price

16. 최종사용용도 End-Use	
17. 상황허가사유(허가기관통보, 특이정보, 이상징후 등 기재) Reason for Application (Notified by administrative agency, Unusual Circumstances, Red-flags, etc)	
18. 결제조건 End-Use	
19. 허가조건 Terms of Payment	20. 허가번호 License No.
21. 허가유효기간 Terms of Validity License	22. 사후관리은행 Beneficiary's Bank
23. 기 타 Additional Information	

「대외무역법」 제19조제3항 및 동법 시행령 제33조제1항의 규정에 의하여 위와 같이 상황허가를 신청합니다.
I hereby apply for Catch-all License pursuant to Section 3, Article 19 of the 「Foreign Trade Act」 and Section 1, Article 33 of the Enforcement Decree of the Foreign Trade Act.

20 . . . 신 청 인 서명 또는 날인
Applicant Signature or Seal

제3항의 구매자, 제5항의 최종수하인 또는 제7항의 최종사용자가 제9항의 최종 목적지국가가 아닌 국가나 지역으로 허가 받은 품목을 재수출하지 않는다는 조건하에 「대외무역법 시행령」 제33조제2항의 규정에 의하여 위와 같이 상황 허가합니다.
On condition that the purchaser (Item3), the Ultimate Consignee (Item5), or the End-User(Item7) would not re-export the approved items to countries or regions other than the country of Ultimate Destinations(Item9) stated above the understanding hereby approves the above items to be exported in accordance with Section2, Article 33 of the Enforcement Decree of the Foreign Trade Act.

20 . . . 장 관 인
Minister of Official Stamp

※ 주의 제⑲항, 제⑳항, 제㉑항은 관계 행정기관에서 입력할 내용임
※ Attention: Item⑲, Item⑳, Item㉑ should be filled in by the head of the relevant administrative agency

210mm×297mm(일반용지 60g/㎡(재활용품))

(뒤면)

※ 이 신청서는 아래와 같이 처리됩니다.

신 청 인	경 유 기 관	처 리 기 관
		ㅇ 산업통상자원부 - 일반 상황허가 대상 품목 ㅇ 원자력안전위원회 - 관세법시행령 제98조의 관세·통계통합품목분류표상의 제28류 중 방사성동위원소의 유기 또는 무기화합물, 제84류 중 원자로 및 이들의 부분품
신청서 작성	(송부 : 신청) →	접 수
		↓
↑ (발송•허가)		검토·확인
		↓
←	←	기안 결재

[별지 제1호의5 서식]
Annexed paper No.1-5 (앞면)

전략물자등 중개 허가(신청)서
Brokering License (Application)

(용)

처리기간 : 15일
Process Due : 15 days

사업자등록번호 Business Registration No.

1. 중개자(상호, 주소, 성명, 전화번호)
Broker(Company Name, Address, Representative, Telephone)

5. 최종수하인(상호, 주소, 성명, 전화)
Ultimate Consignee (Company Name, Address, Representative, Telephone)
※ 3과 같을시 "3과 동"으로 기재
※ If Item 5 is the same as Item 3, write "the same as Item 3"

2. 중개자의 실무담당자(성명, 전화번호, 전자우편주소)
Contact Person(Name, Telephone, Email address)

6. 중개를 증빙하는 서류 개요(계약서번호, 전자우편 주소 등 포함)
Documentary evidence of brokering transaction (Contract No. or e-mail address etc)

3. 수출국 및 수출자(상호, 주소, 성명, 전화번호)
Exporting Country and Exporter

4. 수입국 및 수입자(상호, 주소, 성명, 전화번호)
Destination Country and Importer

7. 최종사용자 End-User
※ 5와 같을시 "5와 동"으로 기재
※ If Item 7 is the same as Item 5, write "the same as Item 5"
※ 최종사용자의 수가 2인 이상인 경우 "별지 제출"로 기재하고, 별지에 일련번호, 최종사용자의 상호, 주소, 성명, 전화번호
※ If there are two or more End-Users, write "refer to the annex" and provide in the Annex all the end-users information (Name of firm, Address, Representative, Telephone)

8. 원산지 Country of Origin

9. 최종 목적지국가 및 도착항 Country of Ultimate Destination/Port of Destination

10. 가격조건 Terms of Price

11. 사전판정 발급번호 Classification Issue No.	12. HS 번호 HS Code	13. 통제번호(상황허가 대상품목명) (Control Classification No/ Catch all item)	14. 품명 및 규격 Item/Specifications	15. 단위 및 수량 nit/Quantity	16. 단 가 Unit Price	17. 가 액 Total Price

18. 최종사용용도 End-Use

19. 결제조건 Terms of Payment

20. 허가조건 Terms of License

21. 허가번호 License No.

22. 허가유효기간 Term of Validity of License

23. 사후관리은행 Beneficiary's Bank

24. 기 타 Additional Information

「대외무역법」 제24조제1항 및 동법 시행령 제41조제1항의 규정에 의하여 위와 같이 전략물자의 중개허가를 신청합니다.
I hereby apply for Brokering License pursuant to Section 1, Article 24 of the 「Foreign Trade Act」 and Section 1, Article 41 of the Enforcement Decree of the Foreign Trade Act.

20 . . . 신 청 인 Applicant 서명 또는 날인 Signature or Seal

제4항의 수입자, 제5항의 최종수하인 또는 제7항의 최종사용자가 제9항의 최종 목적지국가가 아닌 국가나 지역으로 허가 받은 전략물자를 재수출하지 않는다는 조건하에 「대외무역법 시행령」 제41조제2항의 규정에 의하여 위와 같이 전략물자의 중개를 허가합니다.
On condition that the importer(Item4), Ultimate Consignee(Item5) or the End-User(Item7) would not re-export the approved items to countries or regions other than country of Ultimate Destination(Item9) stated above, the understanding hereby approves the above items to be transferred in accordance with Section 2, Article 41 of the Enforcement Decree of the Foreign Trade Act.

20 . . . 장 관 Minister of 인 Official Stamp

※ 주의 제⑳항, 제㉑항, 제㉒항은 관계 행정기관에서 입력할 내용임
※ Attention : Item⑳, Item㉑, Item㉒ should be filled in by the head of the relevant administrative agency

210mm×297mm(일반용지 60g/㎡(재활용품))

(뒤면)

※ 이 신청서는 아래와 같이 처리됩니다.

신 청 인	경 유 기 관	처 리 기 관
		ㅇ 산업통상자원부 – 별표 2(이중용도품목)의 제1부부터 제9부의 전략물자 – 별표 3(군용물자품목) 중 방위사업법에 의한 일반방산물자 – 법 제19조3항의 각호에 따른 경우 및 물품 ㅇ 원자력안전위원회 – 별표 2의 제10부(원자력 전용품목)의 전략물자 ㅇ 방위사업청 – 별표 3(군용물자품목)의 전략물자 단, 일반방산물자 제외 – 수입국이 별표 2에 열거한 전략물자를 군사목적으로 수입할 경우

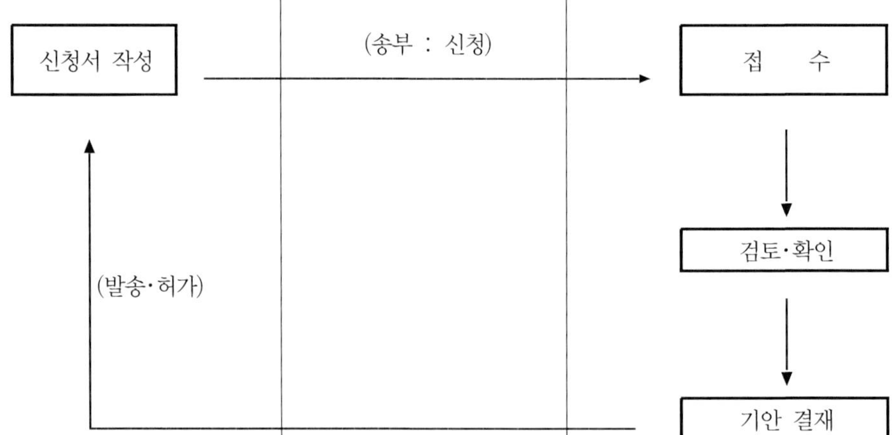

[별지 제1호의6 서식]

(앞면)

전략물자 수출허가사항 변경(신청)서

(용)

처리기간 : 10일

<table>
<tr><td>사업자등록번호</td><td></td><td>2. 허가번호</td></tr>
<tr><td colspan="2" rowspan="2">1. 신청인(상호, 주소, 성명, 전화번호)</td><td>3. 변경 차수</td></tr>
<tr><td>4. 유효기간</td></tr>
<tr><td colspan="3">5. 변경내용(변경을 요하는 사항만을 기입하시오)</td></tr>
<tr><td colspan="2">변 경 전</td><td>변 경 후</td></tr>
<tr><td colspan="3">6. 변경사유</td></tr>
<tr><td colspan="3">7. 변경허가조건</td></tr>
<tr><td colspan="3">「전략물자 수출입고시」 제24조의 규정에 의하여 위와 같이 전략물자 수출허가 사항의 변경을 신청합니다.
20 . . .
신 청 인 서명 또는 날인</td></tr>
<tr><td colspan="3">「전략물자 수출입고시」 제24조의 규정에 의하여 위와 같이 전략물자 수출허가 사항의 변경을 허가합니다.
20 . . .
장 관 인</td></tr>
</table>

210mm×297mm(일반용지 60g/㎡(재활용품))

(뒤면)

※ 이 신청서는 아래와 같이 처리됩니다.

신 청 인	경 유 기 관	처 리 기 관
		ㅇ 산업통상자원부 - 별표 2(이중용도품목)의 제1부부터 제9부의 전략물자 - 별표 3(군용물자품목) 중 방위사업법에 의한 일반방산물자 - 방위사업법에 따른 국방과학기술을 제외한 기술 ㅇ 교육과학기술부 - 별표 2의 제10부(원자력 전용품목)의 전략물자 ㅇ 방위사업청 - 별표 3(군용물자품목)의 전략물자 단, 일반방산물자 제외 - 방위사업법에 따른 국방과학기술 - 수입국이 별표 2에 열거한 전략물자를 군사목적으로 수입할 경우

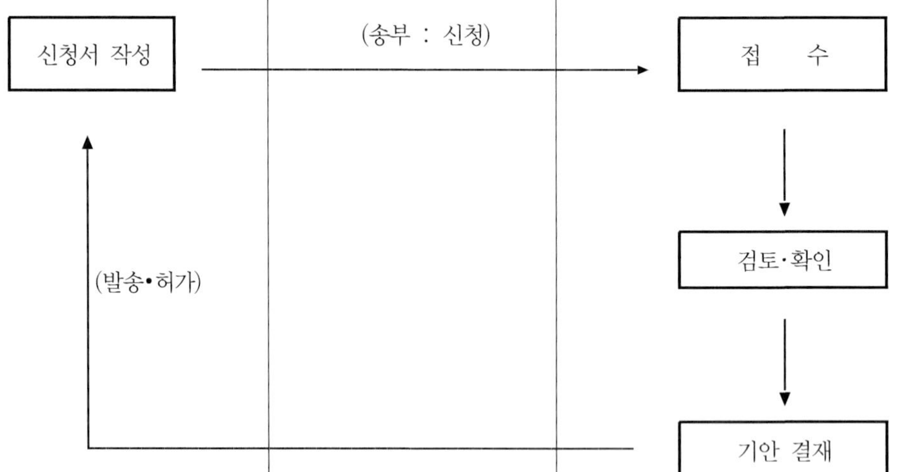

대 외 무 역 법

CHAPTER 10 플랜트수출

제 1 절 플랜트수출의 의의

1 플랜트수출의 개념

플랜트수출(Plant Export)이란 공장설비, 선박, 철도차량, 석유시추시설 등의 자본재수출로 자본재의 엔지니어링, 노하우, 건설 시공, 기계, 장치 및 시운전까지 일체의 하드웨어와 소프트웨어를 결합하여 수출하는 것으로 이를 '턴키방식수출' 또는 '산업설비 수출'이라고도 한다.[1] 플랜트수출은 부가가치가 높은 지식집약형의 수출로 상대국의 고용 유발 효과가 크므로 수출에 따른 마찰이 적다.

대외무역법에서 규정하는 플랜트수출이란 다음의 하나에 해당하는 수출을 말한다.[2]

① FOB가격으로 미화 50만 달러 상당액 이상인 산업설비 중 다음의 하나에 해당하는 수출

가. 농업·임업·어업·광업·제조업, 전기·가스·수도사업, 운송·창고업 및 방송·통신업을 경영하기 위하여 설치하는 기재·장치

1) http://www.kita.net 참조.

2) 대외무역법 제32조 제1항, 시행령 제51조 및 관리규정 제70조.

나. 해외건설공사와 함께 일괄수주방식에 의하여 수출하는 설비를 제외한 발전설비, 담수 설비 및 용수처리설비, 해양설비 및 수상구조설비, 석유 처리설비 및 석유화학설비, 정유설비 및 송유설비, 저장탱크 및 저장기지설비, 냉동 및 냉장설비, 제철·제강설비 및 철강재구조설비, 공해방지설비, 공기조화설비, 신에너지 및 재생에너지 설비, 정치식(定置式) 운반하역설비 및 정치식 건설용설비, 시험연구설비, 그 밖에 산업 활동을 위하여 필요한 설비

② 산업설비·기술용역 및 시공[3]을 포괄적으로 행하는 수출(이하 “일괄수주방식”에 의한 수출이라 함)

2 플랜트수출의 특성

플랜트수출은 일반 수출과는 달리 거액의 자본이 필요할 뿐 아니라 오랜 시간과 고도의 기술을 요하기 때문에 장기연불이 많으며, 거래의 성공여하에 따라 자국의 대외 이미지 및 경제적 파급효과가 크므로 특별관리가 필요하다. 이러한 플랜트수출은 일반 수출에 비하여 거래단위의 대형화, 수출이행 및 대금회수기간의 장기화, 연불수출금융의 필요성, 지식 및 기술집약적 거래, 경제협력수단으로서의 활용가능성 내재, 수출착수금의 영수대상에 포함될 수 있다는 특성을 가지고 있다.[4]

3) 시행령 제52조상에서 규정한 시공이란 ① 토목공사, ② 건축공사, ③ 플랜트 설치공사를 말한다. 다만, 플랜트수출자나 수출용 기자재를 설계·제작하는 자가 제작한 기계 및 장치를 직접 설치하는 공사는 제외한다. 그러나 「해외건설촉진법 시행령」 제17조 제1항 제1호 라목에 따른 해외공사실적을 인정받으려는 경우에만 산업통상자원부장관은 플랜트수출자나 수출용 기자재를 설계·제작하는 자가 제작한 기계 및 장치를 직접 설치하는 공사를 플랜트 설치공사로 인정할 수 있다.

4) 전순환, 전게서, p.297.

제2절 플랜트수출의 승인

1 플랜트수출 승인 및 변경승인

1) 플랜트수출 승인 신청

산업통상자원부장관은 플랜트수출을 하려는 자가 신청하는 경우에는 대통령령으로 정하는 바에 따라 그 플랜트수출을 승인할 수 있다. 승인한 사항을 변경할 때에도 동일하다.[5]

플랜트수출의 승인을 얻고자 하는 자는 다음의 서류를 산업통상자원부장관에게 제출하여야 한다.[6]

① 플랜트수출승인신청서[7](승인기관용, 세관용, 업체용, 한국기계산업진흥회용 및 일괄수주방식에 의한 수출로서 연불금융지원의 경우에는 한국수출입은행용)

② 수출신용장, 수출계약서 또는 주문서

③ 수출대행계약서(공급자와 수출자가 다른 경우)

④ 수출입공고에서 규정한 요건을 충족하는 서류(다만, 해당 승인기관에서 승인요건의 충족 여부를 확인할 수 있는 경우 제외)

⑤ 통합공고[8]에 의하여 허가, 추천 등을 요하는 경우에는 그 허가 등을 받은 사실을 증명하는 서류

2) 플랜트수출 변경승인 신청

변경승인을 받으려는 자는 다음의 서류를 제출하여 산업통상자원부장관에게 신청하여야 한다.[9]

① 플랜트수출승인사항 변경승인신청서[10]

② 수출승인서 사본

③ 변경사유서

5) 대외무역법 제32조 제1항.
6) 관리규정 제71조 제1항.
7) 관리규정 별지 제21호 서식.
8) 대외무역법 제12조 제2항.
9) 관리규정 제71조 제2항.
10) 관리규정 별지 제22호 서식.

3) 승인기관

플랜트수출의 승인기관은 다음과 같다.[11]

① 일괄수주방식의 수출로서 국토교통부장관의 동의가 필요한 경우에는 산업통상자원부장관

② 연불금융지원거래인 경우에는 한국수출입은행

③ 그 밖의 경우에는 한국기계산업진흥회

4) 의견의 제시 및 동의요청

산업통상자원부장관은 플랜트수출의 승인 또는 변경승인을 하기 위하여 필요하면 플랜트수출의 타당성에 관하여 관계 행정기관의 장의 의견을 들어야 한다. 이 경우 의견을 제시할 것을 요구받은 관계 행정기관의 장은 정당한 사유가 없는 한 지체없이 산업통상자원부장관에게 의견을 제시하여야 한다.[12]

5) 처리기간

수출승인기관의 장은 플랜트수출 승인 또는 변경승인의 신청이 있는 경우 접수일로부터 5일 이내에 이를 처리하여야 하는데, 다른 기관과의 협의가 필요한 경우 그 협의기간은 처리기간에 산입하지 아니한다.[13]

6) 관계기관 통보

산업통상자원부장관은 플랜트수출의 승인 또는 변경승인을 한 경우에는 이를 관계 행정기관의 장에게 지체 없이 알려야 한다.[14]

2 일괄수주방식에 의한 수출

1) 수출승인 또는 변경승인

산업통상자원부장관이 일괄수주방식에 의한 수출에 대하여 승인 또는 변경승인하

11) 관리규정 제71조 제1항.
12) 대외무역법 제32조 제2항.
13) 관리규정 제71조 제3항.
14) 대외무역법 제32조 제5항.

려는 때에는 미리 국토해양부장관의 동의를 받아야 하는데, 이때 해당 플랜트수출의 개요와 다음의 서류를 송부하여야 한다.15)

① 건설용역 및 시공수행자의 성명(법인인 경우에는 그 명칭과 대표자의 성명) 및 주소

② 건설 용역 및 시공사업계획

2) 동의 요청의 회신

동의 요청을 받은 국토해양부장관은 특별한 사유가 없는 한 동의요청을 받은 날로부터 10일 이내에 동의 여부를 산업통상자원부장관에게 알려야 한다.16)

3) 일부승인

산업통상자원부장관은 일괄수주방식에 의한 수출로서 건설용역 및 시공부문의 수출에 관하여는 「해외건설촉진법」에 따른 해외건설사업자에 대하여만 이를 승인 또는 변경승인할 수 있다.17)

제3절 플랜트수출 촉진기관

1 플랜트수출 촉진기관의 지정

산업통상자원부장관은 플랜트수출을 촉진하기 위하여 그에 관한 제도개선, 시장조사, 정보교류, 수주 지원, 수주질서 유지, 전문인력의 양성, 금융지원, 우수기업의 육성 및 협동화사업을 추진할 수 있다. 이 경우 산업통상자원부장관은 플랜트수출 관련 기관 또는 단체를 지정하여 이들 사업을 수행하게 할 수 있다.18)

---

15) 시행령 제53조 제1항.
16) 시행령 제53조 제2항.
17) 대외무역법 제32조 제4항.
18) 대외무역법 제32조 제6항.

2 플랜트수출 촉진기관 선정시 고려사항

산업통상자원부장관은 플랜트수출에 관한 시장조사 등의 사업을 촉진하기 위한 사업을 담당할 관련 기관 또는 단체(이하 "플랜트수출 촉진기관"이라 한다)를 지정하려면 다음의 사항을 종합적으로 검토하여야 한다.[19)]

① 플랜트수출자에 대한 대표성

② 시장조사 등 사업계획

또한, 산업통상자원부장관은 상기에 따라 지정된 플랜트수출촉진기관에 대하여 플랜트수출의 시장조사 등 사업의 촉진과 관련하여 다음의 사항을 보고하게 할 수 있다.[20)]

① 플랜트수출 동향

② 플랜트수출에 관한 시장조사, 정보교류, 수주, 협동화사업의 촉진실적 등 촉진활동에 관한 사항

③ 그 밖에 플랜트수출에 관하여 산업통상자원부장관이 요청하는 사항

3 플랜트수출 촉진기관

플랜트수출 촉진기관은 한국기계산업진흥회 및 한국플랜트산업협회이다.

---

19) 시행령 제54조 제1항.
20) 시행령 제54조 제2항.

[별지 제21호 서식]

플랜트수출승인(신청)서

(용)

처리기간
5 일

① 신청인 무역업고유번호 (상호, 주소, 성명) (서명 또는 인)	③ 신용장 또는 계약서 번호 ④ 수출승인유효기간 ⑤ 지급보증기관
② 구매자 또는 계약상대자	대금결제방식 및 수출승인 금액(계:) ⑥ 신용장 ⑦ 송금환 ⑧ 기타
⑨ 산업설비명	⑩ 설치장소
⑪ 수출의 범위 (설계) (기자재) (설치) (건설) (운전) (일괄수출)	
⑫수출대금결제조건	⑬송출인력직종 및 인원 ⑭기술용역수행자 ⑮건설시공수행자
⑯ 승인조건	
⑰ 승인번호	

위의 신청사항을 「대외무역법 시행령」 제50조에 따라 승인합니다.

년 월 일

승인권자 (인)

2812-281-03911민
'98.1.12. 승인

210㎜ × 297㎜
일반용지 60g/㎡

[별지 제22호 서식]

플랜트수출승인사항변경승인[신청]서

(용)

처리기간
5 일

<table>
<tr><td rowspan="3">① 신청인 무역업고유번호
(상호, 주소, 성명)

(서명</td><td></td><td>② 신용장 또는 계약서 번호</td></tr>
<tr><td rowspan="2">또는 인)</td><td>③ 수출승인유효기간</td></tr>
<tr><td>④ 변경전승인번호</td></tr>
<tr><td colspan="3">변경내용</td></tr>
<tr><td colspan="2">⑤ 변경 전</td><td>⑥ 변경 후</td></tr>
<tr><td colspan="2"></td><td></td></tr>
<tr><td colspan="3">⑦ 변경승인조건</td></tr>
<tr><td colspan="3">⑧ 승인번호</td></tr>
<tr><td colspan="3">위의 신청사항을 「대외무역법 시행령」 제50조에 따라 승인합니다.

년 월 일

승 인 권 자 (인)</td></tr>
</table>

2812-281-04011민
'98.1.12. 승인

210㎜ × 297㎜
일반용지 60g/㎡

대외무역법

CHAPTER 11

정부간 수출계약

제 1 절 정부간 수출계약의 의의

1 정부간 수출계약의 개념

정부간 수출계약이란 외국 정부의 요청이 있을 경우, 정부간 수출계약 전담기관이 대통령령으로 정하는 절차에 따라 국내 기업을 대신하여 또는 국내 기업과 함께 계약의 당사자가 되어 외국 정부에 물품 등(「방위사업법」 제38조 제1항 제4호에 따른 방산물자등은 제외)을 유상(有償)으로 수출하기 위하여 외국 정부와 체결하는 수출계약을 말한다.[1)]

2 정부간 수출계약의 보증 및 원칙

1) 정부간 수출계약 지원

정부는 국내 기업의 원활한 정부간 수출계약을 지원하기 위하여 국내에서 수출·수입 등 대외거래에 대한 보증 또는 보험 업무를 10년 이상 영위하고 있는 자 중 산업

1) 대외무역법 제2조 제4호.

통상자원부장관이 정부간 수출계약 이행을 위한 보증사업의 수행에 필요한 재정능력, 수출입 등 대외거래의 당사자에 대한 신용정보의 수집·분석 및 평가에 관한 능력, 수출입 등 대외거래에서 발생한 채권에 대한 관리체계를 평가하여 선정된 보증·보험기관으로 하여금 국내 기업의 외국 정부에 대한 정부간 수출계약 이행 등을 위한 보증사업을 하게 할 수 있다.[2)]

2) 정부의 책임 제한

정부는 정부간 수출계약과 관련하여 어떠한 경우에도 경제적 이익을 갖지 아니하고 보증채무 등 경제적 책임 및 손실을 부담하지 아니한다.[3)]

제 2절 정부간 수출계약의 전담기관 등

1 정부간 수출계약의 전담기관

1) 정부간 수출계약의 전담기관

정부간 수출계약 전담기관이란 「대한무역투자진흥공사법」에 따른 대한무역투자진흥공사를 말한다.[4)]

2) 정부간 수출계약의 전담기관 업무

정부간 수출계약 전담기관은 다음과 같은 업무를 수행한다.[5)]

① 정부간 수출계약에서 당사자 지위 수행
② 외국 정부의 구매요구 사항을 이행할 국내 기업의 추천
③ 그 밖에 정부간 수출계약 업무의 수행을 위하여 산업통상자원부장관이 필요하다고 인정하는 업무

2) 대외무역법 제32조의2 제1항.
3) 대외무역법 제32조의2 제2항.
4) 대외무역법 제32조의3 제1항.
5) 대외무역법 제32조의3 제2항.

3) 정부간 수출계약의 전담기관 권한과 책임

정부간 수출계약 전담기관의 권한과 책임은 다음과 같다.[6)]

① 전담기관은 정부간 수출계약이 체결된 경우 국내 기업으로 하여금 보증·보험의 제공등 대통령령으로 정하는 다음의 계약 이행 보증 조치를 취하도록 하여야 한다.

가. 정부간 수출계약의 내용에 따른 선수금의 반환, 계약 내용의 이행, 하자의 보수 등에 대하여 「금융실명거래 및 비밀보장에 관한 법률」 제2조 제1호에 따른 금융회사 등으로부터 보증을 받아 제공하는 것

나. 외국 정부에 대한 정부간 수출계약 이행 등에 대하여 보증·보험기관으로부터 보증을 받아 제공하는 것

② 전담기관은 국내 기업의 수출계약의 체결 및 이행을 위하여 필요한 경우 관계 행정기관의 장에게 협조를 요청할 수 있으며, 국내기업의 계약 이행 상황을 확인하기 위하여 필요한 경우에는 국내 기업에 대하여 관련 자료의 제출을 요구할 수 있다.

③ 전담기관은 정부간 수출계약이 체결된 경우 다음의 구분에 따라 정부간 수출계약 심의위원회(이하 "위원회"라 한다)에 보고하여야 한다.

가. 국내 기업의 정부간 수출계약 이행 상황을 확인하여 반기별로 1회 이상 보고할 것

나. 계약기간 및 금액 등 변경 사항에 대한 심의 위원회의 심의 대상에서 제외되는 사항[7)]은 그 변경 등이 있은 날부터 2주 이내에 보고할 것

4) 파견근무의 요청[8)]

정부간 수출계약 전담기관의 장은 정부간 수출계약 관련 업무를 수행하기 위하여 필요한 경우에는 관계 행정기관 및 관련 단체에 대하여 공무원 또는 임직원의 파견근무를 요청할 수 있다. 다만, 공무원의 파견을 요청할 때에는 미리 주무부장관과 협의하여야 한다.

---

6) 대외무역법 제32조의3 제3항.

7) 제외되는 변경 사항은 물품 등의 인도 횟수 및 장소의 변경, 부품 및 사양의 변경, 대금지급 방법 및 횟수의 변경, 그 밖에 이에 준하는 사항이다(시행령 제54조의5 제2호).

8) 대외무역법 제32조의3 제4항.

2 정부간 수출계약 심의위원회[9)]

1) 심의·의결 사항

정부간 수출계약의 체결, 변경, 해지 등 대통령령으로 정하는 사항을 심의·의결하기 위하여 전담기관에 정부간 수출계약 심의위원회를 두는데, 심의 및 의결사항은 다음과 같다.

① 외국 정부와 체결하려는 정부간 수출계약의 수용 여부, 국내 기업의 이행능력 평가, 전담기관이 국내 기업으로 하여금 조치하도록 할 계약 이행 보증 내용의 적정성 등에 관한 사항

② 계약기간·계약금액 등 정부간 수출계약의 변경에 관한 사항.

③ 전담기관의 요구에 따라 국내 기업이 조치를 한 계약 이행 보증 세부 사항의 적정성에 관한 사항

④ 국내 기업의 정부간 수출계약에 따른 물품 등의 공급 의무 불이행, 인가·허가·면허 등의 취소·정지 등으로 인한 계약 이행능력의 상실, 부정한 방법에 의한 계약의 체결, 그 밖의 원인으로 인한 정부간 수출계약의 해지 또는 해제에 관한 사항

⑤ 그 밖에 위원회의 위원장이 정부간 수출계약과 관련하여 위원회의 심의·의결에 부치는 사항

2) 구성

위원회는 위원장 1명을 포함함 7명 이상 15명 이내의 위원으로 구성하고 위원장은 대한무역투자진흥공사 사장이 된다.

위원회의 구성은 다음과 같이 위촉된 사람으로 하고, 임기는 2년이며 연임할 수 있다.

① 산업통상자원부 및 조달청의 고위공무원단에 속하는 공무원 중 소속 기관의 장이 지명하는 사람 각 1명

② 전담기관의 임원 중 전담기관의 장이 지명하는 사람 2명

---

9) 대외무역법 제32조의4.

③ 정부간 수출계약의 해당 물품 등과 관련이 있다고 위원회의 위원장이 인정하는 중앙행정기관의 고위공무원단에 속하는 공무원 중에서 소속 기관의 장이 지명하는 사람

④ 제54조의2에 따른 보증·보험기관의 임원 중 해당 기관의 장의 추천으로 위원회의 위원장이 지명하는 사람

⑤ 정부간 수출계약과 관련된 분야에 학식과 경험이 풍부한 사람 중 7명 이내의 범위에서 위원장이 위촉하는 사람

위원장은 위원회를 소집하고 그 의장이 된다. 위원장이 부득이한 사유로 그 직무를 수행할 수 없을 때에는 위원장이 미리 지명한 위원이 그 직무를 대행한다. 위원회의 회의는 재적위원 과반수의 출석으로 개의(開議)하고, 출석위원 3분의 2 이상의 찬성으로 의결한다. 위원회는 국내 기업의 이행능력 평가를 효율적으로 수행하기 위하여 소위원회를 구성·운영할 수 있다. 기타 위원회의 구성 및 운영에 필요한 사항은 위원회의 의결을 거쳐 위원장이 정한다.

3) 자료 등의 제출 요구

위원회는 정부간 수출계약의 체결, 변경, 해지 등 심의에 필요한 경우 국내 기업 및 관계 기관 등에 자료 등의 제출을 요구할 수 있다.

4) 서류의 비공개

위원회는 다음의 사항에 해당하는 경우에는 회의록, 계약서 등 관련 서류를 공개하지 아니할 수 있다.

① 공개될 경우 정부간 수출계약의 체결, 이행, 변경, 해지 등이 크게 곤란하여질 우려가 있거나 위원회 심의의 공정성을 크게 저해할 우려가 있다고 인정되는 사항

② 그 밖에 ①에 준하는 사유로서 공개하기에 적당하지 아니하다고 위원회가 결정한 사항

3 국내기업의 책임 등

1) 국내 기업의 책임

국내 기업은 정부간 수출계약이 체결된 경우 그 계약 내용을 성실히 이행하여야 한다. 또한 국내 기업은 보증·보험의 제공 등 대통령령으로 정하는 계약 이행 보증 조치를 취하여야 한다.[10]

2) 자료의 제공

정부간 수출계약의 전담기관이 계약 이행 상황을 확인하기 위하여 관련 자료의 제출을 요구하는 경우 국내 기업은 특별한 사정이 없으면 이에 따라야 한다.

3) 국내기업의 책임 위반

국내기업이 계약 이행 보증 조치 또는 자료제출 책임을 위반할 경우 전담기관은 그 사실을 외국 정부에 통보할 수 있고, 위원회는 해당 기업의 정부간 수출계약에 대한 심의를 거부할 수 있다.

10) 대외무역법 제32조의5.

대 외 무 역 법

CHAPTER 12

원산지제도

제 1 절 원산지제도의 개요

1 수출입물품의 원산지제도

1) 원산지제도의 의의

원산지(Country of Origin)란 특정 물품의 국적을 의미하는 것으로 그 물품이 성장했거나 생산·제조·가공된 지역이나 국가를 말하는 것으로, 자본의 투자국·디자인의 수행국·기술의 제공국·상표의 소유국 등과는 무관한 개념이다.

원산지제도는 물품에 원산지를 표시하거나 원산지를 판정하는 제도로서, '관세와 무역에 관한 일반협정'(General Agreement on Tariffs and Trade: GATT) 제9조의 원산지 표시 조항에 의해 도입되었고, WTO협정에 의한 통일원산지규정을 적용하여 각 회원국의 국내법에 이 규정에 부합되는 법규와 제도를 만들도록 하고 있다.

우리나라의 원산지제도는 1991년 7월 1일부터 「대외무역법」에 도입되어 수출입물품의 원산지가 어느 국가인지를 판정·표시·확인하는 규정으로 구성되어 있다.

① 원산지 판정 : 특정 물품의 원산지가 어느 국가인지 결정하는 것

② 원산지 표시 : 공정한 거래 질서의 확립과 소비자 보호를 위하여 물품에 원산지를 표시하는 것

③ 원산지 확인 : 수입제한물품 및 원산지 표시 위반 물품 등을 단속하기 위한 것 뿐 아니라 특혜 관세를 적용하기 위해 원산지 증명서 등을 통해 물품의 원산지를 확인하는 것

원산지규정은 적용목적에 따라 「대외무역법」에 따른 '비특혜원산지규정/과 「관세법」에 따른 '특혜원산지규정'으로 구분할 수 있다. 비특혜원산지규정은 반덤핑관세·상계관세 부과, 원산지 표시, 세이프가드, 차별적 수량제한 등의 무역정책수단과 정부조달, 무역통계작성 등에 있어서 물품의 원산지를 구별할 필요가 있는 경우 적용되는 원산지규정을 말하고, 특혜원산지규정은 유럽연합(European Union: EU), 북미자유무역협정(North America Free Trade Area: NAFTA) 등 지역경제공동체 또는 자유무역지대의 운영이나 일반특혜관세제도(Generalized System of Preferences: GSP), 개도국간 특혜관세제도(Global System of Trade Preference among Developing Countries: GSTP), 다자간 무역협정인 방콕협정(Economic and Social Commission of Asia and Pacific: ESCAP) 등으로 관세특혜를 부여하는 경우에 적용되는 원산지규정을 말한다.[1)]

2) 원산지제도의 필요성

이러한 원산지제도는 다음과 같은 이유에서 그 필요성이 있다.[2)]

① 소비자 측면에서 소비자에게 정확한 상품정보를 제공함으로써 구매과정에서 발생할 수 있는 소비자의 피해를 방지한다.

② 생산자 측면에서 특정지역의 생산품이 시장에서 차별화될 수 있는 기회를 제공함으로써 생산자를 보호한다.

③ 정부의 입장에서 덤핑방지관세 부과, 긴급수입제한조치, 수입수량제한조치 등 각종 무역제한조치의 실효성을 확보하는 수단이 된다.

④ 또한 현재의 수출입통계는 해당 물품의 선적항을 기준으로 하나, 원산지를 감안하면 보다 의미 있는 국가별 수출입 관련 통계자료를 얻을 수 있으며, 활용도를 높일 수 있다.

---

1) 전순환, 전게서, p.307.

2) 전순환, 전게서, p.308.

2 원산지제도의 운영체계

1) 원산지제도와 관련된 법적 체계

원산지 제도의 법적 체계는 다음과 같다.

표 12-1 원산지제도의 법적 체계

<table>
<tr><th colspan="2">구분</th><th>국제규범</th><th>국내규범</th></tr>
<tr><td rowspan="2">특혜분야</td><td>FTA 특혜</td><td>• 양자간 FTA 협약문</td><td>• 자유무역협정의 이행을 위한 관세법의 특례에 관한 법률(약칭 FTA특례법)</td></tr>
<tr><td>일반 특혜</td><td>• 아시아태평양무역협정(APTA)
• WTO 개도국간 협정(TNDC)
• UNCTAD 개도국간 협정(GSTP 원산지규정)</td><td>• 관세법
• 남북교류협력에 관한 법률</td></tr>
<tr><td colspan="2">비특혜 분야</td><td>• WTO 통일원산지규정</td><td>• 대외무역법
• 농수산물의 원산지 표시에 관한 법률
• 표시광고의 공정화에 관한 법률
• 불공정무역행위 조사 및 산업피해구제에 관한 법률
• 소비자기본법
• 부정경쟁방지 및 영업비밀보호에 관한 법률
• 축산물가공처리법
• 가축전염예방법
• 식품위생법
• 품질경영 및 공산품 안전관리법</td></tr>
<tr><td colspan="2">특혜/비특혜</td><td>• WCO 개정 교토협약(부속서 K)</td><td>• 대외무역법
• 관세법</td></tr>
</table>

2) 원산지규정과 관련된 권한의 위임 및 위탁

(1) 세관장

산업통상자원부장관은 다음의 권한을 세관장에게 위탁하고 있다.[3]

① 원산지 표시의 확인에 관한 권한[4]

---

3) 시행령 제91조 제4항.

② 수입한 원산지 표시 대상물품과 관련 서류의 검사에 관한 권한
③ 원산지증명서의 제출 명령에 관한 권한
④ 원산지증명서 발급 업무 중 관세양허를 받기 위한 원산지증명서 발급 업무에 관한 권한
⑤ 수입한 원산지 표시 대상물품과 관련 서류의 검사를 거부·방해 또는 기피한 자에 대한 과태료의 부과·징수에 관한 권한

(2) 관세청장

산업통상자원부장관은 다음의 권한을 관세청장에게 위탁한다.[5]

① 산업통상자원부장관이 정하는 원산지 표시방법의 범위에서 그 표시 방법에 관한 세부적인 사항을 정하는 권한
② 원산지 표시 방법의 확인 및 이의제기의 처리에 관한 권한
③ 세관장에게 위탁된 사무에 대한 지휘·감독 및 자료의 제출 요청에 관한 권한

(3) 대한상공회의소 또는 산업통상자원부장관이 지정하여 고시하는 법인

산업통상자원부장관은 원산지증명서 발급 업무(관세양허를 받기 위한 원산지증명서 발급 업무 포함)에 관한 권한을 대한상공회의소 또는 산업통상자원부장관이 지정하여 고시하는 '법인'에게 위탁한다.[6]

제 2 절 수출입물품의 원산지 표시

1 원산지 표시 대상물품과 면제물품

1) 원산지 표시 대상물품

원산지 표시 대상물품이란 산업통상자원부장관이 공정한 거래 질서의 확립과 생산자 및 소비자 보호를 위하여 원산지를 표시하여야 하는 대상으로 공고한 물품 등(이

---

4) 시행령 제57조 제4항.
5) 시행령 제91조 제6항.
6) 시행령 제91조 제10항.

하 "원산지 표시 대상물품"이라 한다)으로서, 〈별표 8〉에 게기된 물품을 말한다. 따라서 원산지 표시 대상물품을 수출입하려는 자는 그 물품 등에 대하여 원산지를 표시하여야 한다.[7)]

〈별표 8〉 원산지 표시 대상물품

HS류별	품 목 코 드
01류	0102, 0106(자라에 한함)
02류	0201, 0202, 0203, 0204, 0205, 0206, 0207, 0208, 0209, 0210
03류	0301, 0302, 0303, 0304, 0305, 0306, 0307, 0308
04류	0401, 0402, 0403, 0404, 0405, 0406, 0407, 0408, 0409, 0410
05류	0504, 0506, 0507, 0510
06류	0601, 0602, 0603, 0604
07류	0701, 0702, 0703, 0704, 0705, 0706, 0707, 0708, 0709, 0710, 0711, 0712, 0713, 0714
08류	0801, 0802, 0803, 0804, 0805, 0806, 0807, 0808, 0809, 0810, 0811, 0812, 0813, 0814
09류	0901, 0902, 0903, 0904, 0906, 0907, 0908, 0910
10류	1001, 1002, 1003, 1004, 1005, 1006, 1007, 1008
11류	1101, 1102, 1103, 1104, 1105, 1106, 1107, 1108, 1109
12류	1201, 1202, 1203, 1204, 1205, 1206, 1207, 1208, 1209, 1211, 1212
13류	1302
15류	1501, 1502, 1503, 1504, 1507, 1508, 1509, 1510, 1511, 1512, 1513, 1514, 1515, 1516, 1517, 1520, 1521, 1522
16류	1601, 1602, 1603, 1604, 1605
17류	1701, 1702, 1703, 1704
18류	1801, 1802, 1803, 1804, 1805, 1806
19류	1901, 1902, 1903, 1904, 1905
20류	2001, 2002, 2003, 2004, 2005, 2006, 2007, 2008, 2009
21류	2101, 2102, 2103, 2104, 2105, 2106
22류	2201, 2202, 2203, 2204, 2205, 2206, 2207, 2208, 2209
23류	2301, 2303, 2308, 2309
24류	2401, 2402, 2403
25류	2501

7) 대외무역법 제33조 제1항 및 관리규정 제75조 제1항.

HS류별	품 목 코 드
28류	2815.11, 2853
30류	3003, 3004, 3005, 3006
31류	3101
32류	3201, 3202, 3203, 3204, 3205, 3206, 3207, 3208, 3209, 3210, 3211, 3212, 3213, 3214, 3215
33류	3301, 3302, 3303, 3304, 3305, 3306, 3307
34류	3401, 3402, 3403, 3404, 3405, 3406, 3407
35류	3504, 3505, 3506
36류	3604, 3605, 3606
37류	3702, 3703, 3704, 3707
38류	3808, 3814, 3820, 3824, 3826
39류	3916, 3917, 3918, 3919, 3920, 3921, 3922, 3923, 3924, 3925, 3926
40류	4006, 4007, 4008, 4009, 4010, 4011, 4012, 4013, 4014, 4015, 4016, 4017
41류	4114, 4115
42류	4202, 4203, 4205, 4206
43류	4303, 4304
44류	4402, 4409, 4410, 4411, 4412, 4413, 4414, 4415, 4416, 4417, 4418, 4419, 4420, 4421
46류	4601, 4602
48류	4802, 4803, 4804, 4805, 4806, 4807, 4808, 4809, 4810, 4811, 4813, 4814, 4816, 4817, 4818, 4819, 4820, 4821, 4823
49류	4905, 4909
50류	5006, 5007
51류	5109, 5110, 5111, 5112, 5113
52류	5204, 5207, 5208, 5209, 5210, 5211, 5212
53류	5309, 5310, 5311
54류	5401, 5406, 5407, 5408
55류	5502, 5508, 5511, 5512, 5513, 5514, 5515, 5516
56류	5601, 5602, 5603, 5604
57류	5701, 5702, 5703, 5704, 5705
58류	5801, 5802, 5803, 5804, 5805, 5806, 5807, 5808, 5809, 5810, 5811
59류	5909(소방호스에 한함)
60류	6001, 6002, 6003, 6004, 6005, 6006

HS류별	품 목 코 드
61류	6101, 6102, 6103, 6104, 6105, 6106, 6107, 6108, 6109, 6110, 6111, 6112, 6113, 6114, 6115, 6116, 6117
62류	6201, 6202, 6203, 6204, 6205, 6206, 6207, 6208, 6209, 6210, 6211, 6212, 6213, 6214, 6215, 6216, 6217
63류	6301, 6302, 6303, 6304, 6305, 6306, 6307, 6308, 6309, 6310
64류	6401, 6402, 6403, 6404, 6405, 6406
65류	6501, 6502, 6504, 6505, 6506, 6507
66류	6601, 6602, 6603
67류	6704
68류	6801, 6802, 6804, 6806, 6809, 6809, 6810, 6815
69류	6902, 6903, 6906, 6907, 6908, 6910, 6911, 6912, 6913, 6914
70류	7003, 7004, 7005, 7006, 7007, 7008, 7009, 7010, 7013, 7014, 7015, 7018, 7019, 7020
71류	7113, 7114, 7116, 7117
72류	7208, 7210(전기, 용융, 착색 아연 도금강판에 한함), 7214, 7216, 7219, 7225, 7226, 7228
73류	7304, 7307(플랜지에 한함), 7311, 7315, 7317, 7318, 7319, 7320, 7321, 7322, 7323, 7324, 7325, 7326
74류	7415, 7418, 7419
75류	7508
76류	7607, 7612, 7613, 7615, 7616
78류	7806
79류	7907
80류	8007
82류	8201, 8202, 8203, 8204, 8205, 8206, 8207, 8208, 8209, 8210, 8211, 8212, 8213, 8214, 8215
83류	8301, 8302, 8303, 8304, 8305, 8306
84류	8407, 8408, 8409, 8413, 8414, 8415, 8416, 8417, 8418, 8419, 8421, 8422, 8423, 8424, 8425, 8431, 8432, 8433, 8434, 8435, 8436, 8437, 8438, 8440, 8441, 8442, 8443, 8448, 8450, 8451, 8452, 8453, 8456, 8465, 8466, 8467, 8468, 8469, 8470, 8471, 8472, 8473, 8476, 8479, 8481, 8482, 8483, 8484, 8487
85류	8501, 8502, 8503, 8504, 8505, 8506, 8507, 8508, 8509, 8510, 8511, 8512, 8513, 8514, 8515, 8516, 8517, 8518, 8519, 8521, 8522, 8523, 8525, 8526, 8527, 8528, 8529, 8531, 8532, 8533, 8534, 8535, 8536, 8537, 8538, 8539, 8540, 8541, 8542, 8543, 8544, 8545, 8546, 8547, 8548
87류	8701, 8702, 8703, 8704, 8705, 8706, 8707, 8708, 8711, 8712, 8713 ,8715, 8716

HS류별	품 목 코 드
89류	8903
90류	9001, 9002, 9003, 9004, 9005, 9006, 9010, 9011, 9012, 9013, 9015, 9016, 9017, 9018, 9019, 9021, 9024, 9025, 9026, 9027, 9028, 9029, 9031, 9032, 9033
91류	9101, 9102, 9103, 9104, 9105, 9106, 9107, 9108, 9109, 9110, 9111, 9112, 9113, 9114
92류	9201, 9202, 9205, 9206, 9207, 9208, 9209
94류	9401, 9402, 9403, 9404, 9405
95류	9503, 9504, 9505, 9506, 9507, 9508
96류	9603, 9604, 9605, 9607, 9608, 9609, 9610, 9611, 9612, 9613, 9614, 9615, 9616, 9617, 9618, 9619, 9620

2) 원산지 표시 대상물품 등의 공고

산업통상자원부장관은 원산지 표시 대상물품을 공고하려면 해당 물품을 관장하는 관계 행정기관의 장과 미리 협의하여야 한다.[8] 원산지의 표시 방법은 대통령령으로 정한다.

2 원산지 표시

1) 원산지 표시의 일반원칙[9]

(1) 표시 방법

원산지 표시 대상물품을 수입하려는 자는 다음의 방법에 따라 해당 물품에 원산지를 표시하여야 한다.

① 한글, 한문 또는 영문으로 표시할 것

가. "원산지: 국명" 또는 "국명 산(産)"

나. "Made in 국명" 또는 "Product of 국명"

다. "Made by 물품 제조자의 회사명, 주소, 국명"

라. "Country of Origin: 국명"

8) 시행령 제55조 제1항.

9) 시행령 제56조 제1항 및 관리규정 제76조.

마. "Brewed in 국명" 또는 "Distilled in 국명" 등 그 밖에 최종구매자가 원산지를 오인할 우려가 없거나 "Assembled in 국명" 등에서의 국명이 원산지 판정기준[10]을 적용하여 그 원산지와 동일한 경우

바. 물품의 주요 부분품 원산지가 다른 경우 부분품별 원산지를 표시할 수 있음

② 최종구매자가 쉽게 판독할 수 있는 활자체로 표시할 것

③ 최종구매자가 정상적인 물품구매과정에서 식별하기 쉬운 곳에 표시할 것

④ 표시된 원산지가 쉽게 지워지지 않으며 물품(또는 포장·용기)에서 쉽게 떨어지지 아니하는 방법으로 표시할 것

⑤ 제조단계에서 인쇄(printing), 등사(stenciling), 낙인(branding), 주조(molding), 식각(etching), 박음질(stitching) 또는 이와 유사한 방식으로 원산지를 표시하는 것을 원칙으로 한다. 다만, 물품의 특성상 위와 같은 방식으로 표시하는 것이 부적합 또는 곤란하거나 물품을 훼손할 우려가 있는 경우에는 날인(stamping), 라벨(label), 스티커(sticker), 꼬리표(tag)를 사용하여 표시할 수 있다.

⑥ 최종구매자가 수입 물품의 원산지를 오인할 우려가 없는 경우에는 다음과 같이 통상적으로 널리 사용되고 있는 국가명이나 지역명 등을 사용하여 원산지를 표시할 수 있다.

가. United States of America를 USA로

나. Switzerland를 Swiss로

다. Netherlands를 Holland로

라. United Kingdom을 UK로

마. UK의 England, Scotland, Wales, Northern Ireland

바. 기타 관세청장이 산업통상자원부장관과 협의하여 타당하다고 인정하는 국가나 지역명

(2) 원산지 표시 항목의 추가

「전기용품 및 생활용품 안전관리법」, 「식품위생법」 등 다른 법령에서 원산지 표시방법 등을 정하고 있는 경우에는 이를 적용할 수 있다.

10) 시행령 제61조.

(3) 수출 물품에 대한 원산지 표시[11)]

수출물품에 대하여 원산지를 표시하는 경우에는 수입물품의 원산지 표시 방법에 따라 원산지를 표시하되, 그 물품에 대한 수입국의 원산지 표시 규정이 이와 다르게 표시하도록 되어 있으며 그 규정에 따라 원산지를 표시할 수 있다. 다만, 수입한 물품에 대하여 국내에서 단순한 가공활동을 거쳐 수출하는 경우에는 우리나라를 원산지로 표시하여서는 아니 된다.

2) 원산지 표시의 예외

원산지 표시 대상물품에 대하여는 해당 물품에 원산지를 표시해야 하는 것이 원칙이지만, 해당 물품에 원산지를 표시하는 것이 곤란하거나 원산지를 표시할 필요가 없다고 인정하여 산업통상자원부장관이 정하여 고시하는 기준에 해당하는 경우에는 산업통상자원부장관이 정하여 고시하는 바에 따라 원산지를 표시하거나 원산지 표시를 생략할 수 있다.

수입물품의 원산지 표시 방법에 관하여 필요한 사항은 산업통상자원부장관이 정하여 고시한다. 다만, 수입물품을 관장하는 중앙행정기관의 장은 소비자를 보호하기 위하여 필요한 경우에는 산업통상자원부장관과 협의하여 해당 물품의 원산지 표시에 관한 세부적인 사항을 따로 정하여 고시할 수 있다.[12)]

(1) 최소포장, 용기에 표시

해당 물품에 원산지를 표시하는 것이 곤란하다고 인정되는 다음의 어느 하나에 해당되는 경우에는 해당 물품에 원산지를 표시하지 않고 해당 물품의 최소포장, 용기 등에 수입물품의 원산지를 표시할 수 있다.[13)]

① 해당 물품에 원산지를 표시하는 것이 불가능한 경우

② 원산지 표시로 인하여 해당 물품이 크게 훼손되는 경우(예: 당구공, 콘택트렌즈, 포장하지 않은 집적회로 등)

③ 원산지 표시로 인하여 해당 물품의 가치가 실질적으로 저하되는 경우

---

11) 시행령 제56조 제5항.

12) 시행령 제56조 제3항. 원산지 표시에 대한 실무적인 상세한 내용은 관세청에서 고시하는 「원산지제도 운영에 관한 고시」 참조.

13) 시행령 제56조 제2항 및 관리규정 제75조 제2항.

④ 원산지 표시의 비용이 해당 물품의 수입을 막을 정도로 과도한 경우(예: 물품값보다 표시비용이 더 많이 드는 경우 등)

⑤ 상거래 관행상 최종구매자에게 포장, 용기에 봉인되어 판매되는 물품 또는 봉인되지는 않았으나 포장, 용기를 뜯지 않고 판매되는 물품(예: 비누, 칫솔, VIDEO TAPE 등)

⑥ 실질적 변형을 일으키는 제조공정에 투입되는 부품 및 원재료를 수입 후 실수요자에게 직접 공급하는 경우

⑦ 물품의 외관상 원산지의 오인 가능성이 적은 경우(예: 두리안, 오렌지, 바나나와 같은 과일·채소 등)

⑧ 관세청장이 산업통상자원부장관과 협의하여 타당하다고 인정하는 물품

최종구매자가 수입물품의 원산지를 오인할 우려가 없도록 표시하는 전제하에 일반적인 원산지 표시 방법에 따른 표시와 병기하여 물품별 제조공정상의 다양한 특성을 반영할 수 있도록 다음의 예시에 따라 보조표시를 할 수 있다.

가. "Designed in 국명", "Fashioned in 국명", "Modeled in 국명", "styled in 국명", "Licensed by 국명", "Finished in 국명", ...

나. 기타 관세청장이 상기 표시방법에 준하여 타당하다고 인정한 보조표시 방식

또한, 수출국에서의 주요 부분품의 단순 결합물품, 원재료의 단순 혼합물품, 중고물품으로 원산지를 특정하기 어려운 물품은 다음과 같이 원산지를 표시할 수 있다.

가. 단순 조립물품 : "Organized in 국명(부분품별 원산지 나열)"

나. 단순 혼합물품 : "Mixed in 국명(원재료별 원산지 나열)"

다. 중고물품 : "Imported from 국명"

(2) 원산지 표시의 면제

원산지 표시 대상물품에 대한 원산지 표시 방법의 규정에 불구하고 물품 또는 포장·용기에 원산지를 표시하여야 하는 수입물품이 다음의 어느 하나에 해당되는 경우에는 원산지를 표시하지 아니할 수 있다.[14)]

① 외화획득용 원료 및 시설기재로 수입되는 물품

② 개인에게 무상 송부된 탁송품, 별송품 또는 여행자 휴대품

14) 시행령 제56조 제2항 및 관리규정 제82조 제1항.

③ 수입 후 실질적 변형을 일으키는 제조공정에 투입되는 부품 및 원재료로서 실수요자가 직접 수입하는 경우(실수요자를 위하여 수입을 대행하는 경우 포함)
④ 판매 또는 임대목적에 제공되지 않는 물품으로서 실수요자가 직접 수입하는 경우. 다만, 제조에 사용할 목적으로 수입되는 제조용 시설 및 기자재(부분품 및 예비용 부품 포함)는 수입을 대행하는 경우 인정할 수 있다.
⑤ 연구개발용품으로서 실수요자가 수입하는 경우(실수요자를 위하여 수입을 대행하는 경우 포함)
⑥ 견본품(진열·판매용이 아닌 것에 한함) 및 수입된 물품의 하자보수용 물품
⑦ 보세운송, 환적 등에 의하여 우리나라를 단순히 경유하는 통과 화물
⑧ 재수출조건부 면세 대상 물품 등 일시 수입 물품
⑨ 우리나라에서 수출된 후 재수입되는 물품
⑩ 외교관 면세 대상 물품
⑪ 개인이 자가소비용으로 수입하는 물품으로서 세관장이 타당하다고 인정하는 물품
⑫ 그 밖에 관세청장이 산업통상자원부장관과 협의하여 타당하다고 인정하는 물품

세관장은 원산지 표시가 면제되는 물품에 대하여 외화획득 이행 여부, 목적외 사용 등 원산지 표시 면제의 적합 여부를 사후 확인할 수 있다.[15]

3) 원산지 오인 우려 수입물품의 원산지 표시

(1) 의의

무역거래자 또는 물품 등의 판매업자는 다음의 어느 하나에 해당하는 행위를 하여서는 안된다.[16]

① 원산지를 거짓으로 표시하거나 원산지를 오인하게 하는 표시를 하는 행위
② 원산지의 표시를 손상하거나 변경하는 행위
③ 원산지 표시 대상물품에 대하여 원산지 표시를 하지 아니하는 행위(무역거래자의 경우에만 해당됨)
④ 위의 ①부터 ③까지의 규정에 위반되는 원산지 표시 대상물품을 국내에서 거래하는 행위

15) 관리규정 제82조 제2항.
16) 대외무역법 제33조 제3항.

(2) 원산지 오인 우려 수입물품

원산지오인 우려 수입물품이란 원산지 표시 대상물품이 다음의 어느 하나에 해당하는 물품을 말한다.17)

① 주문자 상표부착(OEM)방식에 의해 생산된 수입 물품의 원산지와 주문자가 위치한 국명이 상이하여 최종구매자가 해당 물품의 원산지를 오인할 우려가 있는 물품

② 물품 또는 포장·용기에 현저하게 표시되어 있는 상호·상표·지역·국가 또는 언어명이 수입 물품의 원산지와 상이하여 최종구매자가 해당 물품의 원산지를 오인할 우려가 있는 물품

(3) 표시 방법

원산지 오인 우려 수입물품에 해당되는 물품은 해당 물품 또는 포장·용기의 전면에 '수입물품 원산지 표시의 일반원칙'(제76조)에 따라 원산지를 표시하여야 하며, 물품의 특성상 전후면의 구별이 어렵거나 전면에 표시하기 어려운 경우 등에는 원산지 오인을 초래하는 표시와 가까운 곳에 표시하여야 한다. 다만, 해당 물품에 원산지가 적합하게 표시되어 있고, 최종판매단계에서 진열된 물품 등을 통하여 최종구매자가 원산지 확인이 가능하며, 국제 상거래 관행상 통용되는 방법으로 원산지를 표시하는 경우 세관장은 산업통상자원부장관과 협의하여 포장·용기에 표시된 원산지가 원산지 오인을 초래하는 표시와 가깝지 않은 곳에 있어도 원산지 오인이 없는 것으로 볼 수 있다.18)

(4) 판매시 원산지 표시 의무

원산지오인 우려 수입물품에 해당되는 물품을 판매하는 자는 판매 또는 진열시 소비자가 알아볼 수 있도록 상품에 표시된 원산지와는 별도로 스티커, 푯말 등을 이용하여 원산지를 표시하여야 한다.19)

17) 관리규정 제77조 제1항.
18) 관리규정 제77조 제2항.
19) 관리규정 제77조 제3항.

4) 수입 후 단순한 가공활동을 수행한 물품 등의 원산지 표시

(1) 의의

수입된 원산지 표시 대상물품에 대하여 단순한 가공활동을 거침으로써 해당 물품 등의 원산지 표시를 손상하거나 변형한 자(무역거래자 또는 물품 등의 판매업자에 대하여 원산지를 오인하게 하는 표시를 하는 행위등을 하는 경우는 제외함)는 그 단순 가공한 물품 등에 당초의 원산지를 표시하여야 한다. 이 경우 다른 법령에서 단순한 가공활동을 거친 수입 물품 등에 대하여 다른 기준을 규정하고 있으면 그 기준에 따른다.[20]

"대통령령으로 정하는 단순한 가공활동"이란 판매목적의 물품포장 활동, 상품성 유지를 위한 단순한 작업 활동 등 물품의 본질적 특성을 부여하기에 부족한 가공활동을 말하며, 그 가공활동의 구체적인 범위는 관계 중앙행정기관의 장과 협의하여 산업통상자원부장관이 정하여 고시한다.[21]

(2) 표시 방법

수입물품을 단순한 가공활동을 수행하여 국산품으로 판매하는 것을 방지하기 위하여 단순한 가공물품 등에 대하여 원산지 표시 의무를 부과하고 있다. 이러한 단순가공물품의 원산지 표시는 다음 어느 하나의 방법에 따라 원산지를 표시하여야 한다. 다만, 다음에서 달리 규정하지 아니한 사항에 대하여는 원산지 표시의 일반원칙과 예외규정을 준용한다.[22]

① 원산지 표시 대상물품이 수입된 후, 최종구매자가 구매하기 이전에 국내에서 단순 제조·가공처리되어 수입 물품의 원산지가 은폐·제거되거나 은폐·제거될 우려가 있는 물품의 경우에는 제조·가공업자(수입자가 제조업자인 경우를 포함)는 완성 가공품에 수입물품의 원산지가 분명하게 나타나도록 원산지를 표시하여야 한다.

② 원산지 표시 대상물품이 대형 포장 형태로 수입된 후에 최종구매자가 구매하기 이전에 국내에서 소매단위로 재포장되어 판매되는 물품인 경우에는 재포장 판매업자(수입자가 판매업자인 경우를 포함)는 재포장 용기에 수입 물품의 원산지가 분

20) 대외무역법 제33조 제2항.

21) 시행령 제55조 제2항.

22) 관리규정 제78조 제1항.

명하게 나타나도록 원산지를 표시하여야 한다. 재포장되지 않고 낱개 또는 산물로 판매되는 경우에도 물품 또는 판매용기·판매장소에 스티커 부착, 푯말부착 등의 방법으로 수입품의 원산지를 표시하여야 한다.

③ 원산지 표시 대상물품이 수입된 후에 최종구매자가 구매하기 이전에 다른 물품과 결합되어 판매되는 경우에는 제조·가공업자(수입자가 제조업자인 경우 포함)는 수입된 해당 물품의 원산지가 분명하게 나타나도록 "(해당 물품명)의 원산지: 국명"의 형태로 원산지를 표시하여야 한다.

상기에 해당되는 경우에는 세관장이 수입자에게 수입 통관 후 법령에 따른 원산지 표시를 준수하도록 명할 수 있다.[23] 또한 물품을 수입하는 자가 그 물품을 제3자(중간 구매업자 또는 판매자 등)에게 양도(제3자가 재양도하는 경우 포함)하는 경우에는 양수인에게 서면으로 법령에 따른 원산지 표시 의무를 준수하여야 할 것을 알려야 한다.[24]

5) 수입 세트물품의 원산지 표시[25]

수입 세트물품의 경우 원산지 표시 대상은 관세청장이 정하는데, 해당 세트물품을 구성하는 개별 물품들의 원산지가 동일하고 최종 구매자에게 세트물품으로 판매되는 경우에는 개별 물품에 원산지를 표시하지 아니하고 그 물품의 포장·용기에 원산지를 표시할 수 있다.

세트물품을 구성하는 개별 물품들의 원산지가 2개국 이상인 경우에는 개별 물품에 각각의 원산지를 표시하고, 세트물품의 포장·용기에는 개별 물품들의 원산지를 모두 나열·표시하여야 한다(예: Made in China, Taiwan, …).

23) 관리규정 제78조 제2항.
24) 관리규정 제78조 제3항.
25) 관리규정 제79조.

〈별표 2의1〉 수입 세트물품[26]

HS 번호	품 목 명
3006.50	구급상자와 구급대
3407.00.20.00	치과용 왁스 또는 치과용 인상 재료 중 세트의 것
6103.21-6103.29	남자 또는 소년용의 앙상블(메리야스 편물 또는 뜨개질 편물의 것)
6104.21-6104.29	여자 또는 소녀용의 앙상블(메리야스 편물 또는 뜨개질 편물의 것)
6203.21-6203.29	남자 또는 소년용의 앙상블(메리야스 편물 또는 뜨개질 편물의 것은 제외)
6204.21-6204.29	여자 또는 소녀용의 앙상블(메리야스 편물 또는 뜨개질 편물의 것은 제외)
6308	HS 6308 중 러그, 테피스트리, 자수한 테이블보 또는 서비에트용 직물 및 실로 구성된 세트
8206	HS 8202 내지 8205에 해당하는 둘 이상의 공구가 소매용으로 세트가 되어 있는 것
8214.20	HS 8214.20 중 매니큐어 또는 페디큐어 세트
8215.10-8215.20	스푼·포크·국자·스킴머·케이크 서버·생선용 칼·버터용 칼·설탕집게 및 이와 유사한 부엌 또는 식탁용품이 조합된 세트
8518.30.30.00	마이크로폰·스피커 복합 세트
8518.50	음향증폭세트
9017	HS 9017 중 제도세트(Drawing Set)
9503	HS 9503 중 세트 제품
9605	개인용의 여행세트

6) 수입용기의 원산지 표시[27]

관세율표에 따라 용기로 별도 분류되어 수입되는 물품의 경우에는 용기에 "(용기명)의 원산지: (국명)"에 상응하는 표시를 하여야 한다(예: "Bottle made in 국명").

1회 사용으로 폐기되는 용기의 경우에는 최소 판매단위의 포장에 용기의 원산지를

26) 관세청「원산지제도 운영에 관한 고시」〈별표 2의1〉.

27) 관리규정 제80조.

표시할 수 있으며, 실수요자가 이들 물품을 수입하는 경우에는 용기의 원산지를 표시하지 않아도 무방하다.

7) 수입물품 원산지 표시 방법의 세부사항

관세청장은 산업통상자원부장관과의 사전협의를 거쳐 수입물품에 대한 원산지 표시의 일반원칙과 예외(제75조부터 제80조까지)의 원산지 표시 방법에 따라 물품의 특성을 감안한 세부적인 표시방법을 정할 수 있으며, 이를 「원산지제도 운영에 관한 고시」에서 상세히 규정하고 있다.[28)]

3 원산지 표시 방법의 확인 및 검사

1) 원산지 표시 방법의 사전 확인

(1) 확인의 요청

원산지 표시 방법에 따라 원산지를 표시하여야 하는 자는 해당 물품이 수입되기 전에 문서로 그 물품의 적절한 원산지 표시 방법에 관한 확인을 산업통상자원부장관에게 요청할 수 있다.[29)]

(2) 확인 절차

관세청장은 물품이 수입되기 전에 적정한 원산지 표시 방법에 관한 확인을 요청받은 경우에는 신청을 접수한 날부터 30일 이내에 원산지 표시 방법에 따라 해당 물품의 적정한 표시방법을 확인하여 요청인에게 알려야 한다.[30)]

(3) 이의제기

산업통상자원부장관의 원산지 표시 방법의 확인에 관하여 이의가 있는 자는 확인 결과를 통보받은 날부터 30일 이내에 서면으로 산업통상자원부장관에게 이의를 제기할 수 있다.[31)]

---

28) 관리규정 제81조.
29) 시행령 제57조 제1항.
30) 관리규정 제84조 제1항.
31) 시행령 제57조 제2항.

(4) 이의제기에 대한 통보

이의제기를 접수한 관세청장은 접수한 날부터 30일 이내에 이의제기에 대하여 결정하고 이를 요청인에게 알려야 한다.[32)]

관세청장은 원산지 표시 확인 및 이의제기에 필요한 사항을 산업통상자원부장관과 협의하여 별도로 정할 수 있다.[33)]

2) 통관시 확인

(1) 통관시 확인

산업통상자원부장관은 원산지 표시 대상물품(관리규정 별표 8)을 수입하는 자에 대하여 해당 물품이 통관할 때 원산지의 표시 방법 및 표시 여부 등을 확인할 수 있다.[34)] 이 경우 확인방법과 확인절차 등에 관하여는 산업통상자원부장관이 정하여 고시한다.

원산지 표시 대상물품을 수입하려는 자는 해당 물품의 통관시 원산지 표시 여부에 대하여 세관장의 확인을 받아야 한다.[35)]

(2) 조치의 명령

세관장은 수출·수입되는 물품이 원산지 표시 규정에 위반되는 것으로 인정되는 경우에는 원산지의 표시·정정·말소 등 적절한 조치를 지시할 수 있다.[36)]

3) 통관 후 확인

관계 행정기관의 장, 시·도지사는 수입신고 후 통관된 물품이 원산지 표시 규정에 위반되는 것으로 인정되는 경우에는 원산지의 표시·정정·말소 등 적절한 조치를 지시할 수 있다.[37)]

---

32) 관리규정 第84조 제2항.
33) 관리규정 第84조 제3항.
34) 시행령 제57조 제4항.
35) 관리규정 第83조 제1항.
36) 관리규정 第83조 제2항.
37) 관리규정 第83조 제3항.

4) 원산지 표시의 검사

산업통상자원부장관 또는 시·도지 사는 '원산지 표시 대상물품의 원산지 표시 의무, 원산지의 표시 방법·확인 등의 규정 준수 의무'[38]를 위반하였는지 확인하기 위하여 필요하다고 인정하면 수입한 물품 등과 대통령령으로 정하는 다음의 관련 서류[39]를 검사할 수 있다.[40]

① 수입한 물품 등의 무역거래자 및 판매업자의 정보에 관한 서류
② 수입한 물품 등의 가격, 수량, 품질 및 제조 또는 가공 공정에 관한 서류
③ 그 밖에 원산지의 표시에 대한 위반 여부를 확인하기 위하여 산업통상자원부장관이 필요하다고 인정하는 서류

이 경우 검사를 하는 공무원의 증표는 〈별표 11〉과 같다.[41]

〈별표 11〉 원산지검사공무원증

o 앞면

원산지검사공무원증

소 속 :
성 명 : (사 진)
직 급 :
주민등록번호 :

위 사람은 대외무역법 제33조 제4항의 규정에 따라 원산지 표시에 관한 사항을 검사·확인하는 공무원임을 증명합니다.

년 월 일

시·도지사(시·군·구청장)
세 관 장

o 뒷면 1. 이 사람은 대외무역법 제33조 제4항의 규정에 의하여 국내 유통 중인 수입물품의 원산지 표시에 관한 사항을 검사할 권한이 있습니다.
2. 이 증은 다른 사람에게 대여 또는 양도할 수 없습니다.

38) 대외무역법 제33조 제1항~제4항.
39) 관리규정 제57조의2.
40) 대외무역법 제33조 제5항.
41) 대외무역법 제33조 제4항 및 관리규정 제83조 제4항.

4 원산지 표시 위반에 대한 제제

1) 원산지 표시 위반에 대한 시정명령

산업통상자원부장관 또는 시·도지사는 원산지 표시 규정(법 제33조 제2항부터 제4항까지)을 위반한 자에게 판매중지, 원상복구, 원산지 표시 등 대통령령[42]으로 정하는 다음의 시정조치를 명할 수 있다.[43]

① 원산지 표시의 원상 복구, 정정, 말소 또는 원산지 표시명령

② 위반물품의 거래 또는 판매 행위의 중지

시정조치 명령은 위반행위의 내용, 시정조치 명령의 사유 및 내용, 시정기한을 명시한 서면으로 하여야 한다.[44]

2) 원산지 표시 관련 위반에 대한 과징금

(1) 과징금의 부과 및 납부[45]

산업통상자원부장관 또는 시·도지사는 원산지 표시 규정(법 제33조 제2항부터 제4항까지의 규정 중 제33조 제4항 제4호는 제외)을 위반한 자에게 3억원 이하의 과징금을 부과할 수 있다.

산업통상자원부장관 또는 시·도지사는 과징금을 부과하려면 그 위반행위의 종류와 과징금의 금액을 명시하여 과징금을 낼 것을 서면으로 알려야 한다.

과징금 납부에 대한 통보를 받은 자는 납부 통지일부터 20일 이내에 과징금을 산업통상자원부장관 또는 시·도지사가 정하는 수납기관에 내야 한다. 다만 천재지변이나 그 밖의 부득이한 사유로 납부기한까지 과징금을 낼 수 없는 경우에는 그 사유가 없어진 날부터 7일 이내에 내야 한다.

과징금을 받은 수납기관은 과징금을 낸 자에게 영수증을 발급하여야 하고, 과징금을 받은 사실을 지체 없이 산업통상자원부장관 또는 시·도지사에게 알려야 한다.

---

42) 시행령 제58조 제1항.

43) 대외무역법 제33조의2 제1항.

44) 시행령 제58조 제2항.

45) 대외무역법 제33조의2 제2항 및 시행령 제59조.

(2) 과징금 납부기한의 연장 및 분할납부

① 과징금 납부기한의 연장 및 분할납부 적용 사유

산업통상자원부장관 또는 시·도지사는 과징금을 부과받은 자가 내야 할 과징금의 금액이 1억 원 이상인 경우로서 다음의 어느 하나에 해당하는 사유로 인하여 과징금의 전액을 한꺼번에 내기 어렵다고 인정되는 경우에는 그 납부기한을 연장하거나 분할납부하게 할 수 있다. 이 경우 필요하다고 인정하는 때에는 담보를 제공하게 할 수 있다.

가. 재해나 천재지변, 화재 등으로 재산에 현저한 손실을 입은 경우
나. 경제 여건이나 사업 여건의 악화로 사업이 중대한 위기에 있는 경우
다. 과징금을 한꺼번에 내면 자금사정에 현저한 어려움이 예상되는 경우
라. 그 밖에 위의 사유에 준하는 사유가 있는 경우

② 신청

과징금 납부기한의 연장 또는 분할납부를 하려는 자는 그 납부기한의 10일 전까지 납부기한의 연장 또는 분할납부의 사유를 증명하는 서류를 첨부하여 산업통상자원부장관 또는 시·도지사에게 신청하여야 한다.

③ 연장 기한

납부기한의 연장은 그 납부기한의 다음 날부터 1년을 초과할 수 없다.

④ 분할납부 횟수

분할납부를 하게 하는 경우 각 분할된 납부기한 간의 간격은 4개월을 초과할 수 없으며 분할횟수는 3회를 초과할 수 없다.

⑤ 납부기한 연장 및 분할납부 취소

산업통상자원부장관 또는 시·도지사는 다음의 어느 하나에 해당하는 경우에는 납부기한이 연장되거나 분할납부가 허용된 과징금 납부의무자에 대하여 그 납부기한의 연장 또는 분할납부 결정을 취소하고 한꺼번에 징수할 수 있다.

가. 분할납부가 결정된 과징금을 그 납부기한까지 내지 아니한 경우
나. 담보의 제공에 관한 산업통상자원부장관 또는 시·도지사의 명령을 이행하지 아니한 경우
다. 강제집행, 경매의 개시, 파산선고, 법인의 해산, 국세 또는 지방세의 체납처분을 받은 때 등 과징금의 전부 또는 잔여분을 징수할 수 없다고 인정되는 경우

(3) 과징금 부과대상과 금액

과징금을 부과할 위반행위의 종류와 과징금의 금액은 아래의 시행령 〈별표 2〉와 같이 그 위반 정도에 따라 다르다. 또한 산업통상자원부장관은 해당 무역거래자 등의 수출입규모, 위반 정도 및 횟수 등을 고려하여 〈별표 2〉의 금액의 2분의 1의 범위에서 가중하거나 경감할 수 있다. 다만, 가중하는 경우에도 과징금의 총액은 3억 원을 넘을 수 없다.[46)]

시행령 [별표 2] 위반행위의 종류와 과징금의 금액 (제60조제1항 관련)

위반행위	해당 법조문	과징금 금액
1. 법 제33조제2항을 위반하여 단순한 가공활동을 거침으로써 해당 물품 등의 원산지 표시를 손상하거나 변형한 자(무역거래자 또는 물품 등의 판매업자에 대하여 법 제33조제4항이 적용되는 경우는 제외한다)가 그 단순 가공한 물품 등에 당초의 원산지를 표시하지 아니하거나 다르게 표시한 행위	법 제33조의2 제2항	해당 위반물품 등의 수출입 신고 금액(판매업자의 경우에는 판매한 물품 등과 판매하지 아니한 물품 등을 구분하여 판매한 물품 등의 매출가액과 판매하지 아니한 물품 등의 매입가액을 합한 금액을 말한다)의 100분의 10에 해당하는 금액이나 1억 원 중 적은 금액
2. 법 제33조제3항에 따른 원산지의 표시방법을 위반한 행위	법 제33조의2 제2항	해당 위반물품 등의 수출입 신고 금액의 100분의 10에 해당하는 금액이나 2억 원 중 적은 금액
3. 무역거래자 또는 물품 등의 판매업자가 법 제33조제4항제1호를 위반하여 물품 등의 원산지를 거짓으로 표시하거나 원산지를 오인(誤認)하게 하는 표시를 하는 행위	법 제33조의2 제2항	해당 위반물품 등의 수출입 신고 금액(판매업자의 경우에는 판매한 물품 등과 판매하지 아니한 물품 등을 구분하여 판매한 물품 등의 매출가액과 판매하지 아니한 물품 등의 매입가액을 합한 금액을 말한다)의 100분의 10에 해당하는 금액이나 3억 원 중 적은 금액
4. 무역거래자 또는 물품 등의 판매업자가 법 제33조제4항제2호를 위반하여 물품 등의 원산지 표시를 손상하거나 변경하는 행위	법 제33조의2 제2항	해당 위반물품 등의 수출입 신고 금액(판매업자의 경우에는 판매한 물품 등과 판매하지 아니한 물품 등을 구분하여 판매한 물품 등의 매출가액과 판매하지 아니한 물품 등의 매입가액을 합한 금액을 말한다)의 100분의 10에 해당하는 금액이나 3억 원 중 적은 금액
5. 무역거래자가 법 제33조제4항제3호를 위반하여 원산지 표시 대상물품에 대하여 원산지 표시를 하지 아니하는 행위	법 제33조의2제2항	해당 위반물품의 수출입 신고 금액의 100분의 10에 해당하는 금액이나 2억 원 중 적은 금액

46) 시행령 제60조.

3) 원산지 표시 의무 위반자의 공표

산업통상자원부장관 또는 시·도지사는 원산지 표시 의무 위반으로 인해 과징금 부과처분이 확정된 자에 대해서는 시행령 제60조의2의 규정에 따라 그 위반자 및 위반자의 소재지와 물품 등의 명칭, 품목, 위반내용 등 처분과 관련된 사항을 공표할 수 있다.[47]

원산지 표시 의무 위반자로서 공표의 대상자는 법 제33조의2 제2항에 따른 과징금 부과처분이 확정된 자로서 다음 각 호의 어느 하나에 해당하는 자로 한다.

① 상기 〈별표 2〉의 각 구분에 따른 해당 위반물품 등의 수출입 신고 금액(판매업자의 경우에는 판매한 물품 등과 판매하지 아니한 물품 등을 구분하여 판매한 물품 등의 매출가액과 판매하지 아니한 물품 등의 매입가액을 합한 금액을 말하며, 이하 이 항에서 "원산지 표시 위반물품 등의 가액"이라 한다)이 10억 원(「관세법」 별표에 따른 품목 중 제1류부터 제24류까지의 품목 및 소금의 경우에는 5억 원을 말한다) 이상인 자

② 「관세법」 별표에 따른 품목 중 제1류부터 제24류까지의 품목 및 소금에 대한 상기 〈별표 2〉 제3호 또는 제4호에 해당하는 원산지 표시 위반물품 등의 가액 중 다음 각 목의 위반행위로 인한 가액을 합산한 금액이 5천만 원 이상인 자

가. 원산지를 국내산으로 거짓 표시하거나 원산지를 국내산으로 오인하게 하는 표시를 하는 행위

나. 원산지 표시를 국내산으로 변경하는 행위

③ 다음 요건을 모두 갖춘 자

가. 법 제33조의2 제2항에 따라 과징금 부과처분을 받은 날부터 과거 2년 이내의 기간(초일을 산입한다) 동안 법 제33조의2 제2항에 따라 과징금 부과처분을 받은 횟수가 3회 이상일 것

나. 가에 따른 과징금 부과처분 중 확정된 처분이 3회 이상일 것

다. 나에 따른 확정된 과징금 부과처분의 사유가 된 원산지 표시 위반물품 등의 가액을 합산한 금액이 5천만 원 이상일 것

④ 「관세법」 별표에 따른 품목 중 제1류부터 제24류까지의 품목 및 소금에 대한 원산지 표시 의무를 위반한 경우로서 다음의 요건을 모두 갖춘 자

---

47) 대외무역법 제33조의2 제5항.

가. 법 제33조의2 제2항에 따라 과징금 부과처분을 받은 날부터 과거 2년 이내의 기간(초일을 산입한다) 동안 동법에 따라 과징금 부과처분을 받은 횟수가 3회 이상일 것

나. 가에 따른 과징금 부과처분 중 확정된 처분이 3회 이상일 것

산업통상자원부장관 또는 시·도지사는 상기에 따른 공표 대상자에 대해서는 다음의 각 사항을 산업통상자원부 또는 시·도의 홈페이지에 공표하여야 한다.

① "「대외무역법」에 따른 원산지 표시 의무 위반사실의 공표"라는 표제
② 위반자의 성명 또는 명칭(법인의 경우에는 대표자의 성명 포함) 및 주소(법인의 경우 주된 영업소의 주소와 원산지 표시 의무 위반행위를 한 사업장 주소)
③ 원산지 표시 위반물품 등의 종류, 명칭 및 위반내용
④ 원산지 표시 위반행위에 대한 처분권자, 처분일, 처분 내용

4) 원산지 표시 관련 위반에 따른 과태료

원산지 표시 규정을 위반하였는지의 검사를 거부, 방해 또는 기피한 자에게는 1천만 원 이하의 과태료를 부과한다.[48]

제 3 절 수출입물품의 원산지 판정

1 원산지 판정의 의의

원산지 판정은 수출입물품의 원산지가 어느 국가인지를 결정하는 것을 말한다. 산업통상자원부장관은 필요하다고 인정하면 수출 또는 수입 물품 등의 원산지 판정을 할 수 있다.

2 수입물품 원산지 판정의 기준

원산지 판정의 기준은 시행령 제61조에서 규정한 수입 물품의 원산지 판정 기준에

48) 대외무역법 제59조 제2항 제3호.

따라 산업통상자원부장관이 정하여 공고하는데, 각 품목별 구체적인 사항은 관계 행정기관의 장과 협의하여 산업통상자원부장관이 고시한다.[49]

① 수입 물품의 전부가 하나의 국가에서 채취되거나 생산된 물품(이하 "완전생산물품"이라 함)인 경우에는 그 국가를 그 물품의 원산지로 할 것

② 수입 물품의 생산·제조·가공 과정에 둘 이상의 국가가 관련된 경우에는 최종적으로 실질적 변형을 가하여 그 물품에 본질적 특성을 부여하는 활동(이하 "실질적 변형"이라 함)을 한 국가를 그 물품의 원산지로 할 것

③ 수입 물품의 생산·제조·가공 과정에 둘 이상의 국가가 관련된 경우 단순한 가공활동을 하는 국가를 원산지로 하지 아니할 것

1) 완전생산기준

완전생산기준은 어떤 물품이 전적으로 한 나라에서만 생산·가공되는 경우와 같이 해당 물품의 전부를 생산한 국가를 원산지로 보는 기준이다.

다음의 어느 하나에 해당하는 물품을 완전생산물품으로 본다.[50]

① 해당국 영역에서 생산한 광산물, 농산물 및 식물성 생산물

② 해당국 영역에서 번식, 사육한 산동물과 이들로부터 채취한 물품

③ 해당국 영역에서 수렵, 어로로 채포(採捕)한 물품

④ 해당국 선박에 의하여 해당국 이외 국가의 영해나 배타적 경제수역이 아닌 곳에서 채포한 어획물, 그 밖의 물품

⑤ 해당국에서 제조, 가공공정 중에 발생한 잔여물

⑥ 해당국 또는 해당국의 선박에서 제1호부터 제5호까지의 물품을 원재료로 하여 제조·가공한 물품

2) 실질적 변형기준

(1) 세번변경기준

실질적 변형이란 해당국에서의 제조·가공과정을 통하여 원재료의 세번과 상이한 세번(HS 6단위 기준)의 제품을 생산하는 것을 말한다.[51] 이 기준은 2개국 이상에서

49) 시행령 제61조.
50) 관리규정 제85조 제1항.
51) 관리규정 제85조 제2항.

물품이 생산된 경우 해당 물품에 실질적인 변형을 가함으로써 HS 6단위의 번호를 변경시킨 국가를 원산지로 보는 기준을 말한다.

산업통상자원부장관은 관세율표상에 해당 물품과 그 원재료의 세번이 구분되어 있지 아니함으로 인하여 제조·가공과정을 통하여 그 물품의 본질적 특성을 부여하는 활동을 가하더라도 세번(HS 6단위 기준)이 변경되지 아니하는 경우에는 관계기관의 의견을 들은 후 해당 물품 생산에서 발생한 부가가치와 주요 공정 등 종합적인 특성을 감안하여 실질적 변형에 대한 기준을 제시할 수 있다.[52]

(2) 부가가치, 주요 부품 또는 공정 등에 의한 기준

① 의의

2개국 이상이 관여된 물품의 원산지판정에 대하여 실질적 변형(HS 6단위 변경)기준이 기본원칙이라 하더라도 산업통상자원부장관은 관리규정 〈별표 9〉에서 별도로 정하는 품목에 대하여는 부가가치, 주요 부품 또는 주요 공정 등에 의하여 해당 물품의 원산지를 판정한다.[53]

관리규정 〈별표 9〉 특정수입물품의 원산지

품 목 명	원산지 판정 기준
HS 9006.51 렌즈를 통하여 볼 수 있는 파인더(싱글렌즈레플렉스)를 갖춘 것(폭이 35밀리미터 이하의 롤필름용인것에 한하며 특수용도사진기 또는 일회용 사진기는 제외) HS 9006.53 기타(폭이 35밀리미터의 롤필름용인 것에 한하며 특수용도 사진기 또는 일회용 사진기는 제외)	다음 각 호의 기준을 순차적으로 적용한다. 1. 해당 물품에 사용된 원료 및 부품의 부가가치가 완제품 부가가치의 35% 이상인 경우 해당 원료 및 부품을 생산 또는 최초로 공급한 국가 2. 제1호의 국가가 없거나 2개국 이상인 경우는 주요 부품(셔터, 렌즈, 줌경통, 파인더)이 차지하는 부가가치의 비율이 높은 국가
HS 0102 소	출생국을 원산지로 한다. 다만, 출생국과 사육국이 다른 경우에는 다음 기준에 따른다. 해당 국가에서 6개월 이상 사육된 경우에는 당해 사육국을 원산지로 하고, 6개월 미만 사육된 경우에는 출생국을 원산지로 한다.

52) 관리규정 제85조 제3항.
53) 관리규정 제85조 제4항.

HS 0103 돼지	출생국을 원산지로 한다. 다만, 출생국과 사육국이 다른 경우에는 다음 기준에 따른다. 해당 국가에서 2개월 이상 사육된 경우에는 해당 사육국을 원산지로 하고, 2개월 미만 사육된 경우에는 출생국을 원산지로 한다.
소와 돼지 이외의 그 밖의 가축으로서 HS 01류의 것	출생국을 원산지로 한다. 다만, 출생국과 사육국이 다른 경우에는 다음 기준에 따른다. 해당 국가에서 1개월 이상 사육된 경우에는 해당 사육국을 원산지로 하고, 1개월 미만 사육된 경우에는 출생국을 원산지로 한다.

품 목 명		원산지 기준(안)
HS 6101-6117 (편직된 의류 및 그 부속품)	1) 제품형태로 편물(knit to shape)되는 물품(부품과 부속품을 포함한다) ; 6101-6117의 것	편직공정 수행국 (knit shape)
	2) 부품형태로 편물된 부품을 봉제하여 생산되는 물품 ; 6101-6115의 것	봉제공정 수행국
	3) 재단(cut to shape)된 부품을 봉제하여 생산되는 물품 ; 6101-6115의 것	봉제공정 수행국
	4) 자수된 편평제품 (손수건, 쇼울, 스카프, 머플러, 만틸라, 베일 및 이와 유사한 물품) ; 6117.10.6117.80의 것	편직공정 수행국. 단, 기포원단의 공장도 가격의 50%를 초과하는 자수공정을 수행할 경우 자수공정 수행국
	5) 그 밖의 편평제품 (손수건, 쇼울, 스카, 머플러, 만틸라, 베일 및 이와 유사한 물품) ; 6117.10.6117.80의 것	편직공정 수행국
	6) 부품형태로 편물된 부품을 봉제하여 생산되는 부속품(넥타이류, 장갑류 및 이와 유사한 물품) ; 6116, 6117.20, 6117.80의 것	부품의 편직공정 수행국 (형태를 갖게 knit된 곳)
	7) 재단된 부품을 봉제하여 생산되는 부속품(넥타이류, 장갑류 및 이와 유사한 물품) ; 6116, 6117.20, 6117.80의 것	봉제공정 수행국
	8) 부품형태로 편물된 부품을 봉제하여 생산된 부품 ; 6117.90의 것	부품 편직공정 수행국
	9) 재단된 부품을 봉제하여 생산되는 부품 ; 6117.90의 것	재단공정 수행국

품 목 명		원산지 기준(안)
	10) 자수되었으나 봉제되지 아니한 부품 ; 6101-6117의 것	편직공정 수행국. 단, 기포원단의 공장도 가격의 50%를 초과하는 자수공정을 수행할 경우 자수공정 수행국
	11) 그 밖에 봉제되지 아니한 부품 ; 6101-6107의 것	편직공정 수행국
HS 6201 -6217 (편직을 제외한 의류 및 그 부속품)	1) 부품을 봉제하여 생산되는 물품(6209의 기저귀를 제외한다) ; 6201-6212	봉제공정 수행국
	2) 기저귀 ; 6209의 것	제직공정 수행국
	3) 자수된 편평제품(손수건, 쇼울, 스카프, 머플러, 만틸라, 베일 및 이와 유사한 물품) ; 6213, 6214, 6217.10의 것	제직공정 수행국. 단, 기포원단의 공장도 가격의 50%를 초과하는 자수공정을 수행할 경우 자수공정 수행국
	4) 그 밖의 편평제품(손수건, 쇼울, 스카프, 머플러, 만틸라, 베일 및 이와 유사한 물품) ; 6213, 6214, 6217.10의 것	제직공정 수행국
	5) 부품을 봉제하여 생산된 부속품(넥타이류, 장갑류 및 이와 유사한 물품) ; 6215, 6216, 6217.10의 것	봉제공정 수행국
	6) 봉제된 부품 ; 6217.90의 것	재단공정 수행국
	7) 자수된 부품 ; 6201-6217의 것	제직공정 수행국. 단 기포원단의 공장도 가격의 50%를 초과하는 자수공정을 수행할 경우 자수공정 수행국
	8) 그 밖의 부품 ; 6201-6217의 것	제직공정 수행국
HS 6301 -6308 (제품으로 된 방직용 섬유제품)	1) 부품을 봉제하여 생산되는 물품 ; 6303, 6304, 6306, 6307.20	제단공정 수행국
	2) 자수된 물품 ; 6301-6308의 것 (6301.10 제외)	제직(또는 편직)공정 수행국. 단 기포원단의 공장도 가격의 50%를 초과하는 자수공정을 수행할 경우 자수공정 수행국
	3) 부분품으로 구성된 물품 ; 6308의 것	Set의 본질적 특성을 구성하는 물품 제조국
	4) 그 밖의 제품 ; 6301, 6302, 6305, 6307.10, 6307.90 (6301.10 제외)	제직(또는 편직)공정 수행국
HS 7411.22 구리-니켈 합금으로 만든 것(백동)이나 구리-니켈-아연 합금으로 만든 것(양백)		냉간인발공정(인발, 열처리, 확관) 수행국

② 부가가치비율의 기준

부가가치기준은 수출물품이 2개국 이상에 걸쳐 생산된 경우 제조과정에서 일정 수준 이상의 부가가치를 창출한 국가를 원산지로 인정하는 기준으로서, 적용하는 부가가치율은 각국에 따라 상이하다. 즉 특정제품의 전체 가치 중에서 일정 비율 이상의 부가가치를 창출하는 국가를 원산지로 보는 기준으로서, 부가가치의 비율은 해당 물품의 제조·생산에 사용된 원료 및 구성품의 원산지별 가격누계가 해당 물품의 수입가격(FOB가격 기준)에서 점하는 비율로 한다.[54]

③ 주요 부품의 원산지

주요 부품에 따른 원산지 판정은 다음의 국가를 원산지로 본다.[55]

가. 해당 주요 부품의 원료 및 구성품의 부가가치생산에 최대로 기여한 국가가 해당 완제품의 부가가치비율 기준 상위 2개국 중 어느 하나에 해당하는 경우는 해당 국가

나. 해당 주요 부품의 원료 및 구성품의 부가가치생산에 최대로 기여한 국가가 해당 완제품의 부가가치비율 기준 상위 2개국 중 어느 하나에 해당하지 아니하는 경우는 해당 완제품을 최종적으로 제조한 국가

④ 부가가치 산정의 기준

부가가치비율을 산정하는 경우 해당 물품의 제조·생산에 사용된 원료 및 구성품의 가격은 다음의 어느 하나에서 정하는 가격으로 한다.[56]

가. 해당 제조·생산국에서 외국으로부터 수입조달한 원료 및 구성품의 가격은 각기 수입단위별 FOB가격

나. 해당 제조·생산국에서 국내적으로 공급된 원료 및 구성품의 가격은 각기 구매단위별 공장도가격

3) 단순한 가공활동

'단순한 가공활동'이란 다음의 어느 하나에 해당하는 것으로서, 단순한 가공활동을 수행하는 국가에는 원산지를 부여하지 아니한다.[57]

54) 관리규정 제85조 제5항.
55) 관리규정 제85조 제6항.
56) 관리규정 제85조 제7항.
57) 관리규정 제85조 제8항.

① 운송 또는 보관 목적으로 물품을 양호한 상태로 보존하기 위해 행하는 가공활동
② 선적 또는 운송을 용이하게 하기 위한 가공활동
③ 판매목적으로 물품의 포장 등과 관련된 활동
④ 제조·가공결과 HS 6단위가 변경되는 경우라도 다음 각 목의 어느 하나에 해당되는 가공과 이들이 결합되는 가공은 단순한 가공활동의 범위에 포함된다.
가. 통풍
나. 건조 또는 단순가열(볶거나 굽는 것을 포함한다)
다. 냉동, 냉장
라. 손상부위의 제거, 이물질 제거, 세척
마. 기름칠, 녹방지 또는 보호를 위한 도색, 도장
바. 거르기 또는 선별(sifting or screening)
사. 정리(sorting), 분류 또는 등급선정(classifying, or grading)
아. 시험 또는 측정
자. 표시나 라벨의 수정 또는 선명화
차. 가수, 희석, 흡습, 가염, 가당, 전리(ionizing)
카. 각피(husking), 탈각(shelling or unshelling), 씨제거 및 신선 또는 냉장육류의 냉동, 단순 절단 및 단순 혼합
타. 〈별표 9〉에서 정한 HS 01류의 가축을 수입하여 해당국에서 도축하는 경우 같은 별표에서 정한 품목별 사육기간 미만의 기간 동안 해당국에서 사육한 가축의 도축(slaughtering)
파. 펴기(spreading out), 압착(crushing)
하. 가부터 파까지의 규정에 준하는 가공으로서 산업통상자원부장관이 별도로 판정하는 단순한 가공활동

3 수출물품의 원산지 판정기준

수출물품의 원산지 판정에 대한 기준은 수입물품의 원산지 판정기준을 준용하여 판정하되, 그 물품에 대한 원산지 판정기준이 수입국의 원산지 판정기준과 다른 경우에는 수입국의 원산지 판정기준에 따라 원산지를 판정할 수 있다.[58)]

58) 시행령 제61조 제3항.

4 수입원료를 사용한 국내생산물품 등의 원산지 판정기준

1) 의의

산업통상자원부장관은 공정한 거래질서의 확립과 생산자 및 소비자 보호를 위하여 필요하다고 인정하면 수입원료를 사용하여 국내에서 생산되어 국내에서 유통되거나 판매되는 물품 등(이하 '국내생산물품 등'이라 함)에 대한 원산지 판정에 관한 기준을 관계 중앙행정기관의 장과 협의하여 정할 수 있다. 산업통상자원부장관은 그 기준을 정하면 이를 공고하여야 한다. 다만, 다른 법령에서 국내생산물품 등에 대하여 다른 기준을 규정하고 있는 경우에는 그러하지 아니하다.[59]

2) 원산지 판정기준

국내생산물품의 원산지 기준이란 원자재를 수입하여 국내에서 완제품을 생산할 경우 한국산으로 원산지를 표시할 수 있는 기준을 말한다. 이는 수입원료나 부품을 국내에서 단순 가공·조립하여 '한국산'으로 유통됨으로 인한 소비자 피해를 예방하고 공정한 거래질서를 확립하기 위함이다.[60]

(1) 대상물품

수입원료를 사용한 국내생산물품 등의 원산지 판정기준의 적용대상물품은 관리규정 〈별표 8〉에 의한 수입 물품 원산지 표시 대상물품 중 국내수입 후 제85조 제8항의 단순한 가공활동을 한 물품과 1류~24류(농수산물·식품), 30류(의료용품), 33류(향료·화장품), 48류(지와 판지), 49류(서적·신문·인쇄물), 50류~58류(섬유), 70류(유리), 72류(철강), 87류(8701~8708의 일반차량), 89류(선박)에 해당되지 않는 물품이다.[61]

(2) 우리나라를 원산지로 하는 기준

수입원료를 사용한 국내생산물품 등의 원산지 판정기준 적용 대상물품이 다음의 어느 하나에 해당하는 경우 우리나라를 원산지로 하는 물품으로 본다.[62]

---

59) 대외무역법 제35조.
60) 전순환, 전게서, p.356.
61) 관리규정 제86조 제1항.

① 우리나라에서 제조·가공과정을 통해 수입원료의 세번과 상이한 세번(HS 6단위 기준)의 물품(세번 HS 4단위에 해당하는 물품의 세번이 HS 6단위에서 전혀 분류되지 아니한 물품 포함)을 생산하고, 해당 물품의 총 제조원가 중 수입원료의 수입가격(CIF가격 기준)을 공제한 금액이 총 제조원가의 51퍼센트 이상인 경우

② 우리나라에서 제85조 제8항의 단순한 가공활동이 아닌 제조·가공과정을 통해 세번 변경이 안된 물품을 최종적으로 생산하고, 해당 물품의 총 제조원가 중 수입원료의 수입가격(CIF가격 기준)을 공제한 금액이 총 제조원가의 85퍼센트 이상인 경우

다만, 천일염은 외국산 원재료가 사용되지 않고 제조되어야 우리나라를 원산지로 본다.63)

(3) 우리나라를 원산지로 하는 물품의 원산지 표시 방법

국내생산물품 등의 원산지를 우리나라로 볼 수 있는 경우에는 제76조 제1항의 규정을 준용하여 다음의 어느 하나에 해당되는 방식으로 한글, 한자 또는 영문으로 표시할 수 있다.64)

수입 물품의 원산지는 다음 각 호의 어느 하나에 해당되는 방식으로 한글, 한자 또는 영문으로 표시할 수 있다.

① '원산지: 한국' 또는 '한국산'

② 'Made in Korea' 또는 'Product of Korea'

③ 'Made by 물품 제조자의 회사명, 주소, Korea'

④ 'Country of Origin: Korea' 등

(4) 원산지규정 미충족 물품의 원산지 표시 방법

수입원료를 사용한 국내생산물품 중 우리나라를 원산지로 하는 규정을 충족하지 아니한 물품의 원산지 표시는 다음의 방법에 따라 표시할 수 있다.65)

① 우리나라를 '가공국' 또는 '조립국' 등으로 표시하되 원료 또는 부품의 원산지를 동일한 크기와 방법으로 병행하여 표시

② ①의 원료나 부품이 1개국의 생산품인 경우에는 '원료(또는 부품)의 원산지 :

---

62) 관리규정 제86조 제2항.

63) 관리규정 제86조 제3항.

64) 관리규정 제86조 제4항 및 제76조 제1항.

65) 관리규정 제86조 제5항.

국명'을 표시

③ ①의 원료나 부품이 2개국 이상(우리나라를 포함)에서 생산된 경우에는 완성품의 제조원가의 재료비에서 차지하는 구성비율이 높은 순으로 2개 이상의 원산지를 각각의 구성비율과 함께 표시(예: '원료(또는 부품)의 원산지 : 국명(○%), 국명(○%)')

5 원산지판정기준의 특례66)

1) 부속품 등

기계·기구·장치 또는 차량에 사용되는 부속품·예비부분품 및 공구로서 기계 등과 함께 수입되어 동시에 판매되고 그 종류 및 수량으로 보아 정상적인 부속품, 예비부분품 및 공구라고 인정되는 물품의 원산지는 해당 기계·기구·장치 또는 차량의 원산지와 동일한 것으로 본다.

2) 포장용품

포장용품의 원산지는 해당 포장된 내용품의 원산지와 동일한 것으로 본다. 다만, 법령에 따라 포장용품과 내용품을 각각 별개로 구분하여 수입신고하도록 규정된 경우에는 포장용품의 원산지는 내용품의 원산지와 구분하여 결정한다.

3) 영화용 필름

촬영된 영화용 필름은 그 영화제작자가 속하는 나라를 원산지로 한다.

6 원산지 확인에 있어서의 직접운송원칙67)

1) 직접운송원칙 적용

수입물품의 원산지는 그 물품이 '비원산국'(원산지 국가 이외의 국가)을 경유하지

---

66) 관리규정 제87조.
67) 관리규정 제93조.

아니하고 원산지국가로부터 직접 우리나라로 운송·반입된 물품에만 해당 물품의 원산지를 인정한다.

2) 예외 적용

다음의 어느 하나에 해당하는 경우에는 해당 물품이 비원산국의 보세구역 등에서 세관 감시 하에 환적 또는 일시장치 등이 이루어지고, 이들 이외의 다른 행위가 없었음이 인정되는 경우에만 이를 우리나라로 직접 운송된 물품으로 보며, 이러한 물품의 경우에는 관세청장이 정하는 서류를 원산지증명서와 함께 세관장에게 제출하여야 한다.

① 지리적 또는 운송상의 이유로 비원산국에서 환적 또는 일시장치가 이루어진 물품의 경우

② 박람회, 전시회, 그 밖에 이에 준하는 행사에 전시하기 위하여 비원산국으로 수출하였던 물품으로서 해당 물품의 전시목적에 사용 후 우리나라로 수출한 물품의 경우

7 원산지 판정절차

1) 원산지 판정절차

원산지 판정의 요청 방법과 그 밖에 판정에 필요한 사항은 산업통상자원부장관이 정하여 고시한다.[68]

(1) 원산지 판정요청

수출 또는 수입 물품의 원산지 판정을 받으려는 자는 다음의 서류를 산업통상자원부장관에게 제출하여야 한다. 다만, 물품의 성질상 견본을 제출하기 곤란하거나 견본이 없어도 그 물품의 원산지 판정에 지장이 없다고 인정되는 경우에는 견본의 제출을 생략할 수 있다.[69]

① 원산지 판정 요청서: 대상 물품의 관세·통계통합품목분류표(「관세법 시행령」 제98조에 따른 관세·통계통합품목분류표)상의 품목번호·품목명(모델명 포함), 요청 사유, 요청자가 주장하는 원산지 등을 명시

---

68) 시행령 제62조 제5항.

69) 시행령 제62조 제1항.

② 견본 1개

③ 그 밖에 원산지 판정에 필요한 자료

(2) 자료의 보정 요구

산업통상자원부장관은 제출된 요청서 등이 미비하여 수출 또는 수입 물품의 원산지를 판정하기 곤란한 경우에는 기간을 정하여 자료의 보정(補正)을 요구할 수 있으며, 그 기간 내에 보정하지 아니하면 요청서 등을 되돌려 보낼 수 있다.[70]

(3) 자료의 제출 요구

산업통상자원부장관은 원산지 판정을 위하여 필요한 경우 해당 사안과 관련된 행정기관의 장, 무역거래자 및 그 밖의 이해관계인에게 자료의 제출을 요청할 수 있다.[71]

(4) 원산지 사전판정의 결과 통보

산업통상자원부장관은 수출 또는 수입물품의 원산지 판정요청을 받은 경우에는 60일 이내에 원산지 판정을 하여 그 결과를 요청한 사람에게 문서로 알려야 한다. 다만, 그 판정과 관련된 자료수집 등을 위하여 필요한 기간은 이에 산입하지 아니한다.[72] 만약, 원산지 판정의 결과가 요청인의 주장과 다른 경우에는 판정의 근거 등을 적어야 한다.[73]

2) 원산지 판정에 대한 이의제기

원산지 판정에 대한 이의제기 절차 등에 관하여 필요한 세부적인 사항은 산업통상자원부장관이 정한다.[74]

(1) 이의제기

물품의 원산지 판정을 요청한 자가 원산지 판정의 통보를 받고 그 판정에 불복하는 경우에는 통보를 받은 날로부터 30일 이내에 산업통상자원부장관에게 이의를 제기할 수 있는데, 원산지 판정에 이의를 제기하려는 자는 다음의 서류를 구비하여 산

70) 시행령 제62조 제2항.
71) 관리규정 제88조.
72) 대외무역법 제34조 제4항 및 시행령 제62조 제3항.
73) 시행령 제62조 제4항.
74) 시행령 제63조 제4항.

업통상자원부장관에게 제출하여야 한다.[75]

① 이의신청서 : 대상 물품의 관세·통계통합품목분류표상의 품목번호·품목명(모델명 포함), 이의제기 사유, 신청자가 주장하는 원산지 등을 명시

② 원산지 판정에 필요한 자료

(2) 자료의 보정 요구

산업통상자원부장관은 원산지 판정의 이의제기에 따라 제출된 신청서 등이 미비하여 이의제기에 대한 결정을 하기 곤란한 경우에는 기간을 정하여 자료의 보정을 요구할 수 있으며, 그 기간 내에 보정하지 아니하면 신청서 등을 되돌려 보낼 수 있다.[76] 자료의 보정기간은 이의제기 결정기간에 산입하지 않는다.[77]

(3) 의견조회

산업통상자원부장관은 이의제기에 대한 결정을 하기 위하여 관계 전문가에게 자문하거나 이해관계자 등의 의견을 들을 수 있다.[78]

(4) 이의제기에 대한 결정 통보

산업통상자원부장관은 원산지 판정에 대한 이의제기를 받은 날로부터 150일 이내에 이의제기에 대한 결정을 알려야 한다.[79]

제 4 절 원산지의 확인

1 수입물품의 원산지증명서 제출

1) 의의

수입물품의 원산지 확인은 통합공고에 의한 수입제한물품, 원산지 표시 위반물품

75) 대외무역법 제34조 제5항 및 시행령 제63조 제1항.
76) 시행령 제63조 제2항.
77) 관리규정 제90조.
78) 시행령 제63조 제3항.
79) 대외무역법 제34조 제6항.

등을 단속하기 위하여 원산지증명서[80] 등 관련 자료를 제출하도록 하여 원산지를 확인하는 것을 말한다.

산업통상자원부장관은 원산지 확인을 위하여 필요하다고 인정하는 경우에는 물품 등을 수입하고자 하는 자에 대하여 해당 물품 등의 원산지국가 또는 물품 등을 선적한 국가의 정부 등이 발행하는 원산지증명서를 제출하도록 할 수 있다.[81]

산업통상자원부장관은 원산지 표시의 확인에 관한 권한이나 원산지증명서의 제출 명령에 관한 권한, 원산지증명서 발급 업무 중 관세양허를 받기 위한 원산지증명서 발급 업무에 관한 권한을 세관장에게 위탁하고 있다. 다만, '세관장에게 위탁된 원산지증명서 발급 업무 중 관세양허를 받기 위한 원산지증명서 발급 업무에 관한 권한 중, 자유무역지역관리원의 관할구역의 입주업체에 대한 권한'은 자유무역지역관리원장에게 위임한다.[82]

또한, 산업통상자원부장관의 원산지증명서 발급 업무(관세양허를 받기 위한 원산지증명서 발급 업무 포함)에 관한 권한은 「상공회의소법」에 따라 설립된 '대한상공회의소'나 「민법」 제32조에 따라 설립된 '법인'[83] 중 산업통상자원부장관이 지정하여 고시하는 법인에게 위탁한다.[84]

2) 원산지증명서 제출요청

산업통상자원부장관은 자신이 정하여 고시하는 지역으로부터 자신이 정하여 고시하는 물품을 수입하려는 자에게 다음의 기관에서 발행하는 원산지증명서를 그 물품을 수입할 때에 제출하도록 할 수 있으며, 그 밖에 원산지증명서에 관하여 필요한 사항은 산업통상자원부장관이 정하여 고시한다.[85]

---

80) "원산지증명서"(Certificate of Origin: C/O)라 함은 수출물품이 우리나라에서 재배, 사육, 제조 또는 가공된 것임을 증명하는 문서를 말한다. 원산지증명서는 "일반수출물품원산지증명서"와 "관세양허대상수출물품 원산지증명서 [일반특혜 관세(GSP), GATT개발도상국간 관세양허협정, 아시아-태평양 무역협정(APTA), 개발도상국간 특혜무역제도(GSTP)에 관한 협정 및 자유무역협정(FTA) 등에 의한 수출물품의 원산지증명서]"로 구분된다(수출물품원산지증명 발급 규정 제2조).

81) 대외무역법 제36조 제1항.

82) 시행령 제91조 제4항.

83) 「민법」 제32조에서는 "학술, 종교, 자선, 기예, 사교, 기타 영리 아닌 사업을 목적으로 하는 사단 또는 재단은 주무관청의 허가를 얻어 이를 법인으로 할 수 있다"고 규정하고 있다.

84) 시행령 제91조 제10항.

85) 시행령 제65조.

① 그 물품의 원산지 국가
② 그 물품을 선적(船積)한 국가의 정부
③ ①의 국가 또는 ②의 정부가 인정하는 기관

3) 원산지증명서 제출대상 및 시기

(1) 제출대상

수입시 원산지증명서를 제출하여야 하는 경우는 다음과 같다.[86]

① 통합공고에 의하여 특정지역으로부터 수입이 제한되는 물품
② 원산지 허위표시, 오인·혼동표시 등을 확인하기 위하여 세관장이 필요하다고 인정하는 물품
③ 그 밖에 법령에 따라 원산지 확인이 필요한 물품

(2) 제출시기

원산지를 확인하여야 할 물품을 수입하는 자는 수입신고 전까지 원산지증명서 등 관계 자료를 제출하고 확인을 받아야 한다.[87]

(3) 확인요청

관계 자료를 제출받은 세관장은 해당 자료의 발행기관에 이의 확인을 요청할 수 있다.[88]

(4) 협의

관세청장은 원산지 확인에 필요한 사항을 산업통상자원부장관과 협의하여 별도로 정할 수 있다.[89]

(5) 영업상 비밀보호요청

관계 자료를 제출한 자는 자료제출기관에 제출한 자료를 영업상 비밀로 보호하여 줄 것을 요청할 수 있다.[90]

---

86) 관리규정 제91조 제2항.
87) 관리규정 제91조 제1항.
88) 관리규정 제91조 제3항.
89) 관리규정 제91조 제4항.
90) 관리규정 제91조 제5항.

4) 제출면제 대상

다음의 어느 하나에 해당하는 물품은 원산지증명서 등의 제출을 면제한다.[91]

① 과세가격(종량세의 경우, 수량에 따라 산출한 가격)이 15만 원 이하인 물품

② 우편물(「관세법」 제258조 제2항[92]에 해당하는 것 제외)

③ 개인에게 무상 송부된 탁송품, 별송품 또는 여행자의 휴대품

④ 재수출조건부 면세 대상 물품 등 일시 수입물품

⑤ 보세운송, 환적 등에 의하여 우리나라를 단순히 경유하는 통과화물

⑥ 물품의 종류, 성질, 형상 또는 그 상표, 생산국명, 제조자 등에 의하여 원산지가 인정되는 물품

⑦ 그 밖에 관세청장이 산업통상자원부장관과 협의하여 타당하다고 인정하는 물품

2 수출물품의 원산지증명서 발급

1) 의의

헌법에 따라 체결·공포된 조약과 일반적으로 승인된 국제법규를 이행하기 위하여 또는 교역상대국 무역거래자의 요청으로 수출물품의 원산지증명서를 발급받으려는 자는 수출물품원산지증명서발급신청서에 다음의 서류를 첨부하여 산업통상자원부장관(세관장, 자유무역지역관리원장, 대한상공회의소에 위탁 또는 위임)에게 제출하여야 한다.[93]

① 구매자·공급자에 관한 서류

② 수출물품의 가격·수량 등에 관한 서류

③ 그 밖에 수출물품의 원산지를 증명하는데 필요한 서류로서 산업통상자원부장관

91) 관리규정 제92조.

92) 우편물이 「대외무역법」 제11조에 따른 수출입의 승인을 받은 것이거나 관세법 시행령 제261조에서 규정하고 있는 ① 법령에 따라 수출입이 제한되거나 금지되는 물품, ② 법 제226조에 따라 세관장의 확인이 필요한 물품, ③ 판매를 목적으로 반입하는 물품 또는 대가를 지급하였거나 지급하여야 할 물품(통관허용 여부 및 과세대상 여부에 관하여 관세청장이 정한 기준에 해당하는 것으로 한정), ④ 가공무역을 위하여 우리나라와 외국간에 무상으로 수출입하는 물품 및 그 물품의 원·부자재, ⑤ 그 밖에 수출입신고가 필요하다고 인정되는 물품으로서 관세청장이 정하는 금액을 초과하는 물품에 해당하는 것일 때에는 해당 우편물의 수취인이나 발송인은 세관장에게 신고(또는 간편신고)를 하여야 한다.

93) 시행령 제66조 제2항.

이 정하여 공고하는 서류

2) 발급기준

수출물품의 원산지증명서의 발급기준은 헌법에 따라 체결·공포된 조약이나 협정과 일반적으로 승인된 국제법규 또는 상대 수입국에서 정한 원산지증명서 발급기준으로 한다.[94] 그 외 세부적인 사항은 수출물품 원산지증명서 발급규정에 의한다.[95]

3) 제출서류 확인

산업통상자원부장관(세관장, 자유무역지역관리원장, 대한상공회의소에 위탁 또는 위임)은 수출물품의 원산지증명서 발급신청을 받은 경우 원산지증명서 발급기준에 적합한 지를 조사·확인하여 발급 여부를 결정한 후 수출물품의 원산지증명서를 발급하여야 한다.[96]

4) 유효기간

수출물품의 원산지증명서의 유효기간은 1년으로 한다. 다만, 헌법에 따라 체결·공포된 조약이나 협정과 일반적으로 승인된 국제법규에서 그 유효기간을 달리 정하고 있는 경우에는 그 유효기간으로 한다.[97]

5) 발급수수료

수출물품의 원산지증명서를 발급받으려는 자는 산업통상자원부장관이 정하여 고시하는 수수료를 내야 한다.[98]

---

94) 시행령 제66조 제1항.
95) 시행령 제66조 제5항.
96) 시행령 제66조 제3항.
97) 시행령 제66조 제4항.
98) 시행령 제90조. 수출물품원산지증명서 발급규정에서 〈별표 6. 수출물품의 원산지 발급 수수료 결정기준〉은 [해당 연도 증명서 발급 수수료 단가 = {지지난해(재료비+인건비+사업비+경비)} ÷ 지지난해 증명서 발급건수]

3 외국산 물품 등을 국산 물품으로 가장하는 행위의 금지

1) 외국산 물품 등을 국산 물품으로 가장하는 행위 금지

누구든지 원산지증명서를 위조 또는 변조하거나 거짓된 내용으로 원산지증명서를 발급받거나 물품 등에 원산지를 거짓으로 표시하는 등의 방법으로 외국에서 생산된 물품 등(외국에서 생산되어 국내에서 대통령령으로 정하는 단순한 가공활동을 거친 물품 등을 포함)의 원산지가 우리나라인 것처럼 가장(假裝)하여 그 물품 등을 수출하거나 외국에서 판매하여서는 아니 된다.[99]

2) 외국산을 국산 물품으로 가장하는 행위에 대한 벌칙

외국산 물품 등의 국산 물품으로의 가장(假裝) 금지 의무를 위반한 자에 대하여는 5년 이하의 징역 또는 1억 원 이하의 벌금에 처하며, 이 경우 징역과 벌금은 병과(併科)할 수 있다.[100] 미수범은 본죄에 준하여 처벌한다.[101]

법인의 대표자나 법인 또는 개인의 대리인, 사용인, 그 밖의 종업원이 그 법인 또는 개인의 업무에 관하여 상기의 벌칙규정의 어느 하나에 해당하는 위반행위를 하면 그 행위자를 벌하는 외에 그 법인 또는 개인에게도 해당 조문의 벌금형을 과한다. 다만, 법인 또는 개인이 그 위반행위를 방지하기 위하여 해당 업무에 관한 상당한 주의와 감독을 게을리하지 아니한 경우에는 그러하지 아니하다.[102]

---

99) 대외무역법 제38조.
100) 대외무역법 제53조의2 제4호.
101) 대외무역법 제55조.
102) 대외무역법 제57조.

[별표 1-1] 일반수출물품 원산지증명 발급신청서

앞면

1. Exporter (Name, address, country)	**원산지증명 발급신청서** 대한·서울상공회의소 귀중 상공회의소 무역관계증명서 발급 규정에 의하여 상기 물품의 원산지증명서 발급을 신청합니다.
2. Consignee (Name, address, country)	3. Country of Origin
4. Transport details	5. Remarks
6. Marks & numbers; number and kind of packages; description of goods	7. Quantity
8. 관련국(수출국) :	**12. 신청자 관련 사항** 서명등록번호 : 상 호 : 주 소 : 대 표 자 : 사용인감 ※ 신청담당자 : (전화:)
9. 특기사항 ▲ 발급자 실사인 (요청매수: 매) ▲ 발급일자 소급 (요청일자 : 월 일) ▲ 2매 이상의 원본(요청매수: 매) ▲ 기 타 ※ 해당 사항에 V 표시 하고 관련 서류를 첨부하여야 합니다.	
10. 대행업체 및 서명번호(계산서 발행시) 업체명 : 서명등록번호:	
11 첨부서류 : 1. 수출신고필증 사본 1부 2. 특기사항 관련 서류	**13. 발급번호:**

뒷면

원산지증명서 발급자 유의사항

1. 신청자는 원산지증명 등에 사용할 서명을 해당 상공회의소에 등록하여야 합니다.

2. 신청자는 발급된 원산지증명서의 증명번호가 날인된 원본을 복사하여 동 사본을 발급일로부터 2년 이상(관세양허원산지증명서는 3년) 보관하여야 합니다.

3. 발급받은 증명서의 변경 및 수정사항이 발생한 경우에는 정정신청으로 발급받아야 합니다.

4. 첨부서류

   ① 정상적인 경우 : 수출신고수리필증 사본(증명서 발급기관이 수출사실 등을 전산으로 확인할 수 있는 경우에는 제출 생략)

   ② 특이요청사항이 있는 경우(일반수출물품 원산지증명에 한함)

   - 발급일자의 소급 신청 : 정상 신청시 첨부서류, NEGO 계산서나 관련 근거서류
   - 발급일자 실사인 및 2매 이상의 원본 요청 : 정상 신청시 첨부서류, 관련 근거서류 (L/C 또는 계약서 사본)

5. 4항(Transport details)은 운송에 따른 특기사항을 기재하여야 합니다.
   (기재사항 : 선적항, 도착항, 선명, 선적일자)

6. 기재내용이 많아 1장의 서식만으로 작성이 어려운 경우 둘째 장부터는 을지 서식을 사용해야 하며 이 경우 6항 하단부에 서식의 page번호를 다음 예와 같이 기재하여야 합니다.
   예) To be continued/page 1, To be continued/page 2, ………, End of page/page #

7. 상공회의소에 등록된 신청업체 서명권자의 서명과 서명자의 영문성명을 사용해야 합니다.

※ 주 : 신청자가 신청서상의 내용을 허위로 기재하여 대외무역법상의 원산지 표시 규정을 위반한 경우에는 대외무역법 제38조에 의거 5년 이하의 징역 또는 1억 원 이하의 벌금을 부과 받게 됩니다.

[별표 1-2] 일반수출물품 원산지증명서

<table>
<tr><td rowspan="2">1. Exporter (Name, address, country)</td><td colspan="2">ORIGINAL</td></tr>
<tr><td colspan="2" rowspan="2">CERTIFICATE OF ORIGIN
issued by
THE KOREA CHAMBER OF COMMERCE & INDUSTRY
Seoul, Republic of Korea</td></tr>
<tr><td rowspan="2">2. Consignee (Name, address, country)</td></tr>
<tr><td colspan="2">3. Country of Origin</td></tr>
<tr><td>4. Transport details</td><td colspan="2">5. Remarks</td></tr>
<tr><td colspan="2">6. Marks & numbers; number and kind of packages; description of goods</td><td>7. Quantity</td></tr>
<tr><td rowspan="2">8. Declaration by the Exporter
The undersigned, as an authorized signatory, hereby declares that the avove-mentioned goods were produced or manufactured in the country shown in box 3.

(Signature)

(Name)</td><td colspan="2">9. Certification
The undersigned authority hereby certifies that the goods described above originate in the country shown in box 3 to the best of its knowledge and belief.

Authorized Signatory</td></tr>
<tr><td colspan="2">Certificate No.</td></tr>
</table>

[별표 2-1] 일반특혜관세 원산지증명서(GSP)

<table>
<tr><td colspan="3">1. Exporter(name, full address, country)
Exportateur(nom, adresse, pays)</td><td colspan="3" rowspan="2">Reference No.

GENERALIZED SYSTEM OF PREFERENCES
CERTIFICATE OF ORIGIN
(Combined declaration and certificate)
FORM A
Issued in THE REPUBLIC OF KOREA
(country)

see notes overleaf</td></tr>
<tr><td colspan="3">2. Goods consigned to (consignee's name, address, country)</td></tr>
<tr><td colspan="3">3. Means of transport and route(as far as known)</td><td colspan="3">4. For official use</td></tr>
<tr><td>5. Tariff Item number</td><td>6. Marks and numbers of packages</td><td>7. Number and kind of packages; description of goods</td><td>8. Origin criterion (see notes overleaf)</td><td>9. Gross weight or other quantity</td><td>10. Number and date of invoices</td></tr>
<tr><td colspan="3">11. Certification
It is hereby certified, on the basis of control carried out, that the declaration by the exporter is correct.

Place and date, signature and stamp of certifying authority</td><td colspan="3">12. Declaration by the exporter
The undersigned hereby declares that the above details and statements are correct; that all the goods were
produced in THE REPUBLIC OF KOREA
(country)
and that they comply with the origin requirements specified for those goods in the generalized system of preferences for goods exported to
----
(importing country)

Place and date, signature of authorized signatory</td></tr>
</table>

[별표 2-3] 원산지 결정기준 사실 신고서

<table>
<tr><th colspan="8">원산지 결정기준 사실 신고서</th></tr>
<tr><td colspan="2" rowspan="3">1. 수출자</td><td>상　　호</td><td colspan="2"></td><td>사업자등록번호</td><td colspan="2"></td></tr>
<tr><td>대표자 성명</td><td colspan="2"></td><td>전　　화</td><td colspan="2"></td></tr>
<tr><td>주　　소</td><td colspan="5"></td></tr>
<tr><th colspan="8">물 품 명 세</th></tr>
<tr><td colspan="2">2. 품명</td><td></td><td>3. 규격</td><td></td><td>4. HS No.</td><td colspan="2"></td></tr>
<tr><td colspan="2" rowspan="2">5. 물품 가격</td><td>가격조건</td><td colspan="5">FOB (　　), Ex-Works (　　), 기타 (　　)</td></tr>
<tr><td>금　　액</td><td colspan="5"></td></tr>
<tr><th colspan="8">원 재 료 명 세 서</th></tr>
<tr><td rowspan="2">6. 연번</td><td colspan="2" rowspan="2">7. 재료 명</td><td rowspan="2">8. HS No.</td><td rowspan="2">9. 원산지</td><td colspan="3">10. 가　격</td></tr>
<tr><td colspan="2">수 량</td><td>가 격</td></tr>
<tr><td></td><td colspan="2"></td><td></td><td></td><td colspan="2"></td><td></td></tr>
<tr><td></td><td colspan="2"></td><td></td><td></td><td colspan="2"></td><td></td></tr>
<tr><td></td><td colspan="2"></td><td></td><td></td><td colspan="2"></td><td></td></tr>
<tr><td></td><td colspan="2"></td><td></td><td></td><td colspan="2"></td><td></td></tr>
<tr><td></td><td colspan="2"></td><td></td><td></td><td colspan="2"></td><td></td></tr>
<tr><td></td><td colspan="2"></td><td></td><td></td><td colspan="2"></td><td></td></tr>
<tr><td colspan="3" rowspan="3">11. 합　　계</td><td colspan="2">원산지재료(국산)</td><td colspan="2" rowspan="3"></td><td></td></tr>
<tr><td colspan="2">비원산지재료(수입산)</td><td></td></tr>
<tr><td colspan="2">합　　계</td><td></td></tr>
<tr><th colspan="8">원산지인정요건 선택(해당란에 “o"표 기재)</th></tr>
<tr><td colspan="3">12. 완전생산기준 충족</td><td colspan="5"></td></tr>
<tr><td colspan="3">13. 세번변경기준 충족</td><td colspan="5"></td></tr>
<tr><td colspan="3">14. 부가가치기준 충족</td><td colspan="5">(부가가치비율 :　　　%)</td></tr>
<tr><td colspan="3">15. 역내누적기준 충족</td><td colspan="5">(누적가치비율 :　　　%)</td></tr>
<tr><td colspan="3">16. 단순가공공정 해당</td><td colspan="5"></td></tr>
<tr><td colspan="3">17. 직접운송원칙 충족</td><td colspan="5"></td></tr>
<tr><td colspan="3">18. 최종 원산지 결정기준</td><td colspan="5">충 족 (　　　)　　　미 충 족 (　　　)</td></tr>
<tr><td colspan="8">「수출물품 원산지증명서 발급규정」을 숙지하고 사실대로 작성·제출하였음을 확인합니다.

작　성　자 :　　　　　　(서명)
소속 및 직책 :
작 성 일 자 :</td></tr>
</table>

210mm×297mm[백상지]

작 성 요 령		
번호	기재항목	기 재 내 용
1	수 출 자	ㅇ 물품을 실제로 수출하는 자의 회사명, 사업자등록번호, 대표자 성명, 전화번호, 회사주소를 적습니다.
2. 3.	품명/규격	ㅇ 물품의 품명, 모델명, 규격 및 상표명 등을 적습니다. (예시) 휴대폰; Samsung MX-2700; anycall ㅇ 품명은 송품장에 적은 것과 같아야 합니다.
4	HS. No.	ㅇ 물품의 4단위의 품목번호를 적습니다.
5	물품가격	ㅇ 가격조건 : 본선인도가격 조건인 경우에는 FOB, 공장도거래가격 조건인 경우에는 Ex-Works 에 "ㅇ" 표기하고, FAS 등 기타 조건인 경우 기타(FAS)로 적습니다. ㅇ 금 액 : 물품의 거래가격을 적습니다. 통화단위는 송품장에 적은 것과 같아야 합니다.
6	연 번	ㅇ 물품의 생산에 사용된 원재료의 일련번호를 적습니다.
7	재 료 명	ㅇ 물품의 생산에 사용된 원재료의 품명을 적습니다.
8	HS No.	ㅇ 원재료의 4단위 품목번호를 적습니다.
9	원 산 지	ㅇ 원재료의 원산지를 적습니다. 원산지를 모르는 경우에는 공란으로 둡니다.
10	가 격	ㅇ 물품의 생산에 사용된 원재료의 수량과 가격을 적습니다. 다만, 그 물품이 세번변경기준이 적용되는 품목이면 공란으로 둡니다.
11	합 계	ㅇ 재료 중 원산지재료(국산)와 비원산지재료(수입산 및 원산지 미상)의 가액과 그 합계액을 적습니다.
12~17	원산지 인정요건	ㅇ 물품의 원산지결정에 적용된 기준의 충족 여부를 표기합니다. (예시) 부가가치기준을 충족할 경우 "ㅇ"로 표기하고 %를 기재합니다.
18	최종 결정 여부	ㅇ 이 신고서에 적은 내용으로 원산지결정이 가능한 경우에는 "충족"에, 불충분한 경우에는 "미충족"에 "ㅇ"를 표기합니다.

※ 수출물품의 생산자와 수출자가 달라 원재료 명세서(6~11) 작성이 곤란한 경우에는, 수출자는 생산자로부터 받은 원산지(포괄)확인서(별표 2-3)를 제출하고 기재를 생략할 수 있음

[별표 2-4] 원산지(포괄)확인서

원산지(포괄)확인서(Declaration of Origin)

발급번호(Reference No) :

※ 뒤쪽의 작성방법을 읽고 작성하여 주시기 바라며, [ ]에는 해당되는 곳에 √표시를 합니다.

(앞쪽)

1.공급 하는 자 (Supplier)	상호(Company Name)	사업자등록번호(Business Number)
	대표자성명(Name of Representative)	전화번호(Tel. No.) 팩스번호(Fax. No.)
	주소(Address) : 전자우편주소(E-mail) :	
2.공급 받는 자 (Supplied to)	상호(Company Name)	사업자등록번호(Business Number)
	대표자성명(Name of Representative)	전화번호(Tel. No.) 팩스번호(Fax. No.)
	주소(Address) 전자우편주소(E-mail)	

공 급 물 품 명 세 서 (Good Statements)

3.연번 (S/N)	4.적용대상 협정 (Applicable agreement)	5.품목번호 (HS 6단위) (HS Code (6-digit))	6.품명·규격 (Description·Specification of Good(s))	7.원산지 결정기준 (Origin Criterion)	8.원산지결정 기준 충족 여부 (Fulfillment of Origin Criterion)		9.원산지 (Country of Origin)	10.원산지포괄확인기간 (년 월 일~ 년 월 일) (Blanket period (YYYY/MM/DD ~ YYYY/MM/DD))
					충족 (Y)	미충족 (N)		
					[ ]	[ ]		
					[ ]	[ ]		
					[ ]	[ ]		
					[ ]	[ ]		

「수출물품 원산지증명서 발급규정」제6조에 따라 위와 같이 원산지를 소명합니다.

The undersigned hereby declares the origin of the good(s) in accordance with Article 6 of the 'Rules of Issuance of Certificate of Origin for Export Good' .

작 성 자(Declarer): : (서명 또는 인)(Signature)

직 위(Position): :

상호 및 주소(Company Name/Address) :

작 성 일 자(Date): :

210mm×297mm[백상지]

작 성 방 법

번호	기재항목	기 재 내 용
	발급번호	◦ 원산지확인서를 발급하는 자가 자체적으로 관리하는 발급번호를 적습니다.
1	공급하는 자	◦ 물품을 실제로 공급하는 자의 상호, 사업자등록번호, 대표자 성명, 전화 및 팩스 번호, 주소(E-mail 포함)를 적습니다.
2	공급받는 자	◦ 원산지확인서상의 물품을 공급받는 자의 상호, 사업자등록번호, 대표자 성명, 전화 및 팩스 번호, 주소(E-mail 포함)를 적습니다.
3	연 번	◦ 종류가 다른 물품이 여러 개일 경우 각 종류별로 연번을 적습니다.
4	적용대상 협정	◦ 해당 공급물품의 원산지결정기준을 적용한 특혜무역협정(Preferential Trade Agreement)의 명칭을 적습니다. (예시) APTA, GSTP, TNDC, GSP 등
5	품목번호 (HS 6단위)	◦ 공급물품의 6단위 품목번호를 적습니다.
6	품명·규격	◦ 공급물품의 품명과 규격을 적습니다.
7	원산지 결정기준	◦ 물품의 원산지를 결정하는데 적용된 기준을 아래 표에서 정한 방법으로 적습니다.

원산지결정 기준	협정명	기재방법	비고(예시)
가. 완전 생산 물품	APTA	A	
	TNDC	P	
	GSTP	A	
	GSP	A 또는 P	
	최빈국	A	
나. 세번 변경 기준	APTA	E	
	TNDC	X	"X" 97.06(수출품의 HS 4단위)
	GSTP	-	
	GSP	W	
	최빈국	-	
다. 부가 가치기준	APTA	B	"B" 55%(비원산지·원산지미상 재료 비율) 이하
	TNDC	Y	"Y" less than 50%(비원산지·원산지미상 재료 비율)
	GSTP	B	"B" 50%(비원산지·원산지미상 재료 비율)
	GSP	B 또는 Y	"B" 50%(비원산지·원산지미상 재료 비율)
	최빈국	B	"B" 40%(비원산지·원산지미상 재료 비율)
라. 누적 부가 가치 기준	APTA	C	"C" 60%(수출참가국들의 총 원산지 재료 비율) 이상
	TNDC	-	
	GSTP	C	"C" 60%(수출국산 원자재 총가격 비율)
	GSP	C	"C" 60%(역내 부가가치 비율)
	최빈국	-	
마. 특별 원산지 기준	APTA	D	
	TNDC		2개의 원산지기준 충족시 "X" 84.05, "Y" less than 40%
	GSTP	D	최빈국 특혜비율을 충족하는 생산품
	GSP	D	
	최빈국	-	

번호	기재항목	기 재 내 용
8	원산지결정 기준 충족 여부	◦ 원산지결정기준 충족 여부를 표시합니다. (예시) 원산지인정요건을 충족한 경우 "[√] 충족"에 표시합니다.
9	원산지	◦ 원산지결정기준을 충족할 경우 "KR" 또는 "한국"으로 적습니다.
10	원산지포괄 확인기간	◦ 물품공급일로부터 12개월을 초과하지 아니하는 범위에서 반복하여 사용하려는 경우 그 반복사용기간을 적습니다. (예시) 2012.12.01 - 2013.11.30 ※ 원산지포괄확인기간을 적지 아니한 때에는 단수원산지확인서로 봅니다.

[별표 3-1]

GATT 개발도상국간 관세양허수출품의 원산지기준

국가명	부가가치기준 적용품목			HS변경기준 적용품목 (HS 4단위)	가공공정기준 적용품목
	HS	타국산 한도	가격기준		
Brazil	8405, 8417, 8501, 8513	40%	FOB	9706, 8417, 8501, 8513	0805(완전생산) 1302,3301,7316,8405
Chile	최종조립가공품	50%	FAS	다른 기준 적용 제외 모든 품목	2401,0707,3301
Egypt	모든 품목	50%	EXW	-	
Greece	모든 품목	75%	FOB	-	
India	모든 품목	50%	EXW	-	
Israel	-	-	-	다른 기준 적용 제외 모든 품목 (X)	0704,0801,0803 1504
Mexico	최종조립가공품	50%	FAS	다른 기준 적용 제외 모든 품목	0703
Pakistan	모든 품목	50%	FOB	-	-
Spain	모든 품목	70%	FOB	모든 품목(X)	-
Tunisia	3105, 7403	50%	EXW	다른 기준 적용 제외 모든 품목 (X)	2938,3003,5505
	8205, 8401 8701, 9017	40%			
Turkey	모든 품목	50%	FOB	-	-
Yugo Slavia	모든 품목	50%	EXW	-	-

[별표 3-2]

GATT 원산지증명서(TNDC)

<table>
<tr>
<td colspan="3">1. Goods consigned from
(Exporter's business name, address, country)</td>
<td colspan="3" rowspan="2">Reference No.

PREFERENTIAL ARRANGEMENTS
AMONG DEVELOPING COUNTRIES
NEGOTIATED IN GATT

CERTIFICATE OF ORIGIN
(Combined declaration and certificate)

THE REPBLIC OF KOREA
Issued in ------------------------------
(country)

See Notes overleaf</td>
</tr>
<tr>
<td colspan="3">2. Goods consigned to
(Consignee's name, address, country)</td>
</tr>
<tr>
<td colspan="3">3. Means of transport and route (as far as known)</td>
<td colspan="3">4. For official use</td>
</tr>
<tr>
<td>5. Tariff Item No.</td>
<td>6. Marks and number of package</td>
<td>7. No. & kind of packages; description of goods</td>
<td>8. Origin criterion (see Instructions overleaf)</td>
<td>9. Gross weight or other quantity</td>
<td>10. Number and date of invoices</td>
</tr>
<tr>
<td colspan="3">11. Certification
It is hereby certified, on the basis of control carried out, that the declaration by the exporter is correct.

Place and date, signature and stamp of certifying authority</td>
<td colspan="3">12. Declaration by the exporter
The undersigned gerby declares that the above details and statements are correct; that all the goods were
THE REPUBLIC OF KOREA
produced in ---------------------------
(Country)
and that they comply with the origin requirements specified for those goods in the generalized system of preferences for goods exported to

----
(importing country)

Place and date, signature of authorized signatory</td>
</tr>
</table>

[별표 4-1]

아시아-태평양무역협정 관세양허 수출품의 원산지 기준

종류	기준 충족 상품
완전생산 기준	협정 참가국에서 완전히 생산 또는 획득된 상품
부가가치 기준	협정 비 참가국에서 생산되거나 원산지를 알 수 없는 원료, 부품 또는 제품의 총 가격이 수출품의 본선 인도 가격(FOB)의 55%를 초과하지 않고, 수출국의 영역 내에서 최종 제조가 이루어진 상품
누적 기준	수출품의 본선 인도 가격에서서 협정 참가국들의 영역에서 생산된 원자재의 총 가격 비율이 60% 이상인 상품
세번 변경 기준	아래에 인용된 ※ APTA 협정「부속서 Ⅱ의 가」 참조
특별 기준	협정 참가국 중 최빈개발도상국(방글라데시, 라오스)의 영역에서 생산된 제품으로서, 부가가치기준이나 누적기준 적용에 있어 10% 더 유리한 기준을 적용하여 원산지로 인정되는 상품(부가가치 기준 : 65%, 누적 기준 : 50%)

※ APTA 협정「부속서 Ⅱ의 가」

아시아·태평양 무역협정의 부속서II의 가
아시아·태평양 무역협정 분야별 원산지 기준
(세계관세기구 통일상품명 및 부호체계 2017 변환)

부속서 주석:

1. 원산지 규칙(아시아·태평양 무역협정 부속서II) 제3조나항에 따라, 아래 표의 3번째 열에 기재된 기준은 해당 품목에 적용된다.
2. 아래 표의 3번째 열(세번변경 기준)과 제3조가항의 원산지 기준(부가가치 기준)은 각각 특정 물품에 순차적으로 적용된다. 해당 물품이 3번째 열의 기준(세번변경 기준)을 충족하지 못할 경우, 제3조가항(부가가치 기준)이 적용된다.
3. 호 변경(CTH)은 비원산지 재료가 통일상품명 및 부호체계 상 다른 호에서 어떤 호로 변화가 있는 경우를 의미한다.
4. 최종 제조과정은 수출참가국의 영역 내에서 이루어진다.

통일상품명 및 부호체계 호	품명	원산지 기준
2201	음료·주류·식초	CTH
2707, 2708, 2709, 2710, 2711, 2712, 2713, 2714, 2715	광물성 연료	CTH
2852	무기화합물	CTH
2901, 2902, 2903, 2904, 2905, 2906, 2907, 2908, 2909, 2910, 2911, 2912, 2913, 2914, 2915, 2931, 2932, 2933, 2934, 2935, 2936, 2937, 2938, 2939, 2940, 2941, 2942	유기화학품	CTH
3002,3006	의료용품	CTH
3817	혼합알킬벤젠	CTH
3901, 3902, 3903, 3904, 3905, 3906	플라스틱과 그 제품	CTH
3916, 3917, 3918, 3919, 3920, 3921, 3922, 3923, 3924, 3925, 3926	플라스틱과 그 제품	CTH
4002	합성고무	CTH(제4001호에 해당하는 물품은 제외한다)
6401, 6402, 6403, 6404, 6405, 6406	신발류·각반과 이와 유사한 것, 이들의 부분품	CTH
6801, 6802, 6803	돌·플라스터(plaster)·시멘트·석면·운모나 이와 유사한 재료의 제품	CTH
7201, 7202, 7203, 7204, 7205, 7206, 7218, 7224	철강	CTH
7307, 7308, 7309, 7310, 7311, 7312, 7313, 7314, 7315, 7316, 7317, 7318, 7319, 7320, 7321, 7322, 7323, 7324, 7325, 7326	철강의 제품	CTH
7401, 7402, 7403, 7404, 7405, 7406, 7407, 7408, 7409, 7410, 7411, 7412, 7413, 7415, 7418, 7419	구리와 그 제품	CTH+
7501, 7502, 7503, 7504, 7505, 7506, 7507, 7508	니켈과 그 제품	CTH
7601, 7602, 7603, 7604, 7605, 7606, 7607, 7608, 7609, 7610, 7611, 7612, 7613, 7614, 7615, 7616	알루미늄과 그 제품	CTH
7801, 7802, 7804, 7806	납과 그 제품	CTH
7901, 7902, 7903, 7904, 7905, 7907	아연과 그 제품	CTH
8001, 8002, 8003, 8007	주석과 그 제품	CTH
8536	전기기기	CTH
9619, 9620	잡품	CTH

[별표 4-2]

Asia-Pacific Trade Agreement

(Combined declaration and certificate)

<table>
<tr><td colspan="3">1. Goods consigned from:
(Exporter's business name, address, country)</td><td colspan="3" rowspan="2">Reference No.

CERTIFICATE OF ORIGIN

THE REPUBLIC OF KOREA
Issued in··································
(Country)</td></tr>
<tr><td colspan="3" rowspan="2">2. Goods consigned to
(Consignee's name, address, country)</td></tr>
<tr><td colspan="3">3. For official use</td></tr>
<tr><td colspan="6">4. Means of transport and route: (as far as known)</td></tr>
<tr><td>5. Tariff item number:</td><td>6. Marks and number of Packages:</td><td>7. Number and kind of packages / description of goods:</td><td>8. Origin criterion (see notes overleaf)</td><td>9. Gross weight or other quantity</td><td>10. Number and date of invoices:</td></tr>
<tr><td colspan="3">11. Declaration by the exporter:

The undersigned hereby declares that the above details and statements are correct: that all the goods were

produced in THE REPUBLIC OF KOREA
···
(Country)
and that they comply with the origin requirements specified for these goods in the Asia-Pacific Trade Agreement for goods exported to

···
(Importing Country)

···
Place and date, signature of authorized Signatory</td><td colspan="3">12. Certificate

It is hereby certified on the basis of control carried out, that the declaration by the exporter is correct.

···
Place and date, signature and Stamp of Certifying Authority</td></tr>
</table>

[별표 5-1]

개발도상국간 특혜무역제도 관세양허 수출품의 원산지 기준(GSTP)

<table>
<tr><th colspan="2">공여국</th><th>원산지기준</th></tr>
<tr><td>아시아
(12)</td><td>파키스탄, 베트남, 싱가포르, 인도, 인도네시아, 말레이시아, 스리랑카, 북한, 태국, 필리핀, 미얀마*, 방글라데시*</td><td rowspan="4">- 완전생산기준 (A로 표기)

- FOB기준 비원산지 (D로 표기)
(비참가국 생산 + 미상) 재료 50% 이하
*(최빈국 완화기준) 60% 이하(D로 표기)

- FOB기준 역내부가가치 누적기준 60% 이상 (C로 표기)
*(최빈국 완화기준) 50% 이상(D로 표기)</td></tr>
<tr><td>아메리카
(15)</td><td>페루, 쿠바, 니카라구아, 멕시코, 가이아나, 에콰도르, 볼리비아, 칠레, 트리니다드토바고, 아르헨티나, 브라질, 콜롬비아, 베네주엘라, 우루과이, 파라과이</td></tr>
<tr><td>아프리카
(13)</td><td>짐바브웨, 가나, 알제리아, 리비아, 나이지리아, 카메룬, 모로코, 튀니지아, 수단*, 기네아*, 베닌*, 모잠비크*, 탄자니아*</td></tr>
<tr><td>중동
(3)</td><td>이라크, 이집트, 이란</td></tr>
</table>

[별표 5-2]

개발도상국간 특혜무역제도 원산지증명서(GSTP)

1. Good consigned from (Exporter's business name, address, country) 2. Goods consigned to (Consignee's name, address, country)	Reference No. GLOBAL SYSTEM OF TRADE PREFERENCES Certificate of Origin (Combined declaration and certificate) Issued in THE REPUBLIC OF KOREA (Country) See notes overleaf
3. Means of transport and route(as for as known)	4. For official use

5. Tariff item number	6. Marks and numbers of packages	7. Number and kind of packages: description of goods	8. Origin criterion (see notes overleaf)	9. Gross weight or other quantity	10. Number and date of invoices

11. Declaration by the exporter	12. Certificate
the undersigned hereby declares that the above details and statements are correct: that all the goods were produced in THE REPUBLIC OF KOREA .... (country) and that they comply with the origin requirements specified for those goods in the Global System of Trade Preferences for goods exported to .... (importing country) .... Place and date, signature of authorized signatory	It is hereby certified, on the basis of control carried out, that the declaration by the exporter is correct. .... Place and date, signature and stamp of certifying authority

[별표 6]

수출물품의 원산지증명서 발급 수수료 결정기준

$$\text{해당 연도 증명서 발급 수수료 단가} = \frac{\text{지지난해(재료비+인건비+사업비+경비)}}{\text{지지난해 증명서 발급건수}}$$

□ 수수료 결정시 원가요소 및 배분 기준 등

ㅇ 원가요소

– 재료비

· 증명서 발급에 소요되는 물품의 가치와 보조적으로 소요되는 물품의 가치

– 인건비

· 증명서 발급 종사 인력에 대한 대가로써, 직접 담당 인력과 보조 인력을 포함

– 사업비

· 증명서 발급 관련 교육 및 설명회, 이해관계자 간담회, 발급시스템 유지보수, 관련 책자 및 안내자료 제작 등의 사업에 직접 투입된 비용

– 경비

· 재료비와 인건비, 사업비를 제외한 원가로써, 원가회계 상 증명서 발급에 관여하는 각종 비용을 포함(세금과 공과금, 임차비, 감가상각비, 소모품비, 인쇄비, 수리수선비, 여비교통비, 통신비, 복리후생비, 사용료, 차량유지비, 보험료, 보관비, 안전관리비, 기술료, 기타 법정경비 등)

ㅇ 배분기준

– 각 원가의 산정에 있어 증명서 발급과 관련하여 직접 투입된 비용 외에, 다른 업무와도 관련되어 투입되는 이유로 정확한 산정이 어려운 경우에는, 타당성 있는 배분기준을 마련하여 원가에 반영

ㅇ 참고기준

– 원가산정 및 배분에 있어 자체 결정이 곤란한 사항에 대하여는 기업회계기준(상장기업, 비상장 기업, 중소기업)을 참고하여 처리

ㅇ 결정금액

– 최종 수수료는 산정된 수수료 단가에 부가가치세를 추가하여 결정하되, 10원 단위 이하는 절사

Part 3

수입수량 제한과 수출입 질서

CHAPTER 13 수입수량 제한조치

제 1 절 수입수량 제한조치의 의의

WTO체제와 양국간 자유무역협정을 통해 추구하는 자유무역은 궁극적으로 국가의 경제발전에 유익한 것으로 인정되고 있지만 단기적으로 무역자유화에 의하여 수입이 개방되면 수입경쟁재를 생산하는 국내 산업은 피해를 입을 수 있게 되고 그에 따른 부작용이 생기게 된다. 각국의 정부는 이러한 피해에 대한 대비책을 마련하고 있다.

WTO에서는 정상적인 수입에 따른 국내산업의 보호를 위한 각국의 정책들이 공정하고 투명하지 않게 시행되는 것을 방지하고 국가마다 처해진 상황의 차이를 인정하여 긴급수입 제한조치(Safeguard)를 발동할 수 있도록 규정하고 있다.

이에 따라 우리나라도 무역위원회를 통해 WTO협정 등 국제기준에 부합하는 국내산업보호제도의 효율적인 운용을 위하여 그동안 대외무역법과 관세법에 혼재되어 있는 산업피해구제 관련 조항을 정비하여 「불공정무역행위조사 및 산업피해구제에 관한 법률」을 새롭게 제정하였다.

그러나 아직 대외무역법 제39조부터 제41조까지 수입수량제한조치에 대한 규정이 남아 있다.

제 2 절 수입수량 제한조치의 시행

1 수입수량 제한조치의 시행요건

1) 의의

산업통상자원부장관은 특정 물품의 수입 증가로 인하여 같은 종류의 물품 또는 직접적인 경쟁 관계에 있는 물품을 생산하는 국내산업이 심각한 피해를 입고 있거나 입을 우려(이하 '심각한 피해 등'이라 함)가 있음이 「불공정무역행위 조사 및 산업피해구제에 관한 법률」 제27조[1]에 따른 무역위원회의 조사를 통하여 확인되고 심각한 피해 등을 구제하기 위한 조치가 건의된 경우로서 그 국내산업을 보호할 필요가 있다고 인정되면 그 물품의 국내산업에 대한 심각한 피해 등을 방지하거나 치유하고 조정을 촉진하기 위하여 필요한 범위에서 물품의 수입수량을 제한하는 조치, 즉 '수입수량 제한조치'를 시행할 수 있다.[2]

2) 기준 수량

산업통상자원부장관이 수입수량을 제한하는 경우 그 제한수량은 최근의 대표적인 3년간의 수입량을 연평균 수입량으로 환산한 수량(이하 '기준 수량'이라 함) 이상으로 하여야 한다. 이 경우 최근의 대표적인 연도를 정할 때에는 통상적인 수입량과 비교하여 수입량이 급증하거나 급감한 연도는 제외한다.[3]

3) 기준 수량 적용의 예외

산업통상자원부장관은 기준수량 이상으로 수입수량 제한조치를 하는 경우 해당 산업의 심각한 피해를 방지하거나 구제하기 어렵다고 명백하게 인정되는 경우에는 기준수량 미만으로 수입수량을 제한할 수 있다.[4]

---

1) 무역위원회의 설치: ① 불공정무역행위에 대한 조사·판정, 수입 증가·덤핑·보조금등으로 인한 국내산업 피해의 조사·판정, 산업경쟁력 영향조사 등에 관한 업무를 수행하기 위하여 산업통상자원부에 무역위원회를 둔다. ② 제1항에 따른 업무 및 국제무역제도의 연구 등 무역위원회의 업무를 처리하기 위하여 무역위원회에 사무기구를 둔다.
2) 대외무역법 제39조 제1항.
3) 시행령 제68조 제1항.

4) 수입수량의 할당

산업통상자원부장관은 제한되는 수입수량을 각 국가별로 할당할 수 있다.[5]

2 수입수량 제한조치의 결정

산업통상자원부장관은 무역위원회의 건의, 해당 국내산업 보호의 필요성, 국제통상 관계, 수입수량 제한조치의 시행에 따른 보상수준 및 국민경제에 미치는 영향 등을 검토하여 수입수량 제한조치의 시행 여부와 내용을 결정한다.[6]

1) 보상 협의

정부는 수입수량 제한조치를 시행하려면 이해 당사국과 수입수량 제한조치의 부정적 효과에 대한 적절한 무역보상에 관하여 협의할 수 있다.[7]

2) 수입수량 제한조치의 적용대상

수입수량 제한조치는 조치 시행일 이후 수입되는 물품에만 적용한다.[8]

3) 수입수량 제한조치의 적용기간

수입수량 제한조치의 적용 기간은 4년을 넘어서는 안된다.[9]

4) 수입수량 제한조치의 공고

산업통상자원부장관은 수입수량 제한조치의 대상 물품, 수량, 적용기간 등을 공고하여야 한다.[10]

---

4) 시행령 제68조 제2항.
5) 시행령 제68조 제3항.
6) 대외무역법 제39조 제2항.
7) 대외무역법 제39조 제3항.
8) 대외무역법 제39조 제4항.
9) 대외무역법 제39조 제5항.
10) 대외무역법 제39조 제6항.

5) 수입수량 제한조치와 관련된 자료의 협조요청

산업통상자원부장관은 수입수량 제한조치의 시행 여부를 결정하기 위하여 필요하다고 인정하면 관계 행정기관의 장 및 이해관계인 등에게 관련 자료의 제출 등 필요한 협조를 요청할 수 있다.[11)]

6) 수입수량 제한조치의 적용 제한

산업통상자원부장관은 수입수량 제한조치의 대상이었거나 「관세법」 제65조[12)]에 따른 긴급관세 또는 동법 제66조[13)]에 따른 잠정긴급관세의 대상이었던 물품에 대하

---

11) 대외무역법 제39조 제7항.

12) 긴급관세의 부과대상 등: ① 특정물품의 수입증가로 인하여 동종물품 또는 직접적인 경쟁관계에 있는 물품을 생산하는 국내산업(이하 이 조에서 "국내산업"이라 한다)이 심각한 피해를 받거나 받을 우려(이하 이 조에서"심각한 피해등"이라 한다)가 있음이 조사를 통하여 확인되고 해당 국내산업을 보호할 필요가 있다고 인정되는 경우에는 해당 물품에 대하여 심각한 피해등을 방지하거나 치유하고 조정을 촉진(이하 "피해의 구제등"이라 한다)하기 위하여 필요한 범위에서 관세(이하 "긴급관세"라 한다)를 추가하여 부과할 수 있다.
② 긴급관세는 해당 국내산업의 보호 필요성, 국제통상관계, 긴급관세 부과에 따른 보상수준 및 국민경제 전반에 미치는 영향 등을 검토하여 부과 여부와 그 내용을 결정한다.
③ 기획재정부장관은 긴급관세를 부과하는 경우에는 이해당사국과 긴급관세부과의 부정적 효과에 대한 적절한 무역보상방법에 관하여 협의를 할 수 있다.
④ 긴급관세의 부과와 제66조제1항에 따른 잠정긴급관세의 부과는 각각의 부과조치 결정 시행일 이후 수입되는 물품에 한정하여 적용한다.
⑤ 긴급관세의 부과기간은 4년을 초과할 수 없으며, 제66조제1항에 따른 잠정긴급관세는 200일을 초과하여 부과할 수 없다. 다만, 제67조에 따른 재심사의 결과에 따라 부과기간을 연장하는 경우에는 잠정긴급관세의 부과기간, 긴급관세의 부과기간, 「대외무역법」 제39조 제1항에 따른 수입수량제한 등(이하 이 조와 제66조에서 "수입수량제한등"이라 한다)의 적용기간 및 그 연장기간을 포함한 총 적용기간은 8년을 초과할 수 없다.
⑥ 긴급관세 또는 제66조제1항에 따른 잠정긴급관세를 부과하여야 하는 대상 물품, 세율, 적용기간, 수량, 수입관리방안, 그 밖에 필요한 사항은 기획재정부령으로 정한다.
⑦ 기획재정부장관은 긴급관세 또는 제66조제1항에 따른 잠정긴급관세의 부과 여부를 결정하기 위하여 필요하다고 인정되는 경우에는 관계 행정기관의 장 및 이해관계인 등에게 관련 자료의 제출 등 필요한 협조를 요청할 수 있다.

13) 잠정긴급관세의 부과 등: ① 긴급관세의 부과 여부를 결정하기 위하여 조사가 시작된 물품 또는 「불공정무역행위 조사 및 산업피해구제에 관한 법률」 제7조제1항에 따라 잠정조치가 건의된 물품에 대하여 조사기간 중에 발생하는 심각한 피해등을 방지하지 아니하는 경우 회복하기 어려운 피해가 초래되거나 초래될 우려가 있다고 판단될 때에는 조사가 종결되기 전에 피해의 구제등을 위하여 필요한 범위에서 잠정긴급관세를 추가하여 부과할 수 있다.
② 긴급관세의 부과 또는 수입수량제한 등의 조치 여부를 결정한 때에는 제1항에 따른 잠정긴급관세의 부과를 중단한다.

여는 그 수입수량 제한조치의 적용기간, 긴급관세의 부과기간 또는 잠정긴급관세의 부과기간이 끝난 날부터 그 적용 기간 또는 부과기간에 해당하는 기간(적용기간 또는 부과기간이 2년 미만인 경우에는 2년)이 지나기 전까지는 다시 수입수량 제한조치를 시행할 수 없다. 다만, 다음의 요건을 모두 충족하는 경우에는 180일 이내의 수입수량 제한조치를 시행할 수 있다.[14)]

① 해당 물품에 대한 수입수량 제한조치가 시행되거나 긴급관세 또는 잠정긴급관세가 부과된 후 1년이 지날 것

② 수입수량 제한조치를 다시 시행하는 날부터 소급하여 5년 안에 그 물품에 대한 수입수량 제한조치의 시행 또는 긴급관세의 부과가 2회 이내일 것

7) 수입수량 제한조치에 대한 연장

산업통상자원부장관은 무역위원회의 건의가 있고 필요하다고 인정하면 수입수량 제한조치의 내용을 변경하거나 적용기간을 연장할 수 있다. 이 경우 변경되는 조치 내용 및 연장되는 적용기간 이내에 변경되는 조치 내용은 최초의 조치 내용보다 완화되어야 한다.[15)]

이에 따라 수입수량 제한조치의 적용기간을 연장하는 때에는 수입수량 제한조치의 적용기간과 긴급관세 또는 잠정긴급관세의 부과기간 및 그 연장기간을 전부 합산한 기간이 8년을 넘어서는 아니 된다.[16)]

산업통상자원부장관은 시행 중인 수입수량 제한조치에 대하여 무역위원회가 그 조치 내용의 변경이나 적용기간의 연장을 건의하면 그 건의가 접수된 날부터 1개월 이내(연장의 경우 수입수량 제한조치의 적용기간이 끝나는 날 이전)에 그 조치의 변경이나 조치기간의 연장 여부를 결정하고 그 내용을 무역위원회에 통보하여야 한다.[17)]

---

③ 긴급관세의 부과 또는 수입수량제한 등의 조치 여부를 결정하기 위하여 조사한 결과 수입증가가 국내산업에 심각한 피해를 초래하거나 초래할 우려가 있다고 판단되지 아니하는 경우에는 제1항에 따라 납부된 잠정긴급관세를 환급하여야 한다.

14) 대외무역법 제39조 제8항.

15) 대외무역법 제40조 제1항.

16) 대외무역법 제40조 제2항.

17) 시행령 제69조.

대외무역법

CHAPTER 14

수출입의 질서유지

제1절 수출입물품 등의 가격조작금지

1 수출입물품 등의 가격조작금지의무

무역거래자는 외화도피의 목적으로 물품 등의 수출 또는 수입 가격을 조작(造作)하여서는 아니 된다.[1]

2 수출입물품 등의 가격조작금지의무에 따른 벌칙

물품 등의 수출입가격을 조작한 무역거래자는 5년 이하의 징역 또는 수출입물품 등의 가격의 3배에 상당하는 금액 이하의 벌금에 처한다.[2]

이 경우, 법인의 대표자나 법인 또는 개인의 대리인, 사용인, 그 밖의 종업원이 그 법인 또는 개인의 업무에 관하여 수출입물품 등의 가격조작을 하면 그 행위자를 벌하는 외에 그 법인 또는 개인에게도 해당 조문의 벌금형을 부과(科)한다. 다만, 법인 또는 개인이 그 위반행위를 방지하기 위하여 해당 업무에 관하여 상당한 주의와 감독을 게을리하지 아니한 경우에는 그러하지 아니하다.[3]

1) 대외무역법 제43조.
2) 대외무역법 제53조 제2항 제9호.

제2절 무역분쟁해결을 위한 조정 또는 중재의 권고

1 무역거래자간 무역분쟁의 신속한 해결

1) 무역분쟁의 해결의 신청

무역거래자는 그 상호 간이나 교역상대국의 무역거래자와 물품 등의 수출·수입과 관련하여 분쟁이 발생한 경우에는 정당한 사유 없이 그 분쟁의 해결을 지연시켜서는 아니되며, 산업통상자원부장관은 물품 등의 수출·수입과 관련하여 분쟁이 발생한 경우 무역거래자에게 분쟁의 해결에 관한 의견을 진술하게 하거나 그 분쟁과 관련 서류의 제출을 요구할 수 있다.[4] 만약 산업통상자원부장관으로부터 무역분쟁 관련 서류의 제출을 요구받은 무역거래자는 다음의 사항을 기재하여 이를 산업통상자원부장관에게 제출하여야 한다.[5]

① 무역분쟁의 당사자

② 무역분쟁의 발생경위 및 내용

③ 그 밖에 필요한 서류

2) 무역분쟁의 해결을 위한 사실조사

산업통상자원부장관은 무역분쟁 당사자로부터 서류를 제출받거나 의견을 들은 후에 필요하다고 인정하면 그 분쟁에 관하여 사실 조사를 할 수 있다.

3) 무역분쟁의 해결을 위한 중재의 권고

(1) 분쟁 통지

대한민국재외공관의 장이 교역상대국의 무역거래자 및 무역분쟁해결기관의 장으로부터 무역분쟁 사실의 신고를 받거나 업무를 수행하면서 무역분쟁 사실을 알게 된 경우에는 지체없이 그 사실을 산업통상자원부장관에게 알려야 한다. 대한무역투자진

3) 대외무역법 제57조.

4) 대외무역법 제44조 제1항 및 제2항.

5) 관리규정 제94조.

흥공사, 수출입조합, 그 밖에 수출·수입과 관련된 기관의 경우에도 같다.[6)]

(2) 조정, 알선

무역분쟁 사실의 통지를 받은 산업통상자원부장관은 그 분쟁을 신속하게 해결하기 위하여 필요하다고 인정할 때에는 조정(調停) 또는 알선을 할 수 있다.[7)]

(3) 중재의 권고

산업통상자원부장관은 분쟁을 신속하고 공정하게 처리하는 것이 필요하다고 인정하거나 무역분쟁 당사자의 신청을 받으면 대통령령으로 정하는 바에 따라 분쟁을 조정하거나 분쟁의 해결을 위한 중재(仲裁)계약의 체결을 권고할 수 있다.[8)]

2 선적 전 검사와 관련한 분쟁조정

1) 선적 전 검사제도

(1) 의의

선적 전 검사(Pre-shipment Inspection: PSI)란 수입국 정부로부터 위임받은 전문검사기관이 수출국에서 물품을 선적하기 직전에 수입국 정부나 수입업자를 대신하여 수입물품의 품질과 수량을 검사하고 수입물품의 거래가격이 원산지에서 일반적으로 통용되는 수출시장가격과 일치하는지 여부를 평가하는 활동을 말한다. 이는 주로 개도국의 기업이나 정부기관이 물품을 수입할 때 수입물품에 대하여 선적 전에 전체적인 강제적 검사를 행하는 것으로서 수입물품의 수량과 품질이 당초의 수입허가내역과 일치하는지의 여부를 확인할 수 있고 수입가격이 수출국 현지 또는 국제시장에서 일반적으로 통용되는 수출가격과 일치하는지 여부를 확인함으로써 수출입 거래당사자 간의 거래가격 조작으로 인한 외화도피나 관세평가의 왜곡을 방지할 수 있다.[9)]

---

6) 시행령 제75조 제1항.
7) 시행령 제75조 제2항.
8) 대외무역법 제44조 제3항 및 제4항.
9) 전순환, 전게서, p.399, 현재 많은 개도국 정부에서 선적 전 검사제도의 운용을 축소 또는 폐지하는 경향이 있다.

(2) 선적 전 검사가 무역장벽으로 간주되는 경우

수입국 정부와의 계약 체결 또는 수입국 정부의 위임을 받아 기업이 수출하는 물품 등에 대하여 국내에서 선적 전에 검사를 실시하는 기관(이하 "선적 전 검사기관"이라 한다)은 「세계무역기구 선적 전 검사에 관한 협정」을 지켜야 한다. 이 경우 선적전검사기관은 선적 전 검사가 기업의 수출에 대한 무역장벽으로 작용하도록 하여서는 아니 된다.[10)]

선적전 검사기관이 선적 전 검사를 하면서 「세계무역기구 선적 전 검사에 관한 협정」 제2조를 위반하여 수출 이행에 장애를 초래하였을 때에 그 선적 전 검사는 무역장벽으로 작용한 것으로 본다.

2) 선적 전 검사와 관련한 분쟁조정

산업통상자원부장관은 선적 전 검사와 관련하여 수출자와 선적 전 검사기관 간에 분쟁이 발생하였을 경우에는 그 해결을 위하여 필요한 조정(調整)을 할 수 있다.[11)]

3) 중재기관 및 준거법

수출자와 선적 전 검사기관 간에 발생한 분쟁에 대하여 중재(仲裁)를 담당할 수 있도록 대통령령으로 정하는 바에 따라 독립적인 중재기관을 설치할 수 있는데,[12)] 그 중재기관은 '대한상사중재원(「중재법」 제40조에 따라 산업통상자원부장관이 지정하는 사단법인)으로 하며, 중재에 대하여는 「중재법」을 적용한다.[13)]

4) 세계무역기구협정상의 분쟁해결절차와의 관계

선적 전 검사와 관련한 분쟁은 조정으로 해결할 수 있는데, 조정단계에서 분쟁이 해결되지 않을 경우는 중재법에 의한 중재, 민사소송 및 WTO 분쟁해결위원회에의 제소 등에 의하여 문제를 해결할 수 있으며, 분쟁조정과 WTO 분쟁해결위원회에 제소는 동시에 진행될 수 있다.[14)]

---

10) 대외무역법 제45조 제1항.
11) 대외무역법 제45조 제2항.
12) 대외무역법 제45조 제3항.
13) 대외무역법 제45조 제3항 및 시행령 제85조.
14) 전순환, 전게서, p.400.

이 법에 따라 선적 전 검사와 관련한 분쟁의 해결절차는 WTO협정상의 분쟁해결 절차를 방해하지 아니한다.[15)]

3 분쟁조정

1) 의의

산업통상자원부장관은 분쟁을 신속하고 공정하게 처리하는 것이 필요하다고 인정하거나 무역분쟁당사자의 신청을 받으면 대통령령으로 정하는 바에 따라 분쟁을 조정하거나 분쟁의 해결을 위한 중재계약의 체결을 권고할 수 있으며, 선적 전 검사와 관련하여 수출자와 선적전검사기관간에 분쟁이 발생하였을 경우에는 그 해결을 위하여 필요한 조정을 할 수 있다.[16)]

이에 따라, 무역거래 또는 선적 전 검사와 관련한 분쟁이 발생한 경우 당사자의 일방 또는 쌍방은 산업통상자원부장관(대한상사중재원장에게 위탁)에게 분쟁의 조정을 신청할 수 있으며, 신청절차 등 신청에 필요한 사항은 산업통상자원부장관(대한상사중재원에 위탁)이 따로 정하여 고시한다.[17)]

2) 분쟁조정의 절차

(1) 조정의 신청

분쟁조정을 신청하려는 자는 조정비용의 예납과 함께 다음의 사항을 기재한 조정신청서 5부를 대한상사중재원장에게 제출하여야 한다.[18)]

① 당사자의 성명 및 주소(다만, 법인인 경우는 법인의 명칭 및 주소와 그 대표자의 성명 및 주소를 병기)
② 조정을 구하는 취지 및 이유
③ 그 밖에 분쟁조정을 위한 참고자료

15) 시행령 제86조.
16) 대외무역법 제44조 제4항 및 제45조 제2항.
17) 시행령 제80조 제1항 및 제2항.
18) 관리규정 제98조 제1항.

(2) 통지

중재원장은 조정의 신청을 접수한 경우에는 이를 당사자에게 서면으로 알린다. 접수된 사항의 추가 또는 변경하려는 경우에도 또한 같다. 다만, 경미한 사항은 그러하지 아니하다.[19)]

(3) 답변

조정신청통지를 받은 조정의 피신청인은 3일 이내에 대한상사중재원에 서면으로 이에 대한 의견을 제출할 수 있다.[20)]

(4) 반대신청

피신청인은 조정신청 통지를 받은 날부터 3일 이내에 반대신청을 할 수 있다. 다만, 반대신청이 정상적인 조정절차를 방해한다고 인정되는 경우 중재원장은 직권으로 이를 허가하지 아니할 수 있다.

피신청인의 반대신청은 신청인의 조정신청과 병합하여 심리하고, 원 조정신청과 동일하게 진행된다.[21)]

(5) 의견의 청취

산업통상자원부장관(대한상사중재원장에 위탁)은 조정을 위하여 관계 전문가에게 자문하거나 이해관계자 등의 의견을 들을 수 있다.[22)]

3) 조정안의 회신

(1) 회신 기간

산업통상자원부장관(대한상사중재원장에 위탁)은 조정신청을 받은 때에는 30일 이내에 다음의 사항이 포함된 조정안을 작성하여 당사자에게 제시하도록 하여야 한다.[23)]

① 조정사건의 표시

② 조정의 일시 및 장소

③ 당사자의 성명 또는 명칭

---

19) 관리규정 제98조 제2항.
20) 관리규정 제99조.
21) 관리규정 제100조.
22) 시행령 제80조 제3항.
23) 시행령 제81조 제1항 및 제2항.

④ 조정안의 주요 내용

(2) 통지

조정안이 작성된 경우에는 산업통상자원부장관(대한상사중재원장에게 위탁)은 이를 당사자에게 알려야 한다.[24]

(3) 수락 통지

조정안을 통지받은 분쟁당사자는 7일 이내에 조정안에 대한 수락 여부를 서면으로 산업통상자원부장관(대한상사중재원에 위탁)에게 알려야 한다.[25]

3) 조정의 종료

산업통상자원부장관(대한상사중재원에 위탁)은 다음의 어느 하나에 해당하는 경우 해당 조정 사건을 끝낼 수 있으며, 조정이 끝난 경우에는 당사자에게 알려야 한다.[26]

① 당사자 간에 합의가 이루어지거나 조정안이 수락된 경우
② 조정신청인이나 당사자가 조정신청을 철회한 경우
③ 당사자가 조정안을 거부한 경우
④ 당사자 간에 합의가 성립될 가능성이 없다고 인정되는 경우나 그 밖에 조정할 필요가 없다고 판단되는 경우

4) 조정비용

(1) 조정비용 부담

산업통상자원부장관은 조정과 관련하여 당사자에게 조정비용을 부담하도록 할 수 있다.

조정비용의 기준은 〈별표 12〉와 같으며, 당사자의 신청에 의한 경우 조정위원 및 간사의 소요경비, 증인 또는 감정인의 소요경비, 검사 또는 조사경비, 통역 또는 번역경비 등 조정에 소요되는 일체의 경비는 해당 당사자가 부담한다. 다만, 그 경비가 중재원장의 요청에 의한 것일 경우에는 당사자 간에 따로 정함이 없는 경우 신청인이 부담한다.[27]

---

24) 시행령 제81조 제3항.
25) 시행령 제82조 제2항.
26) 시행령 제83조 제1항 및 제2항.

(2) 예납

조정신청을 하려는 신청인은 〈별표 12〉의 조정비용을 중재원에 예납하여야 한다. 예납액이 부족한 경우 중재원장은 신청인에게 추가예납을 요청할 수 있다.[28)]

〈별표 12〉 조정비용기준

구 분	수 수 료
조정사건당	50,000원
조정위원 수당 조정안 작성수당	100,000원 50,000원

(3) 예납의 미이행

당사자가 조정비용의 예납요청을 받은 날부터 3일 이내에 이를 이행하지 않는 때에는 중재원장은 조정절차를 정지하거나 끝낼 수 있다. 다만, 일방의 당사자가 다른 당사자가 지급하여야 할 조정비용을 지급한 경우에는 그러하지 아니하다.[29)]

(4) 예납금액의 반환

중재원장은 조정이 끝난 때에는 예납된 조정비용을 정산하고 잔액이 있는 경우는 이를 당사자에게 반환하여야 한다.[30)]

제 3 절 조정명령

1 조정명령의 사유

산업통상자원부장관은 다음의 어느 하나에 해당하는 경우에는 무역거래자에게 수출하는 물품 등의 가격, 수량, 품질, 그 밖에 거래조건 또는 그 대상지역 등에 관하

27) 관리규정 제101조.
28) 관리규정 제102조 제1항 및 제2항.
29) 관리규정 제102조 제3항.
30) 관리규정 제102조 제4항.

여 필요한 조정(調整)을 명할 수 있다.[31)]

① 헌법에 따라 체결·공포된 조약과 일반적으로 승인된 국제법규에 따른 의무 이행을 위하여 필요한 경우

② 우리나라 또는 교역상대국의 관련 법령에 위반되는 경우

③ 그 밖에 물품 등의 수출의 공정한 경쟁을 교란할 우려가 있거나 대외 신용을 손상하는 행위를 방지하기 위한 것으로서 다음의 어느 하나에 해당하는 경우

가. 물품 등의 수출과 관련하여 부당하게 다른 무역거래자를 제외하는 경우 즉, 물품 등을 수출할 때에 정당한 이유 없이 그 수출에 소요되는 비용보다 낮은 가격으로 수출함으로써 다른 무역거래자를 제외시킬 우려가 있는 경우를 말한다.

나. 물품 등의 수출과 관련하여 부당하게 다른 무역거래자의 상대방에 대하여 다른 무역거래자와 거래하지 아니하도록 유인하거나 강제하는 경우

즉, 정상적인 거래관행에 비추어 부당한 이익을 제공 또는 제공할 제의를 하여 다른 무역거래자의 상대방을 자기와 거래하도록 유인하는 행위를 말한다.

다. 물품 등의 수출과 관련하여 부당하게 다른 무역거래자의 해외에서의 사업활동을 방해하는 다음의 경우

㉠ 기술, 영업정보의 부당 사용 : 다른 무역거래자의 기술 또는 영업정보를 부당하게 이용하여 다른 무역거래자의 해외에서의 사업활동을 곤란하게 할 정도로 방해하는 행위

㉡ 인력의 부당 유인·채용 : 다른 무역거래자의 인력을 부당하게 유인·채용하여 다른 무역거래자의 해외에서의 사업활동을 곤란하게 할 정도로 방해하는 행위

2 조정명령 시 고려 사항

산업통상자원부장관은 조정을 명하는 경우에는 다음의 사항을 고려하여야 한다.[32)]

① 수출기반의 안정, 새로운 상품의 개발 또는 새로운 해외시장의 개척에 기여할 것

② 다른 무역거래자의 권익을 부당하게 침해하거나 차별하지 아니할 것

31) 대외무역법 제46조 제1항.

32) 대외무역법 제46조 제2항.

③ 물품 등의 수출·수입의 질서 유지를 위한 목적에 필요한 정도를 넘지 아니할 것

3 조정명령

1) 조정명령의 기준[33]

산업통상자원부장관은 필요하다고 인정하면 조정을 명할 수 있는 경우에 대한 기준을 정하여 고시할 수 있다. 이 경우 산업통상자원부장관은 미리 해당 품목을 관장하는 관계 중앙행정기관의 장의 의견을 들어야 한다.

2) 의견청취

산업통상자원부장관은 조정을 명하기 위하여 관계 전문가에게 자문하거나 이해관계자 등의 의견을 들을 수 있다.[34]

3) 공고

산업통상자원부장관은 조정을 명하는 경우 기업의 영업비밀 보호를 침해할 우려 등의 특별한 사유가 없으면 조정을 명하는 이유, 대상, 내용 등을 공고하여야 한다.[35]

4 수출입승인의 예외

산업통상자원부장관은 조정을 명하는 경우에 필요하다고 인정하면 수출입 승인을 하지 아니하거나 관계 기관의 장에게 승인에 관련된 절차를 중지하게 할 수 있다.[36]

5 타 법률과의 관계

산업통상자원부장관의 조정명령의 이행에 대하여는 「독점규제 및 공정거래에 관

33) 시행령 제87조.
34) 시행령 제88조 제1항.
35) 시행령 제88조 제1항.
36) 대외무역법 제46조 제4항.

한 법률」을 적용하지 아니한다. 산업통상자원부장관은 조정명령이 「독점규제 및 공정거래에 관한 법률」 제2조 제1호에 따른 사업자 간의 국내 시장에서의 경쟁을 제한하는 것이면 공정거래위원회와 미리 협의하여야 한다.37)

또한, 대외무역법에 따른 물품 등의 수출·수입행위에 대하여는 그 행위가 업무 수행상 정당하다고 인정되는 범위에서 「국가보안법」을 적용하지 않는다.38)

제 4절 행정벌

1 행정벌의 의의

행정상의 목적을 실현하기 위하여 각종의 행정법규에서는 국민에게 여러 가지 의무를 부과하여 그 의무를 위반하였을 경우에는 일정한 제재를 가할 수 있도록 벌칙을 규정하고 있는데, 이와 같은 행정법령상의 의무위반에 대하여 과하는 제재를 행정벌이라 한다. 이러한 행정벌은 항상 법률에 근거하여 과하며, 형법에 근거하는 형벌인 징역, 금고, 자격정지, 벌금, 몰수 등을 과하는 행정형벌과 과태료처분의 제재를 과하는 행정질서벌로 구분할 수 있다. 이 경우 행정형벌의 과형은 원칙적으로 형법총칙이 적용되고 법원에서의 형사소송절차에 의하여 한다. 그리고 행정질서벌인 과태료는 형벌이 아니므로 형사소송법의 적용대상이 아니고, 다만, 행정목적달성에 장애가 되는 정도의 비행인 경우에 과하는 것이며, 그 과형의 절차는 특정법률에서 특별히 규정하지 않는 한 「비송사건절차법」39)의 규정에 의한다. 따라서 대외무역법 등 무역관리법규에서는 무역행위에 대하여 적용되는 행정행위의 이행을 강제하기 위하여 사항에 따라 행정벌로서 일정한 벌칙을 규정하고 있다.

이와 같이 무역관리법규에서 규정된 행정벌로서는 행정질서벌이라고 할 수 있는 과태료부과가 있고, 행정벌로서 징역 등의 자유형, 벌금·몰수와 같은 재산형이 있다.40)

37) 대외무역법 제50조.

38) 대외무역법 제51호.

39) 비송사건절차법은 법인·신탁·보존·공탁·감정[이상 민사(民事)], 회사·경매·사채·상업등기[이상 상사(商事)] 등의 사건에 관한 절차를 규정한 법률로서 소송의 대상이 되는 사인(私人)간의 분쟁사건과 달리 소송에 의하지 아니하고 집행되어야 할 사건의 법적절차를 규정하고 있다(강용찬 외, 「무역법규」, 형설, 2007, p.455).

2 행정벌의 내용

1) 7년 이하의 징역 또는 물품가격 5배 이하의 벌금형

전략물자의 국제적 확산을 꾀할 목적으로 다음의 어느 하나에 해당하는 위반행위를 한 자는 7년 이하의 징역 또는 수출·경유·환적·중개하는 물품 등의 가격의 5배에 해당하는 금액 이하의 벌금에 처한다.[41)]

① 전략물자 수출허가를 받지 아니하고 전략물자를 수출한 자
② 상황허가를 받지 아니하고 상황허가 대상인 물품 등을 수출한 자
③ 경유 또는 환적 허가를 받지 아니하고 전략물자등을 경유 또는 환적한 자
④ 중개허가를 받지 아니하고 전략물자를 중개한 자

2) 5년 이하의 징역 또는 물품가격 3배 이하의 벌금형

다음의 어느 하나에 해당하는 자는 5년 이하의 징역 또는 수출·수입·경유·환적·중개하는 물품 등의 가격의 3배에 해당하는 금액 이하의 벌금에 처한다.[42)]

① 무역에 관한 제한등 특별조치(제5조)에 따른 수출 또는 수입의 제한이나 금지 조치를 위반한 자
② 수출허가를 받지 아니하고 전략물자를 수출한 자
③ 거짓이나 그 밖의 부정한 방법으로 전략물자 수출허가를 받은 자
④ 상황허가를 받지 아니하고 상황허가 대상인 물품 등을 수출한 자
⑤ 거짓이나 그 밖의 부정한 방법으로 상황허가를 받은 자
⑥ 경유 또는 환적 허가를 받지 아니하고 전략물자등을 경유 또는 환적한 자
⑦ 거짓이나 그 밖의 부정한 방법으로 경유 또는 환적 허가를 받은 자
⑧ 중개허가를 받지 아니하고 전략물자를 중개한 자
⑨ 거짓이나 그 밖의 부정한 방법으로 중개허가를 받은 자
⑩ 물품 등의 수출과 수입의 가격을 조작한 자
⑪ 조정명령을 위반한 자

---

40) 상게서, pp.455-456.
41) 대외무역법 제53조 제1항.
42) 대외무역법 제53조 제2항.

3) 5년 이하의 징역 또는 1억 원 이하의 벌금형

다음의 하나에 해당하는 자는 5년 이하의 징역 또는 1억 원 이하의 벌금에 처하고 징역과 벌금은 병과할 수 있다.

① 전략물자 등에 대한 이동중지명령을 위반한 자
② 원산지를 거짓으로 표시하거나 오인하게 하는 표시를 한 무역거래자 또는 물품 등의 판매업자
③ 원산지 표시 대상물품에 대하여 원산지 표시를 하지 아니한 무역거래자
④ 원산지 표시 방법을 위반하거나 거짓표시 또는 오인하게 하는 표시, 원산지 표시 손상 또는 변경행위, 그리고 원산지 표시 대상물품에 대해 원산지 표시를 하지 아니한 행위에 따른 시정조치 명령을 위반한 자[43]
④ 외국산 물품 등의 국산 물품 등으로의 가장 금지 의무를 위반한 자

4) 3년 이하의 징역 또는 3천만 원 이하의 벌금형

다음의 어느 하나에 해당하는 자는 3년 이하의 징역 또는 3천만 원 이하의 벌금에 처한다.[44]

① 무역에 관한 조약의 이행을 위하여 필요한 자료와 관련하여 자료 제공자의 동의없이 직무상 습득한 기업정보를 타인에게 제공 또는 누설하거나 사용 목적 외의 용도로 사용한 자
② 수출입승인 또는 변경승인을 받지 아니하고 수출 또는 수입 승인 대상 물품 등을 수출하거나 수입한 자
③ 거짓이나 그 밖의 부정한 방법으로 수출입승인 또는 변경승인을 받거나 그 승인 또는 변경승인을 면제받고 물품 등을 수출하거나 수입한 자
④ 외화획득의 이행의무의 규정에 따른 수입에 대응하는 외화획득을 하지 아니한 자
⑤ 외화획득용 원료·기재의 목적외 사용승인을 받지 아니하고 목적 외의 용도로 원료·기재 또는 그 원료·기재로 제조된 물품 등을 사용한 자
⑥ 외화획득용 원료·기재의 양도·양수승인을 받지 아니하고 원료·기재 또는 그 원료·기재로 제조된 물품 등을 양도한 자

---

43) 대외무역법 제33조 제6항에는 이러한 시정조치를 명하거나 3억 원 이하의 과징금을 부과할 수 있다고 규정하고 있다.
44) 대외무역법 제54조.

⑦ 전략물자 수출입통제업무의 수행과정에서 알게 된 영업상 비밀 준수 의무를 위반한 자

⑧ 거짓이나 그 밖의 부정한 방법으로 산업설비수출의 승인 또는 변경 승인을 받은 자

5) 미수범

전략물자 및 상황허가 대상물품의 수출허가, 상황허가 또는 중개허가를 받지 않고 수출 또는 중개하려 하거나 원산지 거짓표시, 오인우려 표시, 미표시, 외국산을 국산으로 가장하려 한 행위 미수범은 각각 해당하는 본죄에 준하여 처벌한다.[45]

6) 과실범

중대한 과실로 원산지를 거짓으로 표시하거나 오인하게 하는 표시 또는 원산지 표시대상물품에 대하여 원산지 표시를 하지 아니한 행위를 한 자는 2천만 원 이하의 벌금에 처한다.[46]

7) 양벌규정

법인의 대표자나 법인 또는 개인의 대리인, 사용인, 그 밖의 종업원이 그 법인 또는 개인의 업무에 관하여 대외무역법에서 규정한 모든 벌칙(제53조, 제53조의2 또는 제54조부터 제56조까지)의 어느 하나에 해당하는 위반행위를 하면 그 행위자를 벌하는 외에 그 법인 또는 개인에게도 해당 조문의 벌금형을 과(科)한다. 다만, 법인 또는 개인이 그 위반행위를 방지하기 위하여 해당 업무에 관하여 상당한 주의와 감독을 게을리하지 아니한 경우에는 그러하지 아니하다.[47]

8) 벌칙 적용시의 공무원 의제

전략물자관리원의 임직원과 산업통상자원부장관이 위탁한 사무에 종사하는 한국은행, 한국수출입은행, 외국환은행, 그 밖에 대통령령으로 정하는 법인 또는 단체의 임직원은 「형법」 제129조부터 제132조까지의 벌칙을 적용할 때에는 공무원으로 본다.[48]

---

45) 대외무역법 제55조.
46) 대외무역법 제56조.
47) 대외무역법 제57조.

9) 과태료

과태료는 시행령 제94조 〈별표 4〉에 따라 산업통상자원부장관이나 시·도지사 또는 관계 행정기관의 장이 부과·징수하는데 금액별로 다음과 같다.[49]

(1) 다음의 어느 하나에 해당하는 자에게는 2천만 원 이하의 과태료 부과

① 무역분쟁에 따라 산업통상자원부장관이 당사자에게 분쟁 관련 서류를 제출하라고 요구했음에도 불구하고 관련 서류를 제출하지 아니한 자

② 산업통상자원부장관의 무역분쟁 사실조사 실시에 대해 사실조사를 거부, 방해 또는 기피한 자

③ 수출제한 또는 금지물품 등, 전략물자 또는 상황허가 대상물품 등에 대한 수출허가나 상황허가를 받은 자 또는 수출허가나 상황허가를 받지 아니하고 수출하거나 수출하려고 한 자에게 명령한 보고 또는 자료의 제출을 하지 아니하거나 거짓으로 보고 또는 자료를 제출한 자

④ 상기 ③에 규정된 자(수출자, 최종사용자 또는 위임받은 자 등)의 사무소, 영업소, 공장 또는 창고 등에서 장부·서류나 그 밖의 물건을 검사할 수 있게 하는데 따른 검사를 거부, 방해 또는 기피한 자

(2) 다음의 어느 하나에 해당하는 자에게는 1천만 원 이하의 과태료 부과

① 5년간 전략물자 서류보관의무를 지닌 무역업자의 서류 보관의무를 위반한 자

② 원산지 표시 위반 여부를 판정하기 위해 관련 서류의 검사를 거부, 방해 또는 기피한 자

③ 수출허가 또는 상황허가를 받지 않고 전략물자등을 수출하거나 거짓이나 그 밖의 부정한 방법으로 수출허가 또는 상황허가를 받은 자에 대한 산업통상자원부장관의 교육명령을 이행하지 아니한 자

(3) 다음에 해당하는 자에게는 5백만 원 이하의 과태료 부과

전략물자에 관한 교육을 이수하지 아니하고 자가판정을 한 자 또는 판정대상 전략물자 또는 상황허가 대상물품의 성능과 용도 등에 관한 정보를 전략물자 수출입관리 정보시스템에 정보를 등록하지 아니한 자

---

48) 대외무역법 제58조.

49) 대외무역법 제59조. 과태료 부과·징수 방법은 시행령 [별표 4] 참조.

■ 대외무역법 시행령 [별표 4] 〈개정 2020. 6. 16.〉

과태료의 부과기준(제94조 관련)

1. 일반기준
  가. 위반행위의 횟수에 따른 과태료의 가중된 부과기준은 최근 5년간 같은 위반행위로 과태료 부과처분을 받은 경우에 적용한다. 이 경우 기간의 계산은 위반행위에 대하여 과태료 부과처분을 받은 날과 그 처분 후 다시 같은 위반행위를 하여 적발된 날을 기준으로 한다.
  나. 가목에 따라 가중된 부과처분을 하는 경우 가중처분의 적용 차수는 그 위반행위 전 부과처분 차수(가목에 따른 기간 내에 과태료 부과처분이 둘 이상 있었던 경우에는 높은 차수를 말한다)의 다음 차수로 한다.
  다. 제2호가목 및 나목에 대한 과태료의 금액은 부과권자가 위반행위의 동기·내용 및 그 결과 등을 고려하여 과태료 금액의 2분의 1의 범위에서 줄일 수 있다.
  라. 제2호다목에 대한 과태료의 금액은 1천만 원을 넘지 못한다.

2. 개별기준

(단위: 만 원)

위반행위	근거 법조문	과태료 금액		
		1차 위반	2차 위반	3차 이상 위반
가. 법 제20조제3항 전단을 위반하여 교육을 이수하지 않고 자가판정을 한 경우 또는 같은 항 후단을 위반하여 전략물자 수출입관리 정보시스템에 정보를 등록하지 않은 경우	법 제59조 제3항	250	350	500
나. 법 제24조의2에 따른 서류 보관의무를 위반한 경우	법 제59조 제2항제1호	500	700	1,000
다. 법 제33조제5항에 따른 검사를 거부, 방해 또는 기피한 경우. 다만, 농수산물 및 농수산물 가공품의 경우에는 「농수산물의 원산지 표시에 관한 법률 시행령」에서 정한 과태료를 적용한다.	법 제59조 제2항제3호	해당 물품의 판매장소 및 양도장소에서 원산지 표시를 하지 않고 유통시킨 물량(판매를 위한 창고 저장 물량과 이미 판매된 물량 중 확인 가능한 물량을 포함한다)에 현지의 실제거래가격을 곱한 금액이나 500만원 중 많은 금액	해당 물품의 판매장소 및 양도장소에서 원산지 표시를 하지 않고 유통시킨 물량(판매를 위한 창고 저장 물량과 이미 판매된 물량 중 확인 가능한 물량을 포함한다)에 현지의 실제거래가격을 곱한 금액이나 700만원 중 많은 금액	1,000
라. 법 제44조제2항을 위반하여 관련되는 서류를 제출하지 않은 경우	법 제59조 제1항제1호	1,000	1,500	2,000
마. 법 제44조제3항에 따른 사실 조사를 거부, 방해 또는 기피한 경우	법 제59조 제1항제2호	1,000	1,500	2,000
바. 법 제48조제1항에 따른 보고 또는 자료의 제출을 하지 않거나 거짓으로 보고 또는 자료를 제출한 경우	법 제59조 제1항제3호	1,000	1,500	2,000
사. 법 제48조제2항에 따른 검사를 거부, 방해 또는 기피한 경우	법 제59조 제1항제4호	1,000	1,500	2,000
아. 법 제49조에 따른 교육명령을 이행하지 않은 경우	법 제59조 제2항제4호	500	700	1,000

참고문헌

【 참고법규 】

1. 무역에 관한 기본법

관세법 / 관세법시행령 / 관세법시행규칙
대외무역법 / 대외무역법시행령 / 대외무역관리규정
외국환거래법 / 외국환거래법시행령 / 외국환거래규정

2. 기타 무역 관련 법규

관광진흥법
국제평화안전유지등 의무이행을 위한 무역에 관한 특별조치 고시
남북교류협력에 관한 법률
대한민국 국제사법
무역거래기반 조성에 관한 법률
무역보험법
문화산업진흥 기본법
민법
방위사업법
부가가치세법 / 부가가치세법시행령
불공정무역행위조사 및 산업피해구제에 관한 법률
소프트웨어산업 진흥법
수산업법
수출물품원산지증명발급규정
수출용원재료에 대한 관세등 환급에 관한 특례법
외국인투자촉진법

원산지제도운영에 관한 고시
자유무역지역의 지정 및 운영 등에 관한 법률
전략물자수출입고시
전자거래법
전자무역촉진에 관한 법률
중재법
항만운송사업법
해외이주법

※ 본 책은 상기 법률 및 고시·공고의 최근 법령을 근거로 작성되었으며 관련 법령은 지속적으로 개정되므로 이후에 개정된 법령이 있을 경우 개정된 법령을 확인해야 함을 알려드립니다.

【 참고문헌 】

1. 국내문헌

강용찬 외, 「무역법규」, 형설, 2007.
강원진, 「무역실무」, 박영사, 2008.
강이수 외, 「신국제통상론」, 삼영사, 2007.
김희길, 「무역관계법」, 삼영사, 2008.
박광서, 「무역법규」, 탑북스, 2010.
박광서 · 이병문 · 유광현 · 방성철 · 최영주, 「원산지제도 관세법 일원화 및 합리적인 원산지판정기준에 관한 연구」, 건국대학교 산학협력단, 관세청 연구용역, 2014. 12.
박종수, 「관세법」, 법문사, 2008.
송선옥, 「무역관계법규」, 개정4판, 도서출판 두남, 2018.
여성구, 「대외무역법」, 개정4판, 도서출판 두남, 2018.
오세경, 「법률용어사전」, 법전출판사, 2010.
오세창·박성호, 「무역계약론」, 박영사, 2014.
오세창·박성호, 「물품인도에 관한 국제통일상관습」, 박영사, 2015.
임목삼·허상현, 「관세법의 이해와 활용」, 도서출판 두남, 2010.

전순환, 「대외무역법」, 한올출판사, 2010.

정완용, 「전자상거래법」, 법영사, 2009.

정재호, 김미영, 홍현표, 「원산지 관련 법령체계의 국제비교 연구」, 세법연구센터, 한국조세재정연구원, 2015.8.

조현정, 「도해로 이해하는 무역결제론」, 유원북스, 2012.

조현정, 「도해로 이해하는 무역실무」, 2판, 유원북스, 2017.

최장호, 「상사분쟁관리론」, 도서출판 두남, 2003.

최종고, 「법학통론」, 박영사, 2009.

2. 국외문헌

Murray, Carole, et al., *Schmitthoff's Export Trade: The Law and Practice of International Trade*, London: Sweet & Maxwell, 2010.

Hartley, Trevor C., *International Commercial Litigation*, Cambridge: CUP, 2009.

Carr, Indira, *International Trade Law*, 3rd ed., London: Cavendish Publishing Ltd., 2005.

Goode, Roy, et al., *Transnational Commercial Law*, Oxford: OUP, 2007.

Fox, Stephen, *The European Business Environment: UK*, London: International Thomson Business Press, 1998.

Guest, A. G., et al., *Benjamin's Sale of Goods*, London: Sweet & Maxwell, 2006.

Moses, Margaret L., *The Principles and Practice of International Commercial Arbitration*, Cambridge: CUP, 2008.

3. 웹사이트

FTA종합지원센터, http://www.okfta.kita.net

KTNET, http://www.ktnet.com

관세청, http://www.customs.go.kr

국가법령정보센터, http://www.law.go.kr

대한무역투자진흥공사, http://www.kotra.or.kr

무역위원회, https://www.ktc.go.kr/main.do
산업통상자원부, http://www.motie.go.kr/
외교통상부, http://www.mofat.go.kr/economic/negotiationheadquarters/introduction/index.jsp
전략물자관리시스템, http://www.yestrade.go.kr
전략물자관리원, http://www.kotis.or.kr/
한국무역협회, http://www.kita.net
UNCITRAL, http://www.uncitral.org/uncitral/en/index.html
WCO, http://www.wcoomd.org
WTO, http://www.wto.org

찾아보기

저자 약력

■ 박 성 호

- 계명대학교 대학원 무역학과 졸업 (경영학석사 및 경영학박사)
- University of London, International Commercial Law, PhD.
- 현) 계명대학교 경제통상학부 국제통상학전공 교수

- 저서 - 무역계약론(공저), 박영사, 2014. 등 다수
- 논문 - "A Comparative Legal Research on Contract Formation via Electronic Means: Time Lag of Contract Creation in the International Sales Transaction" 등 다수

FTA시대의 대외무역법 이해와 활용 - 개정판

초 판 1쇄 발행 —— 2014년 9월 1일
초 판 2쇄 발행 —— 2015년 2월 25일
초 판 3쇄 발행 —— 2016년 2월 20일
개정판 1쇄 발행 —— 2020년 9월 20일
지은이 —— 박 성 호
펴낸이 —— 전 두 표
펴낸곳 —— 도서출판 두남
서울시 강동구 성내로6길 34-16 두남빌딩
신 고 : 제25100-1988-9호
TEL : 02) 478-2065~7, 2311
FAX : 02) 478-2068
E-mail : dunam1@unitel.co.kr
http://www.dunam.co.kr

정가 22,000원

ISBN 978-89-6414-893-8 93320